大学出版社治理研究

DAXUE CHUBANSHE ZHILI YANJIU

孙保营 著

·郑州·

图书在版编目（CIP）数据

大学出版社治理研究 / 孙保营著. -- 郑州：河南大学出版社，2021.8
ISBN 978-7-5649-4812-2

Ⅰ.①大… Ⅱ.①孙… Ⅲ.①高等学校－出版社－经营管理－研究－中国 Ⅳ.① G239.22

中国版本图书馆 CIP 数据核字 (2021) 第 155807 号

责任编辑	郑　鑫　孙精精	
责任校对	陈　巧　樊建伟	
封面设计	王　微	
出版发行	河南大学出版社	
	地址：郑州市郑东新区商务外环中华大厦2401号　邮编：450046	
	电话：0371-86059701（营销部）	
	0371-86059713（高等教育与职业教育分公司）	
	网址：hupress.henu.edu.cn	
排　　版	郑州眉湖图文设计有限公司	
印　　刷	河南瑞之光印刷股份有限公司	
版　　次	2021年8月第1版	**印　　次** 2021年8月第1次印刷
开　　本	710 mm×1010 mm　1/16	**印　　张** 18.5
字　　数	288千字	**定　　价** 78.00元

版权所有，侵权必究
本书如有印装质量问题，请与河南大学出版社营销部联系调换。

做大学出版高质量发展的推动者（代序）

出版业高质量发展的问题是在出版业有所发展而又发展不够充分的背景下提出来的，它标志着中国出版业正由数量规模型转向质量效益型。

众所周知，出版业属于文化产业，理应充满动力、活力、创造力、生产力、公信力和广泛影响力。出版业高质量发展，出版人应该具备这些特征：从编辑出版队伍看，他们有能力、有智慧，也有激情和理性，能够按照出版管理部门自上而下的部署要求，策划出数量充足的优质选题；能够就这些选题迅速而及时地物色到优秀作者，组织到达到一定水准的稿件，并能对作者提供的书稿进行深度加工，使书稿的内容质量、文字质量、文化质量达到一个比较理想的状态，付诸出版；营销团队能够将优质出版物有效地推送到足够规模的读者手中，实现图书的社会效益与经济效益，打造出一本又一本为读者所广泛认可的精品图书。

大学出版社是我国出版业的生力军，更是学术出版的主力军，近年来，在服务大学人才培养、科学研究、文化传承与创新，服务社会经济发展等方面发挥了重要作用，出版了大量精品力作，实现了社会效益与经济效益的全面提升。同时，也涌现出一批品牌特色鲜明、专业优势显著的优秀大学出版社，如清华大学出版社、北京大学出版社、中国人民大学出版社以及外语教学与研究出版社等，他们凭借母体学校的学科优势和自身的专业特色，为大学社探索出一条高质量发展的有效路径，受到社会的广泛好评。但是，从宏观上看，大学社整体上还存在产业集中度低、产业规模小等问题；从微观上看，大学社还存在选题策划、人才队伍、出版质量、营销发行等方面的发展瓶颈。因为经济效益硬约束，社会效益软约束，部分大学社过度追求出版数量规模和经济效益，生产了很多低质量的重复出版物、泡沫出版物、平庸出版物，甚至是学术垃圾。这种现象的存在严重制约着大学社的可持续发展，亟须通过各利益相关方的共同努力，采取有效方法，提升出版效能，实现高质量发展。可以说，大学社如何实现高质量发展，目前已成为深刻影响大学出版业的关键性问题,成为国内众多大学社亟待解决的现实问题,也引起不少大学出版人的深切关注和实践探索。

孙保营同志便是其中一位在工作中深刻认识到大学社存在的突出问题,并身体力行推进大学出版高质量发展的有力推动者。2020年8月,我应邀在郑州为河南省出版行业高级专业技术人员继续教育培训班学员作报告。报告会后,我与郑州大学出版社的孙保营等同志一起座谈,就大学社的高质量发展及编辑成长等问题进行了深入交流。从谈话中得知,孙保营同志正在系统研究大学出版社的治理问题,并撰写和发表了多篇较有分量的文章。2020年12月,中国编辑学会第二十一届年会暨"新业态 新挑战 新思维"高峰学术论坛在昆明召开,孙保营同志撰写的论文获学术论坛一等奖,我为其颁奖并进行了短暂交流。其间,我们又有过几次较深入的沟通。从交流中我感觉到,孙保营同志具有敏锐的洞察力,对大学出版有着独到的观点和深刻的认识。

近两年来,孙保营同志以执着的科学态度、不懈的学术追求,致力于编辑出版特别是大学出版等方面的学术研究,先后在《中国出版》《中国编辑》《科技与出版》《编辑学刊》等编辑出版领域的核心期刊发表学术文章15篇。这些文章围绕大学出版社或出版人的有关主题,找出问题,分析原因,提出对策,充分体现了问题导向,实现了学术命题、现实问题与时代话题的有机结合。

基于一个时期以来对大学出版社科学治理和管理的深刻理解与实践探索,孙保营同志把所撰写的15篇文章和5篇书评,分成"科学管理与大学出版社治理""编辑专业能力建设与大学出版社治理""人才队伍建设与大学出版社治理""图书教材出版与大学出版社治理""国家出版基金项目建设与大学出版社治理""精品力作与延伸思考"等6个专题,并结集出版,也即《大学出版社治理研究》一书,书中的每一专题都由若干既相互联系又独立成文的不同文章组成。比如"编辑专业能力建设与大学出版社治理"专题,包括新时代学术图书编辑的必备素质、新时代学术图书编辑的责任、新时代学术图书编辑的学术能力等内容,这些内容针对大学社学术图书编辑专业能力建设中存在的突出问题进行系统分析并给出对策建议。再如针对学术出版存在的"重数量轻质量""有高原缺高峰"等问题,对学术图书编辑提出了"道德品质高尚、政治素质过硬,知识结构完善、学术素养深厚,信息技术高超、融合思维开阔,策划意识超前、沟通能力出色,编校功底扎实、审美眼光独特,管理能力突出、创新意识强烈"等素质要求;对学术图书的责任编辑提出了"政治责任、社会责任、质量责任、作者责任、读者责任、学术责任、文化责任、经济责任"等八个维度的责任要求。这些学术观点都具有相当的前沿性、创新性和现实意义,对于提升大学社编辑队伍建设和图书质量建设水平无疑将发挥积极作用。其他专题也都围绕相应问题进行分析,并提出了很多创新性观点,这些理论和观点也都具有较强的操作性和实践性。也正是基于这些创新理论的指导和不断的实践探索,郑州大学出版社近年来的发展成绩喜人:社会效益考核连年获评"优秀"并在河南出版业一直名列前茅;承担的国家出版基金项目连续两年获评"特别优秀"的结项评价;出版的《中华战创伤学(11卷)》被评为第五届中国出版政府奖图书奖……这一系列可喜成绩的取得无疑是先进管理思想付诸实践的成果。

孙保营同志的《大学出版社治理研究》,是在我国广大人民对高质量文化精品的热切期盼、高校"双一流"建设对学术精品的强烈需求这一时代背景下撰写而成的。作为大学出版的管理实践者和发展指挥者,他精准分析了大学社目前发展中存在的现实问题,以"是什么""为什么""怎么办"的逻辑进路,为大学社的发展"问诊把脉",提出对策,勇于践行,推动大学社在变局中开新局,进而实现高质量发展。

最后,对孙保营同志在大学社高质量发展研究领域取得丰硕学术成果表示祝贺的同时,衷心期望孙保营同志在文化强国和教育强国的征程中、在中华民族文化复兴的伟大实践中勇担大学出版人的更大责任。

是为序。

2021 年 7 月 30 日

(郝振省,中国编辑学会会长,中央直接联系的高级专家,享受国务院政府特殊津贴,上海交通大学、中国传媒大学、上海理工大学博士生导师,北京印刷学院数字出版与传媒研究院院长、上海交通大学出版传媒研究院院长。)

目　　录

第一辑　科学管理与大学出版社治理

大学出版社科学治理与高质量发展 …………………………… 3
"互联网+"与地方高校出版社战略转型 ……………………… 25
新时代大学出版社总编辑责任使命与担当 …………………… 38
大学出版社服务母体学校"双一流"建设的要求与路径 ……… 53

第二辑　编辑专业能力建设与大学出版社治理

新时代学术图书编辑必备素质的六个维度 …………………… 81
新时代学术著作出版责任编辑的责任维度 …………………… 88
新时代高校出版社编辑学术能力问题及提升路径 …………… 101

第三辑　人才队伍建设与大学出版社治理

融合出版与高校出版社人才队伍建设 ………………………… 115
新时代高校出版人工匠精神的内涵及培育路径 ……………… 126
出版专业高级职称管理反思及对大学社的启示 ……………… 143

第四辑　图书教材出版与大学出版社治理

新时代地方高校出版社图书质量建设的困局与纾解 ………… 159
大学出版社高校教材建设的现实困境与纾解路径 …………… 171
新媒介视域下大学出版社图书精准营销模式建构 …………… 202

第五辑　国家出版基金项目建设与大学出版社治理

以承担基金项目助推地方高校出版社特色化发展 …………… 223

医学类国家出版基金项目的策划与实施 …………………… 234

第六辑　精品力作与延伸思考

中国现代文化世家精神传承和文化传播的典范之作 ………… 245

一部世界文化巨匠启迪心智的读书札记 ……………………… 250

服务"一带一路"的国际化临床医学丛书 …………………… 255

我国创面修复科专科能力建设人才培养的基本遵循 ………… 259

一部乡村振兴的区域蓝本及人情绘卷 ………………………… 265

主要参考文献 …………………………………………………… 272

后记 ……………………………………………………………… 285

第一辑

科学管理与大学出版社治理

大学出版社科学治理与高质量发展

党的十八届三中全会提出,把推进国家治理体系和治理能力现代化作为全面深化改革的总目标;党的十九大首次提出高质量发展的重要表述。近年来,大学出版社(以下简称大学社)出版了大量高质量教材、学术著作和文化读物,为服务高校、服务社会做出了重要贡献。但是,大学社在治理和管理过程中还存在很多难点、困境与问题。把高质量发展、治理能力现代化等概念和理念应用到大学社的发展及治理中,并系统分析大学社发展中的难点和问题,提出可行的改进对策建议,进而提升大学社的治理能力,实现高质量发展,具有非常重要的学术价值和现实意义。

一、相关概念及其内涵

(一)出版社与大学出版社

出版是指编辑、复制作品并向公众发行的活动。[①] 出版活动由编辑、复制、发行三个要素构成。出版对于社会的推动作用,归根结底在于出版物积累了人类的科学技术知识和先进的思想,并加以扩大传播。人们一经掌握科学技术知识和进步思想,就能使生产力得到提高,推动社会向前发展。

出版社是指进行图书、图画、杂志、报纸和电子物品等有版权物品的出版活动的组织。在我国,按隶属关系,出版社可以分为中央级出版社(如

[①] 国家新闻出版署出版专业资格考试办公室.出版专业基础:中级[M].北京:商务印书馆,2020:2.

人民出版社)和地方出版社(如大象出版社);按业务范围,可以分为综合性出版社(如清华大学出版社)和专业出版社(如人民音乐出版社);按出版物形式,可以分为图书出版社(如学习出版社)和音像出版社(如北京电子音像出版社);按学科和行业,可以分为社科类出版社(如商务印书馆)、科技类出版社(如科学出版社)、大学类出版社(如中国人民大学出版社)、教育类出版社(如高等教育出版社)、古籍类出版社(如中华书局)、少儿类出版社(如接力出版社)、文艺类出版社(如人民文学出版社);等等。

大学出版社是大学作为出资人主办的出版机构。根据大学社的主办单位和专业属性的不同,大学社可以是中央级出版社(如中国人民大学出版社),也可以是地方出版社(如郑州大学出版社);可以是综合性出版社(如北京大学出版社),也可以是专业出版社(如上海外语教育出版社);等等。大学出版是我国教育事业和出版事业的重要组成部分,是传播社会主义先进文化的重要阵地,是培养德智体美劳全面发展的社会主义建设者和接班人的重要力量。大学社的主要任务是服务母体学校、服务高等教育、服务经济社会发展,其中,服务大学的人才培养、科学研究、学科建设、文化传承与创新是其主要职责和使命。

(二)科学治理与大学出版社科学治理

狭义的公司治理,是指公司治理结构或法人治理结构,指公司的股东、董事会、监事会、经理层及其他利益相关者(如员工等)在组织管理架构上的利益和职权关系的制度安排。公司治理是现代企业制度的核心,公司治理能力和水平直接关系到公司的生存和可持续发展。[①]公司的法人治理结构是权力机构、执行机构和监督机构三权分立、相互制衡的内部管理体制,是一种通过对公司的组织机构进行权力的分配与制衡,从而实现公司及股东利益最大化的制度安排。公司治理中权力与利益的制衡机制,是公司生产经营活动和资本运营的重要保障;公司治理的科学化是保证公司高效运

---

① 崔青峰.中小型高校出版社公司治理:现状、问题与建议[J].现代出版,2015(4):37-40.

行和提高市场竞争力的关键。

公司的科学治理是指在公司的治理过程中,利用科学的方法,通过调查研究,遵照科学规律和管理规律做出决策,而不能凭直觉、想象、推理等方式来决策。科学治理是公司科学发展和高质量发展的重要保证。

广义的科学治理还应包括公司的科学管理。现代企业制度是以科学管理为核心的企业制度,是以产权清晰、权责明确、政企分开、管理科学为前提的企业制度。大学社属于国有企业,学校资产经营公司是出版社的出资人。在现实实践中,基于出资人"准事业单位属性"的企业化管理,党委会、董事会、社委会、监事会在履行职责方面存在一定的业务交集和现实冲突。

从理论上来说,大学出版社科学治理包括优化的产权设计、科学的治理结构、顺畅的治理机制、突出的治理能力等四个方面。

(三) 高质量发展与大学出版社高质量发展

高质量发展,就其本质和内涵而言,是一种新的发展理念,是以质量和效益为价值取向的发展;是基于我国经济发展新时代、新变化、新要求,对经济发展的价值取向、原则遵循、目标追求做出的重大调整,是创新、协调、绿色、开放、共享等新发展理念的高度聚合。新时代,我国经济发展的基本特征,就是由高速增长阶段转向高质量发展阶段。高质量发展是能够很好满足人民日益增长的美好生活需要的发展,是创新成为第一动力、协调成为内生特点、绿色成为普遍形态、开放成为必由之路、共享成为根本目的的发展。"十四五"时期,我国经济社会发展要以推动高质量发展为主题,这是党的十九届五中全会根据我国发展阶段、发展环境、发展条件等的变化所做出的科学判断。高质量发展一定是充分、均衡的发展,是包含发展方式、发展结果、民生共享等多个维度的增长和提升。[①]

从宏观层面来看,大学社的高质量发展要与我国"五位一体"的总体

[①] 赵剑波,史丹,邓洲.高质量发展的内涵研究[J].经济与管理研究,2019,40(11):15-31.

布局密切相关:经济层面的高质量体现为大学社的旺盛增长力,即营业收入的平稳增长、图书产品结构的持续优化;政治层面的高质量体现为大学社的强大凝聚力,即大学社要具有坚定鲜明的政治立场,在"统一思想、凝聚力量"等方面发挥重要作用;文化层面的高质量体现为坚定自信力,即要为建设社会主义文化强国、激发文化创新、繁荣社会主义文化、保障国家文化安全等方面提供重要支撑;社会层面的高质量体现为要有文化的广阔辐射力,不断培养新型文化消费增长点,满足人民群众日益增长的精神文化需求;生态文明层面的高质量体现为文化的先进引领力,通过文化引领,充分表现"绿水青山"的外在美和"人文景观"的内在美,推动人与自然的和谐发展。①

从微观层面来看,大学社的高质量发展可以从六个层面进行评价:一是人才队伍的高质量。编辑出版人才队伍的学历、职称、年龄等结构科学合理,知识和能力能充分满足新时代对出版业高质量发展的需要;人才队伍具有敬业奉献精神和精益求精的工匠精神。二是服务母体学校的高质量。对母体学校的服务意识、服务能力、服务效果是评价大学社高质量发展的一项重要内容。三是管理和治理的高质量。大学社的科学管理和高效治理是其健康发展的基础,要坚持以人为本的科学管理和基于大学社自身属性的规范性治理。四是作者和读者的高质量。作者的高质量是出版物内容高质量的重要保障,读者的高质量是产品价值可持续实现的前提条件。五是图书产品的高质量。这里所指的高质量包括内容质量、编校质量、装帧设计质量、印装质量等。高质量精品出版,是新时代大学社的重要使命。六是社会影响力的高质量。大学社是母体学校对外交流和形象展示的窗口,要以高质量的发展理念,确保有发展动力,富有创造力,有文化公信力和社会影响力。

---

① 宗祖盼.深刻理解文化产业高质量发展的内涵与要求[J].学习与探索,2020(10):131–137.

二、高质量发展背景下大学社的治理结构难题

大学社作为独立经营的法人单位,要参与市场竞争,就需要按照市场经济的规律开展经营活动,实施管理决策。① 建立健全法人治理结构是大学社面对市场竞争的必然要求,也是大学社开展风险防控的客观要求,更是大学社高质量发展的基本要求。但是,因为各种主客观因素的制约,当前大学社的治理结构还存在很多难题和短板,治理的"内卷化"问题比较突出,制约了大学社高质量发展,亟须解决这些难题,优化治理结构。

(一)股权单一,学校管理行政化

当前,我国绝大多数大学社的股权较为单一,即由母体学校或其资产经营公司作为完全出资人,拥有全部股权。这种股权和治理结构导致管理权限边界模糊,高校往往把出版社视为与院系并列的二级机构,在管理上行政化色彩浓厚,对出版社生产经营不能充分授权,在人事安排、干部管理,甚至公车管理等方面与二级学院并无二致,对出版社的管理过宽过细,不能按照市场规律管理和放权,不能让出版社在市场经营中独立承担法人责任,出版社无法做到独立自主、自负盈亏,自我发展、自我约束。比如部分大学社在公车使用上,完全遵照学校二级学院标准执行,甚至封存了全部公务用车。这种做法严重影响了大学社的正常生产经营活动,降低了大学社的竞争力和适应市场的能力。在与地方出版集团及民营图书公司竞争中,大学社因为缺乏相应的灵活性和对市场的适应性而处于比较被动的地位。这与国家对出版企业"坚持质量第一效益优先、坚持市场化方向、坚持依法依规,准确把握出资人监管边界,依法合规履行出资人职责,坚持以管资本为主加强国有资产监管,有效落实国有资产保值增值"的要求相背离,不利于大学社健康发展。

---

① 胡静.基于财务管理视角的高校出版社法人治理问题与对策探讨[J].商业会计,2019(13):85-87.

(二)权责模糊,治理结构不科学

根据现代企业制度的安排,大学出版社的董事会、监事会和经营班子分别行使决策权、监督权和执行权。董事会一般由学校组建任命,成员一般为5~7人,董事由学校相关职能部门,如宣传部、财务处、国资处、教务处的负责人和出版社有关领导担任;监事会一般由3~5人组成,监事由学校审计处等单位负责人和出版社领导及职工代表担任。出版社经营班子一般由5~9人组成,大多数经营班子成员由学校党委任命,个别出版社的班子成员副职通过董事会聘任。[①] 这种董事会和监事会的结构设计是基于对出版社管理及业务关系的安排,非出版社员工的董事和监事并不在出版社取酬。从业务上来说,他们对出版管理及出版社经营等方面不一定熟悉和擅长,因此,在履行董事和监事职责时难免力不从心。同时,因为没有激励机制和硬约束,他们往往也缺乏履职的积极性。因为信息不对称,决策者掌握和了解的信息不全面,董事会和监事会会议往往更注重程序和形式,对于重大事项不能充分发挥决策和监督的应有作用。

(三)市场化程度低,管理团队观念落后

大学社有着强烈的事业单位属性,经营班子由上级任命的体制,决定了其在经营决策及管理过程中,目标和经营导向为对上级负责,管理团队市场化程度低、缺乏市场开拓精神。与社会出版机构相比,大学社管理团队经营观念相对落后,不能完全按照市场规则办事,经营业绩与薪酬关联度不高,工作成果和业绩评价也是由上级决定。因此,经营班子成员不是真正的职业经理人,而是兼具事业单位部门领导和企业负责人双重身份。在人才选用等方面往往重视资历等非市场因素,而个人能力和素质次之,这种现象的存在严重制约了大学社的市场竞争力和可持续发展能力。

因为大学社长期的进人身份障碍(当前高校人才引进以博士为主,而

[①] 崔青峰.中小型高校出版社公司治理:现状、问题与建议[J].现代出版,2015(4):37-40.

博士一般不愿到出版社工作),事业编制的新鲜血液不能及时得到补充。原有事业编制人员趋于老龄化和保守化,出版社发展创新动力不足。根据调查,当前大多数大学社校编人员不足30%,他们大多处在社领导岗位或中层管理岗位,年龄大多在45岁以上。随着时间的推移,这种老龄化趋势更加突出。大学社未对事业编制人员采取退出和淘汰机制,这些人员的稳定性强,很多人缺乏竞争意识和挑战精神,守旧思想严重,很难在职业发展上取得有显示度的成绩。虽然出版社新提任中层管理人员多数为社聘人员,但他们的话语权偏弱,还没有起到主导作用。社会招聘人员成长周期长,在事业上容易遭遇天花板现象。这种现象的长期存在会影响大学社人力资本的竞争力和自我治理能力的提升。

(四)监督缺位,纠错机制不完善

在大学社治理层面,监事会是监督出版社生产经营的法定组织机构,但在现实实践中,学校的兼职监事因不了解出版业务,也没有利益激励机制,往往导致监督缺位。即使想行使监督职能,也往往因为业务生疏而力不从心。出版社层面的监事一般为本社的职工代表,下级监督上级的现实困境往往使监督流于表面和形式。同时,大学社纠错机制不健全,对在经营过程中侵犯出资人权利,或者经营决策失误造成国有资产出现重大损失时,其责任该如何追究,缺乏相应的追责机制。管理层决策的随意性强,决策过程中往往追求短期利益,忽视长期目标。这些都对大学社的发展造成很大影响。

三、科学治理视域下大学社的管理困境

在科学治理视域下,当前影响大学社高质量发展的管理困境有很多,但主要表现在六个方面,即人才管理困境、质量管理困境、学术管理困境、营销管理困境、文化管理困境、绩效管理困境。

(一)对人才要求高,人才管理难

大学社一般被定位为学术和文化机构。基于学术出版的创新性和前

沿性，大学社对人才的学历、专业、经验等要求比较高。但是，对人才的高要求与高水平人才管理之间存在很大矛盾，大学社在人才管理上处于比较尴尬的状态。第一，出版要求高，人才招聘难。随着互联网的迅速发展，融合出版已经成为当前出版业的主要发展方向，要求出版及编辑人才具有复合能力，掌握多学科知识；不但要有较强的文字能力，而且必须熟练运用计算机及相关软件开展出版工作；同时，还要有较强的沟通能力、组织能力、语言表达能力等。但是，高水平人才往往对职业发展和工作环境等有更高要求。第二，专业要求高，紧缺人才留用难。大学社一般是综合性出版机构，出版物专业性强、要求高。但是，出版社人才结构存在严重的不平衡，计算机、医学、土木工程等紧缺人才招聘和留用都比较困难。第三，人才诉求高，大学社难以满足。近年来，因为纸质图书销售逐年下降，大学社经营业绩很难取得突破，经济效益不突出，员工待遇赶不上一些新兴行业。同时，基于大学社在人才使用及管理上存在体制机制障碍，在待遇上存在大锅饭现象，在员工职业发展上有论资排辈问题，很难满足优秀人才的诉求，导致优秀人才流动性高。第四，人才断代，制约出版社可持续发展。当前，大学社存在一定的人才断代问题。一方面，45岁以上人员占一定比重，他们大多在20世纪90年代及以前入职，经验丰富，但思想相对保守。另一方面，35岁以下人员占较大比重，他们学历高，思想活跃，但往往"坐冷板凳""为他人做嫁衣"的意志不坚定；同时，他们属于互联网的原住民，受互联网的影响较大，文字能力和编辑能力相对较弱。35岁至45岁之间的骨干编辑比较缺乏。这种人才断代现象，对大学社的可持续发展造成了一定影响。

（二）对图书要求高，质量管理难

出版质量直接关乎大学社服务大局、服务群众的能力和水平，也关乎大学社的形象和未来发展。近年来，在高质量发展的大背景下，出版质量引起了出版主管部门的高度重视，甚至被各相关利益方广泛关注。因此，出版质量管理和图书质量建设是当前各大学社非常重视的核心事务，图书质量建设也成为各大学社社长、总编辑最为重视的工作内容。但是，当前大学社的出版质量建设问题还比较突出。

第一,作者学术和写作水平不高,导致图书质量先天不足。在新媒体时代,碎片化阅读、学习和思维已成为一种常态,本应扎实开展经典阅读、深度学习、系统思考的学者,很多也成为"手机控",存在严重的"互联网依赖"问题。许多学者开展研究浮于表面,文字表达学术性不足,撰写书稿内容质量、文字水平不高,大大增加了书稿的编校难度,给编辑增加了额外工作量。当前,在大学社特别是地方大学社学术出版中,比较成熟并有较高学术创新性的书稿比例不高,这给大学社图书质量建设带来了很大困扰。第二,编辑专业能力不足,工匠精神欠缺。大学社不同于社会出版机构,所出版图书学科门类多、图书品种多,对编辑的专业能力要求高,编辑的工作量大。特别是医学及理工学科,编辑数量严重不足。同时,很多青年编辑眼高手低,部分人缺乏工匠精神,追求编校速度,忽视编校质量,导致很多书稿达不到国家对图书出版的质量要求。第三,"三审三校"执行不到位,"编校合一"现象时有发生。因为编校人员不足,或者出版社出版流程设计缺乏科学性,部分大学社不能按照要求认真执行相关编校制度,给图书质量建设带来很大隐患。第四,全员质量管理落实不力,全过程质量控制缺乏硬约束。从图书质量控制上来看,全员、全过程质量管理是保证图书质量的重要举措。但是,在选题、编校、设计、印制等环节,部分人员质量意识不强,质量把关不力,虽然出版社有对全员、全过程质量控制的制度性安排,但往往因为缺乏硬性约束,使得相关制度不能顺利执行。

(三)对学术要求高,学术管理难

学术出版是大学社的主要出版领域,也是服务大学、服务社会的重要抓手。学术出版的水平和质量代表了大学社的学术能力和社会影响力,而提升学术出版水平的关键是培养大批学术型和学者型编辑。但是,当前大学社在学术管理上还存在很多短板,需要认真解决。

第一,出版社对编辑学术能力培养缺乏动力。一般认为,学术培养是一项长期工程,需要编辑通过自身努力提升素养,出版社只起辅助作用。但是,在实践中,编辑学术能力的提升需要出版社系统考虑、通盘安排,在搭建学术平台、营造学术氛围、促进学术交流等方面发挥主导作用。而这一认识和实践的冲突导致编辑的学术能力培养被无形忽视。第二,编辑忽视个人学术能力的提升。很多编辑认为,其主要应该关注书稿的体例、格式、标点符号等编校问题,至于书稿内容及学术问题属于作者的事情,编辑不应参与或干涉书稿学术问题,导致一些编辑责编的书稿往往缺乏学术含量;即使存在学术问题,编辑也可能无法认知,很难实现通过编辑提升书稿学术含量的目标。

(四)纸质销售下滑快,营销管理难

近年来,电子商务的迅速发展改变了图书营销生态,线下实体书店纷纷倒闭,各高校校园书店也大多以文化用品销售、饮食售卖等形式补贴图书销售的亏损。当前,大学社在融合出版和数字出版方面还没有摸索出成熟的营利模式,出版产品还以纸质图书为主,而纸质图书销售呈逐步下滑趋势。因此,大学社图书营销管理存在很多困境。

第一,学术著作印数少,销量低。学术出版虽是大学社的主要出版方向,但因学术出版的小众性和专业性,学术著作销量非常有限,部分图书印数甚至在100册以内;即使是有一定知名度的作者出版的有影响力的学术专著,销量大多也在500册以内。从人力成本上来看,学术图书专业性强,对编辑的专业能力要求高,生产周期长,投入的人力成本高。第二,高校教材出版虽是主要业务,但销量下滑严重。高校教材出版是大学社核心业务,也是主要收入来源。但是,近年来,"马克思主义理论研究和建设工程"重点教材一般由高等教育出版社出版发行,对大学社特别是中国人民大学出版社、北京大学出版社等知名高校出版社的教材出版产生了强烈冲击;高校专业课教材品种多,销量少,加上当前很多大学生购买教材的意愿低,导致很多大学社的高校教材出版陷入两难境地。第三,市场书有一定销量,但销售受民营书商影响大。"服务社会"是大学出版社的一项衍生职责,也是一项重要责任,是实现社会效益首位的主要体现。在开发市场书方面,大学社有作者和编辑优势,但与民营图书公司相比,在市场推广方面存在明显的短板和不足;从各大媒体公布的畅销图书排行榜来看,民营图书公司策划并销售的图书在市场上占绝对优势。大学社开发市场书往往与民营图书公司合作,大学社负责内容把关和出版质量,民营图书公司负责前期策划及后期市场推广,但这种合作会挤压大学社的利润空间,降低大学社的造血能力。

(五)文化开放创新不足,文化管理难

这里的文化包括出版社的物质文化、制度文化和精神文化。大学社物质文化包括大学社工作环境和出版的图书及服务产品等表层组织文化。大学社作为高校的一个文化单位,本应在物质文化方面起示范和引领作用,但因为各种主客观因素的影响,当前大学社工作环境普遍比较封闭、传统,创新不足,开放不够;在产品生产方面,与社会出版机构及民营图书公司策划出版的图书相比,部分大学社的图书装帧设计缺乏前沿理念和创新思维,中规中矩,吸引力不够。大学社制度文化是大学社文化的重要组成部分,是塑造大学社精神文化的根本保证。大学社文化精神所倡导的一系列行为准则,必须依靠制度去实现,通过制度建设规范大学社员工行为,并使文化精神转化为出版社员工的自觉行动。在制度建设上,多数大学社依据母体学校的制度要求及规范安排来执行,有的制度规定与院系制度无根本性差别,缺乏社会性和市场性,很难适应市场竞争的要求。大学社精神文化是用以指导开展生产经营活动的各种行为规范、群体意识和价值观念,包括大学社经营哲学、企业精神、经营宗旨、价值观、工作作风、伦理准则等,集中体现了大学社独特、鲜明的经营思想和个性风格,反映着大学社的信念和追求。近年来,大学社在转制发展过程中,大都形成了自己独特的经营理念和价值风格,比如中国人民大学出版社"出教材学术精品,育人文社科英才"的出版理念,复旦大学出版社"读复旦书 做卓越人"的经营哲学,郑州大学出版社"严谨、敬业、求实、创新"的社训精神等,这些精神文化在潜移默化地影响着大学出版人的行为规范和价值准则。但是,精神文化建设是一项复杂的系统工程,基于大学社人员身份的复杂性和人事管理的特殊性,很难形成统一的出版理念和价值追求。

（六）绩效的激励性不足，绩效管理难

绩效管理是指出版社各级管理者和员工为了达到出版社经营目标，共同参与的绩效计划制订、绩效考核评价、绩效结果应用、绩效目标提升的过程。出版社绩效管理的目的是持续提升员工、部门和组织的绩效。科学有效的绩效管理能极大地调动出版社各利益主体的积极性和主动性，提升出版质量和出版效率，提升文化精品出版效能。大学社在绩效管理过程中遇到很多管理困境，比如如何协调原创学术出版与高校教材出版、社聘员工与校聘员工、管理服务人员与编校人员、自我策划选题与合作出版选题等绩效关系问题。绩效管理深刻影响着各部门、各环节及每个人的积极性。对大学社来说，其绩效考核有着特殊性，肩负着服务母体学校和服务社会的双重职能，在某种程度上更应该突显社会效益首位责任，更应在原创学术出版上下功夫、出精品。但大学社是文化企业，也具有企业的天然属性，追求和提升经济效益是其重要经营目标，在实际出版过程中遇到很多绩效管理难题，存在一定的绩效管理悖论。

四、大学社治理结构的优化策略

作为文化企业，大学社已经告别了长期以来的"事业单位"身份，对大学社的治理必须从现代企业逻辑起点开展研究和实践，用现代企业理论分析和解决大学社的治理问题。同时，要考虑到大学社依托母体学校并服务母体学校的特殊要求，尊重学术出版的科学规律，探索出既符合一般企业产权制度要求，又突显大学社特色的治理结构优化策略。

（一）提升控制力，出资人更好承担保值增值职责

从主办主管出版管理体制上来看，大学社由所在大学主办，并由教育行政部门主管；在出版业务管理上，由上级宣传部门负责管理和监督。比如清华大学出版社由教育部主管、清华大学主办；郑州大学出版社由河南省教育厅主管、郑州大学主办。基于这种管理体制，教育部、国家新闻出版

署出台相关文件,对大学社提出了相关要求,给出了明确定位。在经营体制上,大学社被定位为现代文化企业;在出资人管理上,学校资产经营公司代表学校行使出资人的管理和监督职能。大学在对出版社的管理上,应强化出资人的关键控制力,建议只对主要负责人,比如党委(党总支)书记、董事长、社长、总编辑等进行选拔任免;同时,出资人要采取有效措施,确保国有资产保值增值。对副社长、副总编辑、总会计师等的选拔任用,交由大学社董事会负责,董事会按照现代企业高级管理人员的选拔要求,面向全社会公开选拔,确保选拔出思想政治素养高、出版专业能力强、市场开拓意识强的优秀管理人才,与他们签订聘用合同,设立经营目标。这样既能保证学校对出版社的绝对控制和领导,又能实现大学社充分适应市场规则,国有资产保值增值,社会效益首位、社会效益与经济效益相统一的目标。

(二)提升领导力,充分发挥党组织政治核心作用

根据《中国共产党章程》和习近平总书记关于国有企业的重要讲话精神,出版社作为国有企业,其党组织要充分发挥领导核心和政治核心作用,履行好把方向、管大局、保落实的重要职责。在具体实施上,党组织作用的发挥主要体现在三个方面。

第一,通过交叉任职提升党组织在出版社的领导力。出版社党组织负责人与董事会、社委会、监事会成员实行"双向进入、交叉任职",以参与重大决策。党组织从政治角度把关定向,承担决策的政治责任;在监督上,以加强党内监督为重点,监督出版社的关键人、关键岗位和关键环节,监督出版社资产安全和保值增值。第二,通过党管干部提升党组织在出版社的政治力。在用人上做到"五管"、把好"五关",即管原则,把好用人导向关;管标准,把好用人资格关;管程序,把好用人规则关;管机制,把好用人政策关;管监督,把好用人过程关。[①] 第三,通过制度建设提升党组织在出版社的影响力。出版社党组织要通过制度建设和强化自身建设,提升自身战斗

---

① 蓝翔.国企党组织在企业法人治理中的政治核心作用:以地大出版社为例[J].学习月刊,2015(16):15—17.

力和影响力。比如制定《出版社党政联席会议制度》《出版社廉洁管理规定》《出版社"三重一大"决策制度实施细则》《出版社党的民主生活会制度》《出版社理论学习中心组学习制度》《出版社党员组织生活制度》《出版社党委(党总支)会议制度》等,并把各类制度落到实处,使其成为出版社及相关人员自觉遵循的规范。同时,出版社党组织要加强自身建设,努力提升党组织的战斗力、创新力、胜任力、组织力和领导力,确保党组织各项职责得到认真履行,党的意志和决策得到高水平实施和落实。

(三)提升决策力,充分发挥董事会科学决策作用

董事会是大学社的权力机构和决策机构。因为部分知名高校所属企业在股份制改制和生产经营中出现巨额债务问题,已经严重影响到学校的声誉和发展,因此,国家有关部门更加强化了对高校校办企业的管理力度。基于国家对出版强化管理的需要,大学社的股权单一现状不可能有实质性变化。大学社的董事会有其自身特点,其成员由学校相关部门代表和出版社代表组成。要明确董事会需要决策的重大事项和决策程序,确保董事会发挥好决策职能。董事会成员要对出版社的重大信息、重要事项有充分了解,避免成为"人情董事",也避免出现"模拟董事会"。出版社要定期召开董事会,向各位董事提供完全透明的信息,汇报各类重大事项。在不违反上级有关规定的前提下,要按照市场规则适当为董事发放酬金,落实待遇,提升董事参与出版社决策的积极性和责任心。同时,要规定董事在出版社的工作时间和工作内容,真正让懂出版的人参与决策,减少"瞎子摸象""外行指挥内行"等信息不对称决策,提升决策的科学性和前瞻性。

(四)提升管理力,充分发挥社委会经营管理作用

因为机制体制的问题,当前社委会与董事会存在一定的职责边界交叉。为了厘清他们之间的权力和职责界限,需要明确社委会具体职责。实际上,大学社的社委会应理解为经营班子会,对出版社的生产经营负责。大学社的董事会要充分授权社委会发挥好经营管理作用,要赋予经营班子充分的用人权、资产经营权等。社委会要本着对学校负责、对董事会负责、

对全体员工负责、对社会负责的原则和要求,努力提升经营管理能力,在社会效益和经济效益上实现双丰收。同时,社委会要定期向董事会汇报工作事项,向全体职工公开相关事项,以实现经营的公开、透明,取得各相关利益方的信任和支持。

(五)提升监督力,充分发挥监事会全面监督职能

监事会的监督包括调查和审查出版社的业务状况,检查各种财务情况,并向董事会提供报告,对出版社各级干部的行为实行监督,并对领导干部的任免提出建议,对出版社的计划、决策及实施进行监督等。为了更好地履行监事职能,监事要认真学习和掌握资产、财务、审计等专业知识,提升监督能力;要建立监事列席董事会制度、监事会议制度、监事报告制度等,并确保制度落到实处,充分发挥监事会的全面监督职能。出版社党委会、董事会、社委会、监事会虽各有职责分工,但在工作过程中要注意分工与合作相结合,共同推动出版社的科学治理和良性发展。

五、大学社高质量发展的管理纾困路径

高质量发展是事物发展的趋向和需求,也是事物发展的内在逻辑规律。就大学社来说,制约其高质量发展的主要因素有:对市场新需求把握不准,对营销新渠道掌控不力,对传播新方式运用不精,对使用新技术接受不快,对运作新模式转换不清,对出版新趋势判断不明,对新生产要素投入不够,对人才新需求研究不深。[①] 要围绕这些制约因素,有的放矢地化解矛盾、补齐短板,通过高质量发展的科学管理方法,有效提升大学社的内在动力、发展活力、产品创造力、社会公信力和文化影响力。

(一)提升人才队伍管理效能,做到人尽其才

企业要发展,人才是关键,人才是出版社高质量发展的第一要素。大

---

① 周玉波.在新时代,出版业如何实现高质量发展[EB/OL].(2020-09-18)[2021-04-10]. http://theory.people.com.cn/n1/2020/0918/c40531-31867027.html.

学社要深入研究新时代背景下人才需求的新变化、新趋势,在人才培养、人才引进、人才使用、人才激励等方面采取切实有效的措施,提升人才管理效能。

第一,建立人才引进、培养的规划和制度,为人才强社战略的实施保驾护航。人才建设是一项战略工程,同时也是一项系统工程,要从制度和战略层面做好顶层设计,比如制定《出版社人才强社战略规划》《出版社人才培训规划》《出版社人才引进规划》《出版社人才成长导师制管理办法》等,使出版社人才管理制度化、规范化、系统化,为打造一支思想过硬、规模适中、结构合理、素质较高、创新力强的人才队伍夯实基础。[①]第二,打破身份藩篱,坚持唯才是用。根据现代企业管理理念,要坚持"能者上、庸者下"的用人原则。大学社作为完全参与市场竞争的法人主体,应摈弃事业单位传统的论资排辈的用人观念,无论是事业编制人员还是社聘人员,都能在同一起跑线上开展竞争。大学社要设计科学的竞岗条件,完善竞岗程序,公开、公平竞争上岗,达到人岗相适、人尽其才、才尽其用的用人目标,提升人才使用效能。第三,为人才提供职业发展通道,避免"天花板"现象。大学社要定期对岗位进行调整,为每一位"想干事、能干事、干成事"的员工提供发展通道,对个别工作业绩突出、工作能力强、群众基础好的干部认真考察,并经董事会研究、社长聘任,可以聘为出版社副社长、副总编辑等,真正做到事业留人。第四,为工作业绩突出的人才提供激励性报酬,做到贡献与报酬相匹配。大学社所处的学术出版业,因为编辑出版活动劳动强度大、工作时间长,也具备劳动密集的特点。对于大学社关键岗位、技术稀缺型岗位,要提供超额报酬,以留住关键岗位、稀缺专业人才,真正做到待遇留人。第五,加强对人才的培养,提升人才成长和工作效能。人才对工作岗位的诉求一般有三个方面,即事业诉求、待遇诉求和成长诉求。事业诉求即在某一岗位上工作能获得事业成就感,实现人生价值;待遇诉求是指工作的待遇应该与自己的投入成正比,即有比较高的投入产出比;

---

① 孙伟.创新人才培养模式 架构企业管理新框架:以人民卫生出版社为例[J].中国出版,2015(3):56-59.

成长诉求是指所从事的工作,能对自己的专业能力提升和事业发展有帮助,有助于自身更好地成长。大学社应通过在岗培训、脱产学习、学术交流、师徒带动等方式加强对人才的培养,快速提升人才的编辑、技术、管理、营销等多维度、复合型技能。要确立分级、多元的引导和培养模式,特别要做好骨干人员培训,确保核心人才重点培养,建立一支专业技术过硬的复合型人才队伍。

(二)提升出版质量管理效能,实现精品出版

近年来,高质量发展已成为各行各业的鲜明主题。作为文化产业的出版业,对高质量发展提出了更高、更新的要求。图书质量是出版社生存和发展的根本,是出版社提升市场竞争力的关键。近年来,国家加大对出版物的专项检查力度,实施了严格的奖惩制度。图书的质量关乎文化的品质和传播力,关乎出版社的影响力,也是出版社的生命线。[①] 基于大学社图书出版的学术性特点,要更加注重出版物的质量建设,在制度设计、业务培训、质量检查等方面采取切实有效的措施,确保精品出版、高效出版。

第一,建立机制、完善制度,为图书质量建设提供制度保障。大学社要成立由社长担任组长、总编辑担任常务副组长的质量建设领导机构,并设立专门机构和部门负责日常质量管理工作,配备一定比例的专职质检和审读人员,建立科学严谨的编校工作流程与全面细致的编校工作细则。同时,建立科学系统的管理制度,通过制度对质量管理进行硬约束。比如制定《出版社选题管理规定》《出版社重点选题管理办法》《出版社图书质量管理办法》《出版社图书质量保障体系》《出版社编校差错率分类认定细则》等,通过制度设计和实施,强化全员质量意识,规范图书出版流程,为提升图书整体质量提供制度保障。[②] 第二,规范来稿流程,严把来稿质量。

---

① 黄圣英.发挥自身特色与优势 助推高校出版高质量发展:以暨南大学出版社为例[J].出版广角,2021(6):35-37.

② 温建龙,马爱梅.出版社如何从管理体制和运营机制上保障图书整体质量[J].科技与出版,2016(12):98-100.

为提升作者来稿质量,要编发《作者交稿须知》严格规范来稿流程,明确来稿内容和质量要求,对不符合要求的书稿一律退修或不予出版。同时,策划编辑和责任编辑要与作者充分沟通,指导作者开展书稿写作,保证书稿内容质量。第三,提升编辑专业能力,强化编辑质量意识。图书编校质量的高低,与编辑的专业能力、敬业精神密切相关。大学社要在提升编辑的专业能力上下功夫,比如通过编校技能比赛、编校知识讲座、编校经验交流、编校精品示范等方式,提升编辑专业能力。同时,要强化编校质量奖惩制度的落实,奖优罚劣,强化编辑的质量意识。第四,严格出版流程,确保"三审三校"落到实处。出版社要强化责编对初审报告表的填写责任,详细列出初审的相关要求,比如书稿结构和层次是否合理,条理是否清楚;书稿插图和表格是否符合要求;书稿索引和参考文献是否规范;书稿的技术规范、符号、单位等是否符合新标准、新规定;书稿是否涉及政治、法律、宗教、地图等敏感问题;等等。初审是图书编校的第一关,也是最重要的关口,把好初审关,书稿质量就能得到基本保障。同时,要明确三审、三校、加工整理、审读等环节的责任,列出各环节的详细任务和标准。第五,提升全员质量意识,打造全过程质量管控体系。图书出版质量管理,是出版流程中各环节所有员工的共同责任。要强化全员质量意识,加大质量奖惩力度,打造"我为质量、质量为我""万无一失、一失万无"的企业质量文化。出版社要建立三审逐级检查、印前检查、成书全品种检查、社外专家抽查等质检监控体系,有效发挥图书质检效能。要落实国家最新的图书设计质量技术标准,比如书名页、图书在版编目数据、书脊规则、开本及幅面尺寸等标准及规定;在印制中要严格按照国家规定的工艺流程、印刷要求和技术标准开展工作,确保设计精美、印制精良。

(三)提升学术出版管理效能,强化出版学术含量

提升学术出版管理效能包括两层含义,提升编辑的学术能力和提升大学社的学术出版能力。提升编辑学术能力要从两个方面着力:第一,强化编辑对学术能力提升的积极性和主动性。近年来,大学社新进的编辑大都具有硕士及以上学位,有一定的学术水平,其编辑书稿也主要是学术著作,

学术能力建设对其重要性不言而喻。出版社要通过制度设计和文化建设，使编辑认识到要提升学术出版的编辑含量，必须提升自身的学术能力，努力成为这一领域的专家，能与相关专家进行专业学术交流。编辑学术能力提升应成为编辑的一种思想和行动自觉。第二，通过有效举措提升编辑学术能力。大学社要定期举办学术讲座、开办学术沙龙，鼓励和支持编辑参加学术论坛和学术会议，鼓励编辑发表学术文章，撰写学术著作，开展学术研究，提升专业技术职称等，在出版社形成浓厚的学术氛围。

大学社学术出版能力的提升是一个长期的积淀过程，也是提升大学社影响力的重要抓手。第一，要结合母体学校的学科优势打造大学社的学术出版优势，比如郑州大学出版社结合母体学校材料科学、临床医学等的学科优势，打造了超硬材料、创伤医学等学科出版特色，其中《超硬材料制造与应用技术》（材料科学与工程学科）获得第五届中华优秀出版物奖图书奖、《中华战创伤学（11卷）》获得第五届中国出版政府奖图书奖，创伤医学出版获批三项国家出版基金资助项目，在国内形成了鲜明的创伤医学出版特色。第二，要结合区域文化特色打造学术出版优势。大学社有着天然的区域出版优势，比如郑州大学出版社、河南大学出版社对黄河文化、中原文化的出版优势，安徽大学出版社对徽学文化的出版优势等。第三，要对学术出版配置优势资源，给予资金、人才及政策倾斜。大学社社会效益的提升，主要依靠学术出版产生的社会影响力，因此，针对具有较强社会效益和学术创新性的学术出版，大学社要进行资源优化配置，给予资金和政策支持，提升学术出版的质量和效能。

（四）提升图书营销管理效能，实现业绩良性增长

因为学术图书读者的小众性，高校学生购买教材的自主性，当前图书营销管理已成为大学社的短板和痛点，严重制约了大学社的高质量发展。为提升图书营销效能，大学社要全面分析制约因素，有的放矢开展工作，纾难解困。

第一，培养全员营销意识，提升全员营销能力。图书营销不仅是营销部门的职责，更需要各出版环节全员的共同努力。策划编辑在策划选题时

要考虑图书的读者群、营销手段等;责任编辑要确保图书内容质量和编校质量,提升读者的阅读体验;设计与印制环节要确保设计美观、印制精美,让读者产生阅读兴趣和购买愿望。对图书做出最终评价的是读者,在市场上"用脚投票"的也是读者,因此,在出版的每个环节,每个参与者都要有读者和市场意识,用严谨的工作态度和开放的市场观念对待出版工作。第二,培养精准营销意识,提升精准营销能力。营销人员要培养精准营销理念,对学术类图书、大众图书和大中专教材要根据各自特点开展精准营销;针对高校师生、社会大众等不同消费群体要采取不同的营销策略。同时,需要培养各岗位员工精准营销和全程营销的理念和素养,客观分析图书市场发展走向、读者消费心理等,策划、出版的图书要与市场和读者需求有较强匹配度。① 第三,开发适销对路图书,为精准营销提供物质基础。在学术图书开发方面,应关注相关学术领域学者需求,精选高水平作者,内容质量、编校质量和印制质量要符合学术著作的特殊要求;要采取差异化的营销手段,提升专业学术领域学者的关注度和购买愿望,达到精准营销的目的。在高校教材开发方面,可采取协编共用的方式,针对不同学校学生特点,选择相关高校的优秀教师共同编撰;教材要充分体现专业性、实用性,并结合当前大学生的学习特点,尽可能做到融合出版,以增加教材的信息量,满足学生网络学习的需要。在市场图书开发方面,要充分了解市场信息和市场需求,开发出受读者欢迎、受市场认可,社会效益和经济效益俱佳的社会图书。第四,充分利用网络渠道,提升网络销售能力。当前,我国已进入数字化、网络化时代,网购已成为广大读者的主要购书方式;大数据也为图书营销带来了另外一种可能,通过数据运算和分析,了解市场需求和读者阅读偏好,明确目标读者和市场容量,进行精准投放和销售。② 大学社应充分适应网络销售的发展趋势,采取切实可行的举措,提升网络销售

---

① 孙保营.新媒介视域下大学出版社图书营销探讨[J].出版广角,2021(9):36-39.
② 李勇,马艺文.大数据变革下出版社的管理战略应对[J].重庆大学学报(社会科学版),2015,21(4):109-114.

能力。要做好电商平台的建设和电商图书的选择及上架工作,抓好电商团队的建设工作;在做好论坛、微博、微信等平台营销工作的基础上,要抓好虎牙、映客等直播平台,抖音、快手等短视频平台,以及短视频营销、社群营销等新兴互动网络营销平台的创新和推广工作。通过网络营销能力的提升,形成图书销售的增长极,以弥补传统营销业绩下降带来的损失,提升销售业绩。

(五)提升企业文化管理效能,彰显企业文化的创新性

文化建设是出版社内涵式发展的重要内核。大学社应强化文化建设效能,彰显企业文化的市场性和创新性,提升文化建设对企业发展的贡献度。

第一,物质文化建设做到物理空间的开放性、出版产品的市场性。大学社要向母体学校争取政策和资金支持,拓宽物理空间,开放办公场所,创新发展理念,创建"处处体现文化氛围、彰显大学文化精神"的文明办公及经营场所。所出版的图书,既要体现学术出版的严谨性,又要体现时代的创新性,更要体现装帧设计的前沿性和市场性。第二,制度文化建设要充分体现社会性和适应性。从经营上来说,大学社要完全面向市场,成为独立经营的市场主体;在制度设计上,既要与母体学校保持相对一致,比如在党建管理制度等方面要完全符合母体学校的规定要求,又要充分体现文化企业的创新性,比如财务管理制度、人才管理制度、车辆管理制度等,以适应市场化的发展需要。第三,精神文化建设要形成上下统一、全体认可的精神文化理念。大学社领导层对待所有员工要一视同仁,不能有任何身份歧视;从人才管理理念和企业文化建设上都要体现"以人为本、人人平等"的价值观,取得全体员工对大学社经营哲学和企业精神的充分认可。

(六)提升出版社绩效管理效能,实现社会效益和经济效益双效统一

绩效管理涉及每个员工和每个部门的利益,进行科学绩效管理,实现公平分配,能调动各相关利益主体的积极性,提升出版社生产效率。

第一，要强化财务成本管理理念，提升成本管控和市场风险意识。大学社是经营单位，所有部门、全体员工都要树立成本意识，严格进行成本控制；要加强对市场的科学分析研判，提升全员风险意识；要加强财务管理的信息化建设和应收账款的风险管理，建立财务风险防范机制。① 第二，要充分发挥绩效考核的激励作用，并兼顾公平。绩效考核政策要实现奖勤罚懒、奖优罚劣，多劳多得、优劳优得等激励目标。但同时要对弱势群体（比如新员工）起到保护作用，给予他们相应的基础保障。绩效考核政策要兼顾出版社长远目标与个人兴趣，要鼓励员工创新，给员工职业发展提供较高的自由度，但更要考虑出版社的特色化、品牌化、精品化战略的实施，力争在出版社长期目标与员工职业发展之间形成同频共振。第三，绩效考核要实现差异性和精准性，切实提升绩效考核的效率和效果。岗位设置要实现分类指导，核定每个岗位的权利、职责、具体工作目标和绩效目标，进行差异化精准考核。② 设定目标时要借鉴优秀大学社的考核办法，并充分考虑每个人的个人能力和实现程度。第四，兼顾绩效管理的各方利益，实现经济效益和社会效益相统一。要兼顾学术出版部门与高校教材出版部门之间的利益，对学术出版和教材出版制订不同的绩效管理办法。要协调好社聘员工与校聘员工的绩效关系，既要尊重"老人老办法、新人新办法"的合理诉求，更要重视"同工同酬"的现代企业管理准则；针对管理服务人员与编辑人员的绩效考核问题，要坚持充分调动一切积极因素的原则，既要激发编辑人员开拓创新的积极性，又要激发管理服务人员高质量管理、高水平服务的主观能动性。针对不同类别图书的社会效益和经济效益关系问题，学术图书应更注重社会效益，市场图书更注重经济效益，但都应做到社会效益与经济效益相统一。

---

① 郑杰,雷浩,唐立红.大学出版社财务成本管理对策研究[J].科技与出版,2019(5):70-73.

② 曲会,高超.基于编辑视角的"后转制时期"出版社绩效管理[J].编辑之友,2017(5):17-20.

"互联网+"与地方高校出版社战略转型

互联网技术是信息技术的重要组成部分,在政府和市场力量的共同推动下,我国互联网技术的发展取得了"弯道超车"的巨大成就。中国互联网络信息中心(CNNIC)2021年2月发布的第47次《中国互联网络发展状况统计报告》显示,截至2020年12月,我国网民规模达到9.89亿,互联网普及率为70.4%;网民中的手机网民规模达9.86亿,网民使用手机上网的比例为99.7%,我国网民总规模已占全球的五分之一左右。[①] 互联网的快速发展及应用,对加快我国"互联网+"战略的实施起到了巨大的支持和推动作用。"互联网+"在我国各个行业都取得了突破性进展,尤其在电子商务、移动支付等领域更是走在了世界前列。

互联网技术的迅速发展,也带来了人们阅读方式的变化。亚马逊中国发布的"2020全民阅读报告"显示,以阅读电子书为主的受众越来越多,2019年有46%的读者选择同时阅读纸质书和电子书,而29%的读者将电子书作为自己的主要阅读介质。[②] 民众特别是青年群体阅读方式的改变,使传统阅读即纸质阅读不再是年轻人的主要阅读方式,这种阅读方式的转变,给传统出版业的发展带来了新的巨大挑战。当前,我国出版业市场分化比较严重,中央级出版社和地方出版集团占据了出版市场的绝大部分份额,并且有足够的资源开发电子图书;而对于地方高校出版社来说,其社会

---

① 中国互联网络信息中心.第47次中国互联网络发展状况统计报告[R/OL].(2021-02-03)[2021-04-27].http://www.cac.gov.cn/2021-02/03/c_1613923423079314.htm.

② 商务君.亚马逊中国发布"2020全民阅读报告" 解读中国读者阅读特征与趋势[EB/OL].(2020-04-21)[2021-04-27].http://www.cptoday.cn/news/detail/9530.

影响力弱,市场单一,经济实力不足,要想在"互联网+"背景下取得较好的发展,面临的困难比较多。因此,在"互联网+"背景下,研究高校出版社特别是地方高校出版社的转型发展和战略选择问题,具有重要的理论价值和现实意义。

一、相关概念及理论

(一)"互联网+"及其产业应用

"互联网+"简单说就是"互联网+传统行业",即利用信息通信技术以及互联网平台,让互联网与传统行业进行深度融合,创造新的发展生态。主要表现为跨界融合、创新驱动、重塑结构、尊重人性、开放生态、连接一切等特征。

"互联网+"并不特指某一经济模式,它是互联网与传统行业交织、变革、创新、融合发展的一种优势形态,也是推动我国产业升级的重要推动力量,在实际产业发展中应用非常广泛,如"互联网+工业""互联网+商业""互联网+旅游""互联网+农业""互联网+教育""互联网+金融"等。在此基础上,"互联网+"成就了很多产业和行业,比如"互联网+商业"成就了网购行业,比较典型的品牌代表如淘宝;"互联网+金融"成就了移动支付行业,比较典型的品牌代表如支付宝。"互联网+"作为一种生产力和创新力,将互联网的创新成果深度融合于社会经济的各个领域,正在构建各行各业的新型发展格局,颠覆了各个产业领域的游戏规则和商业模式。出版行业也需要在出版理念、商业运作、体制机制等方面做出创新,以适应"互联网+出版"的时代要求。

(二)地方高校出版社及其特点

截至2020年12月,我国有图书出版单位585家,包括中央级出版单位、地方出版集团和高校出版社三大类。高校出版社又分为部属高校出版社和地方高校出版社两个类别。地方高校出版社是各省、自治区、直辖市所属高校出版社,既包括世界一流大学建设高校出版社,比如郑州大学出版社、新疆大学出版社、云南大学出版社等;也包括世界一流学科建设高校出版社,比如河南大学出版社、安徽大学出版社等;还包括地方名校和特色高校出版社,如河北大学出版社、山西大学出版社、广西师范大学出版社等。地方高校出版社依托所在高校资源和地方特色文化资源,为大学的人才培养、学科建设、社会服务、文化传承与创新等方面做出了积极贡献,各自走出了一条专、精、特的道路,出版了一大批有特色、有分量的精品图书,受到了广泛好评。

地方高校出版社有两个显著特点:一是学术性特点。相较于地方出版集团的出版社来说,地方高校出版社因为依托母体学校资源,一般以学术出版为主,教材教辅和大众出版为辅。二是区域性特点。相较于中央级出版社和部属高校出版社来说,地方高校出版社的影响力和辐射半径一般以所在省(市)区域为主,很难在全国产生影响力,具有明显的区域性特点。但是,基于对当地文化、教育、民俗等的深度了解,地方高校出版社深耕当地出版资源的能力比较强,能产出高质量的地方出版精品,比如郑州大学出版社之于中原文化、河北大学出版社之于燕赵文化等的出版优势。

(三)SWOT 分析

SWOT 分析,其英文全称为 Strengths Weaknesses Opportunities Threats,也叫态势分析或优劣势分析,是基于内外部竞争环境和竞争条件下的态势分析。就是将与研究对象密切相关的各种主要内部优势(S)、劣势(W)和外部的机会(O)、威胁(T)等,通过调查列举出来,用系统分析的思想,把各种因素相互匹配起来加以分析,从中得出一系列相应的结论,而结论通常带有一定的决策性。笔者通过对以郑州大学出版社为代表的地方高校出版社的 SWOT 分析,全方位分析其自身的优势和劣势、面对的机遇和挑战,为地方高校出版社在"互联网+"背景下转型发展战略选择提供参考和依据。

二、"互联网+"对地方高校出版社发展的影响

在前互联网时代,一个企业的兴衰受其竞争对手的影响非常大;而在

互联网时代,一个企业甚至一个行业的兴衰受互联网的影响更加突出。"互联网+"颠覆了多个行业的商业模式,网购的兴起使万千实体店亏损或倒闭,微信的兴起使书信和电话变得可有可无……对于以传统出版为主的地方高校出版社来说,"互联网+"也对其发展产生了剧烈冲击。

(一)"互联网+"正极大改变着人们的学习和阅读方式

网上阅读和生活已经成为青年一代的新常态,互联网为读者提供了自主、快捷、广泛的阅读可能。同时,互联网具有的互动性特点,实现了读者与作者、读者与出版人,以及读者之间的自由沟通和对话,并实现了阅读升值、提升了阅读体验。[①] 这种网上阅读方式的流行,对以传统出版为主的地方高校出版社来说,导致了现有读者群迅速流失,开发潜在的读者和图书消费群体变得越来越困难,对图书的出版和销售以及出版社的可持续经营带来了严重影响。

(二)"互联网+"正猛烈冲击着地方高校出版社的盈利模式

传统纸质书的出版及销售是当前地方高校出版社的主要利润来源。而互联网正改变着图书的存在形式,电子书能以较低廉的价格储存和销售,且传播速度快捷,传播对象广泛,其在图书市场上的份额快速提升。大多数地方高校出版社在出版纸质书的同时,也有把纸质书转变为电子书出版和销售的愿望和行动,但是在操作层面遇到两个发展瓶颈:一是电子书发行的瓶颈。电子书的购买平台比如中国知网等,其电子书的购买价格比较低,导致出版社投入产出不成比例;出版社若在自己构建的平台上进行销售,因点击量和下载量比较少,销售收入非常有限。二是知识产权的瓶颈。在纸质书出版后,图书作者一般期望有较好的销售前景,在短期内不愿意把纸质书转化为电子书进行销售;除非是"网红"作者,有比较好的网络销售渠道,有众多粉丝,才会愿意出版电子书。"互联网+"的迅速发展,

---

① 别必亮."互联网+"形态下传统出版的蝶变转型思考[J].现代出版,2017(6):36-38.

严重冲击着地方高校出版社的盈利模式;其在发展过程中大多处于比较尴尬的状态:一方面,纸质书市场逐渐萎缩;另一方面,电子书出版大多处于亏损状态。

(三)"互联网+"倒逼出版社经营管理理念和编印发模式变革

在互联网时代,因为图书出版和销售的互联网化,传统的出版经营管理理念已经不再适应新时代的发展,地方高校出版人必须培养科学的互联网思维,强化互联网意识,不能再以发行量衡量经营业绩,而应以读者对出版物的关注度、出版物的影响力为衡量依据,在制订经营策略时要围绕这个衡量标准开展工作。同时,出版社要培养一批能深刻理解出版功能和本质,高度认同互联网思维和数字化战略的管理人才[①],策划编辑、责任编辑、营销人员等在出版流程中也要深度互联网化,以高素质复合型人才为引领,促进出版社转型升级。

三、郑州大学出版社的SWOT分析

笔者以郑州大学出版社为例,系统分析和研究"互联网+"对地方高校出版社发展的影响;以及地方高校出版社如何实施战略转型,以应对和适应互联网快速发展对出版业的冲击和影响。

郑州大学出版社是由河南省教育厅主管、郑州大学主办的一家综合性出版机构,其前身是成立于1995年的河南医科大学出版社。2000年,原郑州大学、郑州工业大学和河南医科大学三校合并后,更名为郑州大学出版社。作为一家地方高校出版社,郑州大学出版社有自己的发展特色和优势,但同时也存在很多发展短板和瓶颈。

(一)优势(S)分析

经过26年的快速发展,郑州大学出版社已经形成了自己的出版特色

---

① 宗俊峰.坚守使命 融合发展 重在实践:谈"互联网+"时代的出版人才培养[J].科技与出版,2016(3):4-7.

和发展理念。第一,郑州大学出版社有一支成熟的员工队伍。出版社现有员工126人,在地方高校出版社中属于中上等规模,员工年龄结构、学历结构都比较合理。第二,出版的学科门类比较齐全,有人文、社科、医药卫生、理工、基础教育等。截至2020年年底,共出版各类图书9 600多种,能更好地满足河南省内高校及社会对出版的需要。第三,医学出版在全国有一定的知名度,出版了一大批在全国有影响力的医学图书,比如"肾脏病科普丛书"(临床医学学科)曾获国家科技进步二等奖。第四,有比较丰富的国家出版基金和文产基金的出版经验,共有12种(套)图书出版获批国家出版基金资助项目、3种(套)图书出版获批中央文产发展专项资金资助项目,在全国地方高校出版社中名列前茅。第五,有良好的社会效益,共有260多种图书获得国家级和省部级奖励,在上级主管部门组织的三次社会效益评价中,都获得"优秀"的评价等级。第六,有一大批在社会上有影响力的知名作者,比如中国科学院院士赵玉芬、曾益新等,中国工程院院士张金哲、王正国、付小兵、刘志红等,知名作者的支持和信任,奠定了高质量图书的出版基础。

(二)劣势(W)分析

在郑州大学出版社的发展过程中,因受制于各种主客观因素的影响,也存在不少劣势和短板。一是与中央级出版社和地方出版集团相比,郑州大学出版社还处于弱势地位,出版社的影响力还比较小。二是人才队伍建设比较滞后,金牌和品牌编辑比例偏低,优秀策划编辑和营销编辑比较匮乏。三是出版的图书质量有待提升,与国家提出的"社会效益首位"要求还存在一定的差距。四是畅销书作者或知名作者比例不足,精品图书、品牌图书开发力度不够,受市场欢迎的大众读物偏少。五是数字化出版的比例偏低,跟不上"互联网+"的时代发展要求。六是内部治理体系不够完善,治理能力有待提升。

(三)外部机会(O)分析

河南省人口众多,文化底蕴丰厚,经济发展速度快。郑州大学是河南省唯一的"211工程"重点建设高校和全国知名高校。这为郑州大学出版社拓展出版资源提供了广阔的空间。第一,河南省是人口大省和文化大省,可供挖潜的出版资源非常丰富。第二,出版社依托的母体学校——郑州大学,是一流大学建设高校和"部省合建"高校,是全国拥有最多在校生的高校,学科门类齐全,同时拥有10家附属医院。高质量服务母体学校已成为郑州大学出版社发展的重要契机。第三,国务院批复郑州建设国家中心城市,郑州已经成为人才、资金、技术等的重要集聚地,将会带来丰富的出版资源。第四,习近平总书记对黄河文化、生态、产业等做出带有国家发展战略性的重要指示,为出版社开展黄河文明、黄河生态、文化考古等的传统文化出版带来发展机遇。第五,近年来河南省高等教育事业发展迅速,高校数量和在校生人数不断增加,为郑州大学出版社开发作者资源和开拓读者市场提供了资源条件。第六,"互联网+"的快速推进和人们阅读方式的数字化转型,为出版社的转型发展提供了重要机遇。

(四)外部挑战(T)分析

在传统出版市场萎缩、市场竞争加剧的背景下,郑州大学出版社面对的外部挑战有很多,主要包括六个方面。第一,国家对出版业提出的"社会效益首位,社会效益和经济效益相统一"的发展要求,对完全参与市场竞争的地方高校出版社来说,既是机遇,更是挑战。第二,部分民营书商不规范甚至违法的营销手段和销售策略,严重影响正常的图书销售市场,对地方高校出版社的营销发行造成了较大冲击。第三,当前我国国民电子阅读、碎片化阅读已成为主流,纸质书的需求量逐步萎缩,以纸质出版为主的地方高校出版社面临着很大的生存和发展压力。第四,国家权威出版社对各个层面的图书市场进行广泛渗透,市场上图书销售的"二八定律"现象越来越突出,导致地方高校出版社的市场空间被大大压缩。第五,数字化出版是出版行业的发展方向,但盈利模式还不成熟,我国法律法规对数字出版的版权保护还不完善,数字化发展困难重重。第六,图书市场竞争异常激烈,地方高校出版社既要面临中央级出版社的纵向挤压,又要应对本省(市)出版集团的横向垄断,同时还要与经营灵活的民营图书公司进行惨烈的竞争,经营环境比较恶劣。

四、地方高校出版社转型发展的战略选择

在"互联网+"时代背景下,新技术特别是网络技术的快速发展对地方高校出版社的发展提出了全新挑战,对出版人的思维模式、经营管理理念、选题策划方式等都提出了倒逼转型的迫切呼唤①,对出版社的战略选择提出了全新要求。这就要求地方高校出版社要培养科学系统的互联网思维,坚持读者(用户)至上的理念,打造创新与提升、人才与专业、数字与融合、质量与内容、资源与品牌、党建与文化等发展战略,提升出版社的核心竞争力和可持续发展能力,为社会生产更多精品图书,实现出版社的高质量发展。

(一)创新与提升战略

创新是出版业可持续发展的永恒动力。在"互联网+"对出版行业产生颠覆性影响的时代背景下,地方高校出版社要充分利用"互联网+出版"的技术和传播优势,充分发挥出版社管理、策划、编辑、设计、营销等层面所有员工的主观能动性,从选题策划到质量控制,从营销发行到读者服务,打造全流程、全过程、全员工的创新机制,营造出"每本书都体现创新,每个人都勇于创新"的企业创新氛围。同时,要积极借鉴母体学校的管理及科研创新成果,激发出版社创新动力,提升出版社创新水平。

在出版社适应"互联网+"的发展过程中,创新与提升密不可分。创新是为了发展层次的提升,提升是为了更好地创新。在"互联网+"与5G技术迅猛发展和普及的背景下,出版业正在从"数"与"网"的阶段提升到"云"与"端"的时代,升级、跨越、发展、融合将会成为地方高校出版社的新

---

① 谢誉元,冯炜."互联网+"对出版行业发展的影响及对策[J].编辑之友,2015(10):26-30.

常态①,这就要求高校出版人转变经营理念,提升管理水平,提高驾驭互联网、新业态的能力和水平。同时,要努力提升出版社治理能力和治理体系的科学化水平。

(二)人才与专业战略

应对新时代的挑战,出版社的人才建设是关键因素。"互联网+"对出版人才的素养和能力提出了更高要求:既要有深厚的人文素养,又要深谙出版规律;既要关注学术前沿,又要了解读者偏好;既要关心新媒体发展趋势,又要有驾驭数字技术的能力,即要求培养大量的具有完备知识体系、能力结构、出版实践、数字技术、国际视野和互联网思维的"一专多能"的复合型人才。② 但是,因体制不畅,激励机制及人才评价标准落后,当前地方高校出版社在人才队伍建设上存在着严重的结构性问题:一方面大量人员冗余;另一方面关键及技术岗位人才匮乏,导致整体生产效能低下。要破解人才困局,出版社必须实施人才强社战略,通过创新激励机制,加大人才培养力度,拓宽人才成长渠道,构建"能者上、庸者下"的多元选择模式和分级引导、过程管理等培养模式,真正把人才队伍建设作为出版社基业长青的根本抓实抓好,提升内生发展动力。

同时,出版社要实施专业化发展战略。专业化有两层含义:一是出版社出版方向的专业化,即地方高校出版社要紧紧围绕母体学校的学科和专业特色,打造自身的专业出版方向,体现出版特色,不求全而求精、求专、求特。二是出版人的专业化和专注化,即每一位出版人(包括策划、编校、营销等)都要成长为本岗位优秀的专业人才,并专注于自身特长的出版领域。

(三)数字与融合战略

在"互联网+"背景下,人们的阅读方式从线下转到线上,阅读内容从

---

① 施娜,王瑜.地方教育出版企业融合发展 SWOT 定量性研究:以宁夏人民教育出版社为例[J].宁夏大学学报(人文社会科学版),2017,39(4):164-169.
② 别必亮."互联网+"形态下传统出版的蝶变转型思考[J].现代出版,2017(6):36-38.

经典转向流行,阅读目的从审美转向娱乐,数字出版应成为地方高校出版社发展的重要着力点。数字出版容量大,传播速度快,搜索和使用方便快捷,数字出版产品深得读者喜爱。地方高校出版社要强化全员的互联网思维和一体化发展理念,充分运用5G、大数据、云计算、人工智能、区块链等先进技术,紧跟时代要求,在技术提升、平台搭建、服务更新等方面加大投入力度。同时,要培养大批懂技术、会管理、通营销的数字出版人才,以适应未来发展的需要。但是,因为数字出版产品定价权的异化和盈利模式的单一化,当前大多数高校出版社的数字出版处于亏损的尴尬状态。这就要求地方高校出版社要借鉴国家级权威出版社的先进经验,探索出一条符合自身发展特色的数字化出版之路。

地方高校出版社应具有大视野和大思维,根据自身地域特点和办社特色,推动出版社内容、渠道、平台、经营、管理等方面的深度融合,搭建产学研一体化的融合出版的平台和空间,走出一条集创意、研发、制作、销售于一体的融合出版之路①;同时,采取跨地区、跨媒介、跨行业的融合发展策略,加快全面转型,实现从传统出版到融合出版的蜕变。

(四)质量与内容战略

新时代的出版事业,出版质量是生命,是根本。图书生产的高质量包括内容质量、编校质量、设计质量、印制质量等。就当前图书出版业来说,图书供需之间的主要矛盾,就是人民日益增长的对高质量图书的需要与图书供给不平衡不充分发展之间的矛盾。当前图书市场鱼龙混杂,过度生产,高质量精品图书比例不高。地方高校出版社因以学术出版为主,单本图书销售量和利润有限,很难在每一本书上都做到精益求精,往往暴露出质量建设的短板。但是,要提升出版社社会效益,打造出版品牌,就必须做到"守土有责,守土负责,守土尽责",牢记"书比天大,责比山重"的使命担当,大力推进质量发展战略,从选题到印制做到全流程监督,从事前到事后做到全过程控制,确保实现精品出版。

---

① 李蓬.高校出版社的使命、困境与发展路径[J].采写编,2018(2):134-136.

好的出版内容是出版社发展的重要基础,地方高校出版社要选择高水平的作者产出高质量的图书内容,要通过各种方法和措施打造优质的出版内容。把重心放在人类文明的传承和发展、图书的结构和品质上,将出版物定位为高品质、高档次的产品,定位为其他载体不可替代的实用艺术品。出版社还要在设计、编辑等各个环节对优质书稿进行精雕细刻,确保每本书都是一件精品,具有强大的影响力、传播力、竞争力和生命力。

(五)资源与品牌战略

在发展过程中,地方高校出版社要扬长避短,不与国家权威出版社比影响,也不与地方出版集团比市场,要充分挖掘自身的资源优势,采取差异化的市场策略,打造出版品牌,提升在业内的影响力。

地方高校出版社以出版服务于高校教学科研的教材和学术著作为主,要充分挖掘母体学校资源和区域高校资源。比如,郑州大学出版社依托的母体学校郑州大学,拥有全国最多的在校生,学科齐全,师资和科研力量雄厚,同时拥有10家附属医院,其中郑州大学第一附属医院被称为"全球最大的医院";同时,河南省有高等学校139所[1],而河南省的高校出版社只有郑大社、河大社两家。所以,郑州大学出版社的作者资源和用户资源非常丰富,可供挖潜的出版市场广阔。出版社要树立出版资源的战略意识,运用市场手段开发和配置市场资源,要有所为、有所不为,走具有特色的专业化发展道路。同时,要建立出版资源的信息库,为选题策划、图书生产、营销策划、战略制定等提供信息支持,使出版资源利用最大化。

出版品牌是出版物品质、形象、营销、管理等的总和,是出版物特色和知名度的集中体现。品牌图书一般是长销书,它是出版社的无形资产,是出版社社会影响力和美誉度的重要体现,能给出版社同时带来经济效益和

---

[1] 河南省教育厅.2018年河南省具有普通高等学历教育招生资格的高等学校名单[R/OL].(2018-06-26)[2020-05-07].http://www.haedu.gov.cn/2018/06/26/1530003146758.html.

社会效益。① 优秀的作者、高品质的内容、高质量的编校、精美的设计印刷,是打造品牌图书的重要基础。高校出版社品牌和精品图书的打造要体现出专业、精致和创新等特点②,既要依托母体学校的核心学科和专业优势,又要体现出专业水准和创新特色。比如郑州大学出版社依托母体学校的医学学科优势,在医学出版上打造了系列品牌图书,其中在创伤医学领域承担了3项国家出版基金项目,共出版《中华战创伤学(11卷)》等40多本(套)精品力作,产生了良好的社会效益和经济效益。

(六)党建与文化战略

出版社要发展,党建是关键。要发挥好地方高校出版社党组织的政治核心和战斗堡垒作用。在"互联网+"背景下,出版物的内容传播呈现出跨越时空的典型特点。因此,出版社党组织要提高政治站位,强化责任担当,严把出版物方向导向;要加强对出版物内容的政治方向、舆论导向、价值取向的研判和把关,确保出版物有情怀、有思想、有温度,讲政治、讲品位、讲责任。高校出版社是经营单位,是市场主体,不但具有社会属性,还具有强烈的商业属性,个别党员干部容易被商业利益诱惑,其违规违法案例也会在互联网时代被瞬间放大和传播。因此,要坚持党要管党、从严治党,在党组织建设和党风廉政建设中落实好主体责任和监督责任;要在推动形成不敢腐、不能腐、不想腐的体制机制上下功夫③,营造出风清气正的廉政出版氛围。

五、结语

作为文化企业,地方高校出版社要打造符合自身发展特色的企业文

---

① 孙华明.浅谈出版社品牌图书的打造与维护:以《新语文读本》为例[J].出版广角,2019(12):30-32.
② 戚德祥.国际化视域下出版企业品牌建设与管理[J].出版发行研究,2019(9):16-20.
③ 姚宗桥.论中小出版社发展的顶层设计和发展战略[J].出版发行研究,2018(11):26-28.

化,形成"人人都是文化人,事事都是文化事,本本都是文化书"的文化态势。郑州大学出版社着力打造文化战略,依托厚重的中原文化,坚持以人为本,凝练了"敬业、严谨、求实、创新"的出版社社训,培育了"创新发展、精益求精、追求卓越"的企业文化,秉承"质量立社、品牌兴社、项目强社"的发展理念,出版了一大批学术精品、教育图书和大众读物。同时,作为企业文化建设的重要组成部分,在职工的办公条件改善、福利待遇提高、职业成长发展等方面有了明显提升,职工的荣誉感和归属感显著增强,实现了社会效益、经济效益、企业发展、职工成长的全面丰收。

新时代大学出版社总编辑责任使命与担当

进入新时代，我国社会的主要矛盾已经转化为人民日益增长的美好生活的需求和不平衡不充分发展之间的矛盾。具体到图书出版业，是广大读者对高质量精品图书的强烈需要与图书出版"有数量缺质量，有高原缺高峰"之间的矛盾。大学出版社总编辑作为出版社选题策划、出版内容和出版质量的总负责人，应敢于应对挑战，勇担高质量发展重责，主动担负起"举旗帜、聚民心、育新人、兴文化、展形象"的使命任务，在规划原创、打造高峰、培养人才、推动融合、出版精品上下功夫，努力化解大学出版的主要矛盾，为高校和社会奉献更多优质文化产品。

通过查阅中国知网，笔者发现尚未有学者对新时代背景下大学社总编辑责任使命这一主题开展研究。而研究这一课题，对于明确大学社总编辑的责任边界，提升总编辑履职担责的能力和水平，为大学社人才队伍建设、质量建设、融合出版建设等提供方法指引会起到较好的借鉴作用，该研究也有一定的学术价值。

一、新时代对大学社总编辑提出新要求

新时代，新气象，新征程，新作为。对于大学社总编辑来说，无论策划重大选题还是狠抓图书质量建设，无论强化编辑队伍建设还是引领融合出版，都要适应出版政策和出版环境的变化，跟上文化大发展、大繁荣的时代要求，直面出版社长期发展过程中积累的矛盾和问题。这都对大学社总编辑提出了新的要求。

（一）出版环境的新变化对大学社总编辑提出新要求

新时代，我国对出版的政治定位和出版社的出版环境都发生了重大变化。2018年11月中央全面深化改革委员会第五次会议通过的《关于加强和改进出版工作的意见》和2019年8月中共中央印发的《中国共产党宣传工作条例》都明确提出，要着力构建把社会效益放在首位、社会效益和经济效益相统一的出版体制机制，出版业要进入高质量发展的新时代。同时，随着近年来互联网的快速发展，大数据、人工智能、区块链等引领出版技术发生巨大变革，对出版社的编辑知识、编辑技术、编辑理念、出版技术升级、销售渠道变革等都带来了巨大影响。[①] 从图书需求者来说，读者群体的阅读习惯、阅读方式等也因网络技术的变革而发生了颠覆式改变，这都对以高质量学术出版为主的大学社产生了重要影响。作为大学社出版业务负责人和质量负责人的总编辑，要适应这一变化，努力解决出版过程中出现的矛盾，必须在出版的高质量发展和创新发展上出实招、用实劲、见实效。

（二）文化产业的大发展对大学社总编辑提出新要求

新时代，党和国家对文化产业的发展提出了新的更高的要求。党的十九大报告指出，"文化是一个国家、一个民族的灵魂。文化兴国运兴，文化强民族强"。党和国家对文化的认识和定位给予前所未有的重视。《习近平谈治国理政（第三卷）》以"铸就中华文化新辉煌"为专题，收录了十九大以来习近平总书记关于文化建设方面的六篇重要文章。党的十九届五中全会对"十四五"时期提高社会文明程度、发展文化事业、提升文化产业发展质量和水平等都提出了明确要求。这为出版人特别是大学出版人提出了明确要求和基本遵循。大学出版是文化产业，以学术出版和高校教材出版为主体，以大众出版为重要补充，对文化、教育、科技发展都会起到重要的支撑作用。大学社总编辑要深入了解这些新要求，努力适应这些新变

---

① 张立科.新时代做好总编辑工作的思考与实践[J].出版发行研究,2021(1):5-10.

化,牢记大学出版人的初心和使命,坚持以社会效益为优先的原则,强化政治担当,努力提升理论、专业和文化素养,夯实创新能力、研究能力、决策能力和执行能力,切实履行总编辑的社会担当与文化责任,自觉承担起大学社在服务高校"双一流"建设和文化强国、教育强国、科技强国建设中的责任和使命。

(三)大学社的问题导向对大学社总编辑提出新要求

大学社是其所属高校主办的出版机构,是大学生态链的重要一环,对大学的人才培养、科学研究、学科建设、社会服务、国际交流与合作发挥着重要作用。经过近年来的快速发展,大学社学术影响力和学术美誉度迅速提升,已经成为我国出版业特别是学术出版的重要力量,为"服务大学、服务社会"做出了突出贡献,取得了显著成效。但是,当前大学社在发展过程中还存在很多现实问题,主要表现为人才队伍建设滞后、编校质量存在隐忧、选题方向散乱、精准营销不足等,严重制约了大学社的高质量发展。而出版的新时代是由粗放出版转向精致出版的时代,是高质量发展和提质增效的时代,要实现大学社的精致出版和高质量发展,作为"编辑工作的决策人,大学社的主要负责人"的总编辑,必须坚持问题导向,认真分析大学社在发展中存在的突出问题,通过掌控出版方向,进行选题总体设计,对出版质量整体控制,对编辑队伍建设进行全面规划,通过新思维、新方法、新技术,以"眼中有读者、胸中有大义、心中有人民"的境界,为广大高校师生和社会读者提供"思想精深、艺术精湛、制作精良"的精品力作。

二、大学社总编辑着力担当责任使命的六个维度

对于总编辑的工作职责,原新闻出版总署在《关于进一步加强出版单位总编辑工作的意见》中规定了"把握出版导向和出版方向,坚持以社会效益为最高准则,努力实现社会效益与经济效益有机结合"等八项内容,概括起来即把握出版方向,负责图书质量,营造发展环境,参与出版经营管理,带好编辑队伍等。对大学社总编辑来说,其职责又有着鲜明的学术特

色和服务大学的内在属性。大学社总编辑职责有其一般性和特殊性,担当责任使命需要在很多方面下功夫,但主要体现在六个方面,也即六个维度,像六根支柱,有力支撑着总编辑较好地履行编辑业务的总负责人、编辑队伍和经营管理领军人的职责。

（一）着力于出版导向管理,确保出版意识形态安全

大学社总编辑作为出版社把握出版导向、落实出版制度的主要责任人,要强化出版导向管理,确保出版全过程的意识形态安全。这是出版工作的基本底线,也是出版物出版发行的政治红线。

首先,总编辑要对新时代的发展变化深刻理解、认真落实。进入新时代,我国经济社会发展的指导思想、社会主要矛盾、发展任务、发展目标、发展思路等都发生了重大变化。这些变化都对大学社的发展导向、政治遵循等提出了新要求。总编辑要对新时代的这些变化有深刻认识和把握,对"四个意识""四个自信""两个维护""五个认同""五位一体""四个全面""五大发展理念""两个一百年"等娴熟于心,并落实到出版导向管理的全过程。

其次,总编辑要坚持正确的政治出版方向,自觉担负起政治家办社的政治责任;以马克思主义为指导,强化习近平新时代中国特色社会主义思想在大学出版中的指导地位。要求所有编辑在思想上、行动上与以习近平同志为核心的党中央保持高度一致,在图书出版过程中提高政治鉴别能力,在选题立项、书稿审读时坚决做到不糊涂、不含糊、不松懈[①];坚持学术无禁区、出版有纪律,增强文化安全意识。

再次,总编辑要把社会主义核心价值观贯穿到出版的全过程,提升出版物的精神价值。社会主义核心价值观是中华民族伟大复兴的共同精神力量和根本思想基础,大学社主要是学术出版和高校教材出版,其受众对象主要是知识分子,其内容带有很强的思想性和价值导向性,必须把社会

---

① 钟边.以创新推动学术出版发展:访中国社会科学出版社社长兼总编辑赵剑英[J].中国编辑,2016(6):15-18.

主义核心价值观渗透到作为精神文化产品的创作生产过程,真正把社会主义核心价值观内化于心、外化于行,成为知识分子的思想和行动自觉。

最后,总编辑要牢牢把握意识形态工作的领导权、管理权和话语权,确保出版物意识形态安全。近年来,随着我国综合国力的迅速提升,以美国为首的部分西方国家加大了在意识形态领域对我国的渗透力度,意识形态领域的斗争更加复杂多变,多元文化思潮的交锋更加尖锐和激烈,各种错误思想倾向对广大师生的冲击更加强烈,大学社在意识形态领域方面仍存在一些风险、隐患和挑战。大学社总编辑要从意识形态安全和文化安全的战略高度发挥出版导向的引领者和把关人的作用,坚持正确的政治方向、出版方向和价值取向,严格落实《出版管理条例》(2016年修正本)第25条"十不准"的相关规定,牢牢把握出版的理论方向和舆论导向,支持原创、推陈出新、辨别真伪、吸取精华、剔除糟粕①,出版大量唱响主旋律、讴歌新时代、满足广大读者精神文化需求的文化精品。

(二)着力于服务母体学校,提升"双一流"建设水平

世界一流大学和一流学科建设(简称"双一流"建设),是我国高等教育领域当前和今后一个时期的重要战略工程,将对实现我国"十四五"规划目标、2035年远景目标及中华民族伟大复兴的中国梦起到重要的支撑作用。当前,设立学校出版社的高校一般学科基础好,社会影响力大,其中大部分属于重点高校。在全国108家大学出版社中,有42家设立在一流大学建设高校、48家设立在一流学科建设高校。大学出版社的"初心"是依托和服务母体学校,为学校主体功能的发挥提供文化和出版服务,处理好与母体学校的关系是保证大学社繁荣发展的关键。总编辑作为出版社策划和编辑业务的总负责人,引领着出版社的业务发展方向和服务方向。因此,总编辑在服务母体学校及助推高校"双一流"建设中发挥着重要的引领作用,要把工作的着力点聚焦于这一领域。

其一,策划出版高质量高校教材,为母体学校优秀人才培养提供重要

---

① 杜贤.新时期出版社总编辑的地位和作用[J].科技与出版,2015(2):35-39.

的教材支撑。习近平总书记明确指出教材建设是国家事权,教材的核心功能是育人。高校教材建设决定着高校想要培养什么人、怎样培养人、能够培养什么人的问题,决定着"双一流"建设中的人才培养质量问题。而大学社是高校教材建设的主力军,总编辑是高校教材选题和出版的第一责任人。要在出版社成立高校教材建设工作领导小组,统筹推进高校教材的出版工作;要坚持"立德树人"任务导向,严守出版阵地、把牢出版方向;要积极协调和配合相关高校及高水平教师,共同打造教材内容质量;要通过激励性的制度设计,提升各分社(编辑室)对高质量教材出版的积极性;要加大创新和融合教材开发力度,提升高校师生教材使用效能。① 同时,要积极组织重点教材和教材奖项的申报工作,比如省级以上规划教材和教材奖项的申报,提升母体学校教材建设的成效。

其二,统筹策划出版精品学术著作,为母体学校科研和学科建设提供学术支撑。评价一所高校的学术水平及"双一流"建设成效,科研成果是关键因素,而高学术含量的精品著作则是科研成果的重要载体。为提升学术著作出版质量,总编辑应强化学术编辑的业务能力培养,锤炼编辑的工匠精神,打造品牌和金牌学术编辑;主动挖掘母体学校优势及特色学科的优秀作者资源,出版突显学校文化特色和学术水平的学术文库,比如中国人民大学出版社的"中国当代法学家文库",北京大学出版社的"北京大学院士文库",郑州大学出版社的"厚山文库"等;对接学校教师承担的国家自然科学基金、社会科学基金等科研项目的著作出版,通过项目带动高水平学术著作出版,打造可持续的学术出版品牌。② 总编辑通过组织策划品牌学术图书,不但能提升母体学校的学术影响力,加快"双一流"建设步伐,而且能大大提升出版社的社会影响力和品牌显示度。

其三,统筹策划出版突出学校特色的文化类图书,提升学校的文化传

---

① 孙保营.国家事权视域下大学社高校教材建设现实困境与纾解路径[J].中国出版,2021(4):27-32.
② 孙保营.新时代大学出版社助推母体学校"双一流"建设的内在要求与实现路径[J].科技与出版,2020(12):81-87.

承与创新能力。文化的传承和创新是高校的重要职能,也是高校服务社会的重要载体。在长期的办学实践中,每一所高校都沉淀了厚重的大学精神和大学文化,比如清华大学的"厚德载物"、浙江大学的"求是创新"、郑州大学的"求是担当"等,总编辑应着力于母体学校这些核心精神和价值文化的传承与发展,组织策划相关选题,提升母体学校的文化传承创新能力。比如郑州大学出版社连续五年出版的《郑大故事》,都反映了郑州大学年度优秀人物和感人故事的校园文化,承载了郑大人对"求是担当"精神的诠释和传承。

其四,统筹策划出版优秀的社会和科普读物,助力学校服务社会效能。大学的社会服务职能是教学科研的延伸职能,也是高校"双一流"建设成效的重要评价指标。作为大学社总编辑,在统筹策划出版物时,要充分考虑大学的社会服务职能,着力于策划出版优秀的社会和科普读物,以满足新时代大众对高品位精神文化的需求。比如郑州大学出版社出版的"叩问疾病 解密健康科普丛书",对大众科学认识疾病、预防疾病并提升健康素养发挥了重要作用,产生了广泛的社会影响。

(三)着力于出版选题规划,提升品牌图书出版能力

大学社总编辑作为总策划师和总设计师,在出版社出版选题战略规划中发挥着决定性作用,负责组织制订并落实中长期选题规划、年度选题计划和出版计划。在选题规划的具体工作中以策划、研发、组织和统筹为主,是有强烈的目的性、长期性和全局性。[①] 新时代,大学社总编辑要有全球化和互联网思维、全局性和战略性视野、原创性和创新性意识,抓好原创选题、重大选题、重点选题、"走出去"选题,要创新选题的顶层设计、整体规划和战略实施,努力提升大学社品牌图书的出版能力,打造一系列具有大学出版特色的精品图书。

其一,做好原创选题的规划,推动科技文化的创新发展。从社会发展

---

① 何军民.论新时代出版单位总编辑职业功能的四大支点[J].出版发行研究,2019(6):68-72.

规律上来看,推动社会进步的根本动力是科技文化的原创生产,而高校是科技文化原创生产的重要基地,大学社要对这些原创精神文化产品给予加工生产并进行广泛传播,从而转化为推动社会发展进步的现实生产力。大学社总编辑规划原创出版选题,要坚持以人民为中心的价值导向,特别要以系统思维的理念、现实关怀的情感,加强对现实题材原创精品力作的出版和推广,确保社会效益首位,社会效益和经济效益相统一。

其二,做好重点选题规划,与社会经济发展同频共振。这里的重点选题主要指国家级和省级五年规划选题及年度重点选题。一般情况下,获批的重点选题都具有较强的创新性、时效性,并具有重要的理论或实践价值,能推动社会经济发展。总编辑要有超前的思维意识,根据大学社的学科特色和出版优势统筹安排五年规划选题,充分重视年度重点选题,以重点选题的科学实施提升大学社的核心竞争力和社会影响力。

其三,做好各级各类出版基金资助项目的选题规划,努力提升资助项目的出版比例。基金项目特别是国家出版基金项目,主要是鼓励支持社会效益突出的优秀公益性出版物的出版,在打造精品、引领方向、繁荣文化、促进发展、提升文化软实力等方面发挥着重要的示范引领作用。策划并实施这些项目的出版,不但能缓解公益性重点项目资金不足的压力,还能极大提升大学社高质量出版能力和社会影响力。因此,总编辑要结合出版社实际,加大与相应学科优秀学者的沟通交流,并在某一学科领域深耕挖潜,形成品牌和特色。比如郑州大学出版社近五年来承担了《中华战创伤学(11卷)》、《中华创伤重症医学(上、中、下卷)》、"创面治疗新技术的研发与转化应用系列丛书"(26册)等创伤医学领域的国家出版基金项目图书的出版工作,同时又陆续策划了《中华创伤休克学》、"中华皮肤软组织损伤修复学系列丛书"(12卷)等选题,奠定了在全国创伤医学学科的出版地位,得到了医学理论和实践界的广泛好评,取得了良好的社会效益和经济效益。

其四,做好创新选题规划,突显大学社创新出版特色。大学社和社会出版机构的显著区别是,大学社依托母体学校的学科优势和人才资源优势,创新出版能力强。总编辑要有先知先觉的超前理念,准确把握时代发展脉搏,紧跟科学文化技术发展趋势,在绩效考核等方面充分体现创新出版的激励引导机制,坚决制止重复出版、跟风出版等低质出版,在出版社营造出"人人争创新、时时在创新、事事都创新"的创新文化氛围,精心打造可传世长销的经典学术精品。同时,要做好"走出去"出版的选题规划,为我国优秀文化的国际传播提供支撑。

(四)着力于出版质量管理,出版高品质的文化精品

在大学社出版物质量建设方面,总编辑负有首要责任。但是,因为相对浮躁的社会风气,出书品种的增加及出版周期的缩短,编辑能力的不足及质量意识的淡薄,经济指标的硬约束和质量指标的软约束,导致近年来出版物质量严重下滑。作为大学社总编辑,要履行好抓质量精品的担当和使命,努力做到学术出版"书比人长寿",高校教材出版内容精到、编校精细、装帧精美、印制精良、读者精准。①

其一,健全质量管理体系,确保全程全员的质量控制和管理。总编辑要组织制定一套包含内容、编校、设计和印制等在内的完整的质量管理规章制度和相应的质量管理举措,并确保制度的执行和举措的具体实施。在出版社层面要成立总编辑任主任的图书质量管理委员会,分社(编辑室)层面成立相应负责人任组长的质量管理小组。要强化出版社质量管理中心职能,赋予负责人一票否决的权力。总编辑要统揽图书质量建设全局,制定好质量发展战略方案,抓好体系和制度建设。牢固树立质量第一的责任意识,将社会效益优先的要求和质量管理的责任贯彻到图书出版全流程。

其二,严格执行"三审三校"制度,确保各环节规范有效。要明确各审次和校次环节的责任要求,并制订相应的奖惩措施,确保审次校次规范有效。初审应严格把好导向关、知识关和文字关等,并提出取舍意见和修改建议;复审在审读全部书稿的基础上对稿件质量和初审报告提出意见,做出总的评价;终审对书稿的政治导向、出版导向、学术价值和社会效益等做

---

① 吴培华.总编辑必须要有思想:论新时期对总编辑工作的要求[J].科技与出版,2020(12):5-9.

出评价。校对工作应由专业校对人员负责对校样的文字技术整理、校样质量检查以及清样通读,要杜绝以编代校、校对外包、技术校对代替人工校对等现象的发生;对重点图书、国家出版基金项目图书、重大选题图书要增加一至两个校次,确保高标准要求,高水平编校。

其三,建立健全图书出版阅评常态化机制,发挥好图书出版前内容质量最后一道防线和堤坝的作用。为贯彻落实中央关于出版单位建立健全阅评(审读)工作相关要求,大学社应建立健全阅评工作领导小组,总编辑任组长,根据不同学科门类,成立相应的审读阅评小组;要制定图书阅评工作方案,把握出版阅评工作重点,优化出版阅评专家队伍,加强出版阅评沟通交流。对准备付印的图书样稿找问题、挑毛病,最大限度减少"硬伤"。① 同时,要完善图书印前质检工作,建立独立的印前质检制度,制定印前质检的标准化指南,建立具有激励性的印前质检奖惩机制,做到印前质检公正透明;要加强印前质检环节与编辑出版环节的良性互动,培养全体员工的质量意识。② 阅评常态化机制的建设和透明的印前质检制度,以及"吹毛求疵"式的意见反馈,能有效提升编校人员的责任意识和编校水平,并对图书出版整体质量和水平的提升起到重要的促进作用。

其四,实施出版项目制,提升出版社整体出版质量。出版项目制,即将大学社的某一种、某一系列或某一类别的图书出版作为一个项目,对出版社的各类资源进行优化组合,并实施目标责任制的一种出版方式。③ 出版项目制能极大提升出版社的团队建设能力,提高图书质量管理效率。比如中国人民大学出版社"考研辅导书"项目、上海交通大学出版社"大飞机出版工程"项目、重庆大学出版社"万卷方法"项目、郑州大学出版社"创伤医学出版"项目等,通过出版项目制的实施,打造出版精品工程,为其他出版

---

① 郭义强.切实把提高质量、多出精品作为做好新时代出版工作的关键[J].现代出版,2020(4):12-15.
② 牛志娟.完善出版物印前质检工作应注意的几个问题:以高等教育出版社为例[J].科技与出版,2020(5):74-78.
③ 杨石华,陈卓.出版项目制:图书质量保障的有效实践方式[J].出版广角,2019(15):20-23.

物的优质出版提供样板和示范。在项目管理上,总编辑可以根据实际情况把出版任务纳入"短期项目""中期项目"和"长期项目",通过"事本主义"的高效生产方式,完成大学社从数量规模效益向质量精品效益的高质量发展的转变。

(五)着力于编辑队伍建设,提升"人才强社"效能

出版业作为文化产业特别是文化内容产业,人才队伍特别是编辑队伍是出版社可持续发展的第一要素,也是核心竞争力。大学社总编辑作为大学出版思想的引领者和编辑队伍的代表者,在思想引领、编辑培养等方面发挥着核心作用,也是其应承担的历史责任和神圣使命。

其一,大学社总编辑应思想领先、技高一筹,做到立德树人、为人师表。要有政治敏感、有出版情怀、有出版理想、有编辑思想、有学术造诣、有理论修养、有专业能力、有责任担当、有奉献精神、有社会关怀,平时能将自己的编辑理念、学术思想、质量意识、文化情怀等通过会议、讲座等形式潜移默化地影响和引导编辑队伍,通过言传身教、以身示范,在出版社起到引领和带动作用,形成有传承的学术谱系和文化脉络,发挥好在编辑队伍中的业务核心作用。

其二,抓好出版社的文化建设,达到聚人才、出精品、树形象、创一流的目标。出版社是文化单位,文化建设中要充分体现文化氛围,做到人文环境与编辑人文精神的完美结合。要努力营造大学社学习进取、积极向上的文化氛围,打造一支思想型、学习型、创新型、学术型的编辑队伍。比如郑州大学出版社凝练和建设的"敬业、严谨、求实、创新"的社训文化,使编辑队伍迅速成长,仅2020年就有16人考取出版专业资格证书、8人通过副编审高级职称评审。编辑人才的快速成长有力地推动了人才强社战略的实施,达到了既出图书精品又出人才精英的目标。

其三,建立编辑人才引进、培养、使用和激励的长效机制,打造"人才强社"工程。在人才引进上,要充分利用母体学校的优势资源吸引人才。引进的编辑人才必须专业对口、职业忠诚,有长期从事编辑工作的职业理想,对编辑工作充满兴趣和感情,有强烈的职业荣誉感。在培养上,要建立

培训制度和培养机制,采取导师制等多种形式,强化专业能力和工匠精神的培养。由资深编辑担任导师,通过自学辅导、专题传授、实践指导、答疑解惑等方式,在出版政策、业务标准、流程规范、编辑实务等方面展开针对性培训。同时辅以专家讲座、业务技能培训、编辑技能竞赛、考察进修、继续教育、经验交流、出版创新学术论坛等,培养一支创新能力强、业务能力精,并具有强烈工匠精神的编辑队伍。在使用上,要拓宽编辑人员晋升通道,设置职称、职务晋升的"双通道";大力推行竞聘上岗制度,搭建各类人才充分展示的平台,做到能上能下、人尽其才,形成一种积极向上、公平竞争的用人氛围。在激励上,构建科学的薪酬体系,既注重利润指标和经济效益的考核,更突显创新发展和社会效益的考核。同时,要尊重历史并做到与时俱进,以充分调动各类人才的积极性,确保做到"选好人,招得进""用好人,带得出""稳住人,留得下",减少人员流动给出版社带来的负面影响。

其四,构建和实施人才梯队战略,为大学社高质量发展提供可持续的人才支撑。编辑人才梯队包括年龄、学历、能力、职称等维度。年龄结构上,要形成老中青数量合理、科学搭配、相得益彰的年龄层次。学历结构上,既要有专业能力强、编辑业务精的本科学历人员,又要有学术造诣深、问题意识强的博士人才。但就当前大学社实际情况来看,应以硕士人员占主导,形成橄榄型的学历结构。专业能力结构上,既要有大量从事编辑加工的基础性人才,也要有出版行业的领军型人才,更要有创新意识和策划能力强的开拓型人才,并且这些人才要保持科学的比例。职称结构上,初级、中级、高级职称编辑人员要保持合理比例,要满足"三审三校"、书稿阅评、图书质检等各流程的需要。通过以上措施,能有效打造结构合理、能力突出、数量可观的优秀编辑人才,提高出版社编辑队伍的建设效能。

(六)着力于融合出版建设,提升融合发展能力

近年来,我国互联网的发展特别是5G技术的发展已经取得"弯道超车"的巨大成就。第47次《中国互联网络发展状况统计报告》显示,截至2020年12月,我国网民规模达到9.89亿,其中手机网民规模9.86亿,占

网民规模的99.7%;人均每周上网时长26.2小时,在线教育规模3.42亿。① 中国的近10亿网民构成了全球最大的数字社会,互联网对人们的学习、生活、社交等产生了颠覆性影响。网络化、数据化、信息化不但影响了人们的阅读方式、图书购买方式和学习方式,也对大学社的选题策划、组稿、审校、设计、印装、销售、推广等生产经营过程产生了根本性影响和革命性变革,从而促使大学社要从传统出版走向新兴出版。总编辑作为技术业务的总负责人,要有宏大的开放格局,让新兴信息技术和数字技术深层次、全方位地融入出版全过程,积极推动出版社数字转型和融合发展。

首先,提升出版社全体编辑人员的互联网思维和融合思维意识,打造融合出版能力。当前,人工智能、大数据、区块链等信息技术已经颠覆了出版理念、管理方式、载体形式、传播方式、运行流程和服务方式②,大学出版社只有完成数字和融合的蜕变,方能拥抱新时代,取得新发展。大学社全体编辑都要强化互联网思维和大数据素养的培养,熟练掌握数字信息技术知识,培养运用数字技术进行表达和传播的能力、对知识进行集成和创新的能力。同时,要培养编辑的融合思维意识,提升编辑一体化策划创意能力、新媒体产品编辑加工能力、集聚一流作者和精品内容资源能力、出版与市场融合能力等,有效满足融合出版对大学出版社的新要求,推动出版社内容、渠道、平台、经营、管理等方面的深度融合。

其次,推动出版社编辑转型,从传统编辑转型为融合出版产品经理。大学社出版转型的最大难点和关键点是人的转型,特别是编辑的转型,要引导编辑队伍自觉将新兴技术运用到出版的各个环节,促进编辑业态的转型升级。可通过项目训练和举办融合出版实战培训班的形式,提升编辑的数字出版意识和能力。融合出版产品经理不仅应具备纸质图书的策划、编辑、设计等能力,还要具备设计和运营App、微信小程序等的能力,对待一

---

① 中国互联网络信息中心.第47次中国互联网络发展状况统计报告[R/OL].(2021-02-03)[2021-03-20].http://www.cac.gov.cn/2021-02/03/c_1613923423079314.htm.
② 邬书林.坚持高质量发展 服务创新型国家战略 加快推进出版强国建设[J].中国出版,2021(1):5-9.

个新产品,能迅速分析其逻辑架构和内容组织,并根据客户需求,通过科学的融合设计,整合全媒体内容和技术资源,实现数字和融合出版。

再次,推动总编辑融合出版提升战略,实现大学社从量变到质变的融合发展转型。作为总编辑,应从战略高度统筹考虑融合出版的重要性,实施融合出版提升战略。大学社要由总编辑牵头成立融合发展工作领导小组,统筹领导和组织实施出版社的数字和融合发展工作,优化配置各种资源,实现融合创新,革新出版业态,探索融合发展新路径,实现高效融合出版。在制度上,要推进融合发展的体制机制改革,重构编辑出版机制,完善编辑出版流程,在出版社形成全程、全息、全员、全效媒体的融合发展格局,形成深度融合出版生态。在组织上,要对组织机构和业务流程进行颠覆性改造;对考核方式、考核机制、绩效分配制度进行改革,以有利于推动融合出版转型为导向,有力调动各方积极性。在资源整合和平台建设方面,大学社要利用自身丰富的优质学术资源,实现从传统纸质资源向数字资源的转化,形成丰富的数字资源库①;要推动大学MOOC(慕课)平台建设和AR、VR等的应用,为高校教材的立体化出版提供平台基础。

最后,总编辑要狠抓"内容为王"的融合出版创新,确保出版为内容服务的初心和宗旨。当前,很多融合出版图书项目形式新颖、吸引眼球,但内容贫瘠、缺乏内涵,甚至很多内容对读者有负面影响,这都与国家对推动传统出版和新兴出版融合发展的指导意见相背离。不管载体、工具、渠道、形式如何变化,"内容为王"的根本不能变,出版作为文化堡垒的本质不能变。② 总编辑作为编辑业务的主要负责人,要坚持内容主导,确保融媒体文化产品内容的完整性、科学性、思想性和创新性。

三、结语

大学出版是我国文化事业和高等教育事业的重要组成部分,近年来,

---

① 杜贤."后疫情"时代的总编辑出版战略[J].中国编辑,2020(10):34-38.
② 李淼.以学术出版为职志　为文化繁荣担使命:访南京大学出版社社长金鑫荣[J].中国出版,2021(3):21-25.

大学出版社为我国文化大发展、大繁荣和高等教育的跨越式发展做出了突出贡献。进入新时代，我国社会的主要矛盾、发展任务、发展目标、发展思路等都发生了重大变化，出版业的出版政策、出版市场和出版技术等也发生了深刻变化。大学社总编辑作为编辑工作的总指挥，作为选题策划、出版内容、出版质量的总把关人，应认真学习领会贯彻习近平总书记关于高质量发展和文化建设的重要论述，坚持社会效益首位，善于识变应变，勇于迎接挑战，把握发展机遇，勇担导向管理、服务大学、选题策划、质量管理、队伍建设、融合出版之责，科学规划原创，培养优秀人才，完善质量控制，实施精品出版，打造学术高峰，推动数字化、融合化转型升级，更好地履行新时代赋予的新使命，出版经得起历史检验的学术精品，为社会奉献更多高质量文化精品，为推动社会主义文化繁荣兴盛，增强国家软实力，实现中华民族伟大复兴的中国梦做出应有的贡献。

大学出版社服务母体学校"双一流"建设的要求与路径

一、新时代的"双一流"建设与大学出版

2017年1月24日,《统筹推进世界一流大学和一流学科建设实施办法(暂行)》由我国教育部、财政部、国家发展改革委联合印发,从现代大学的五大职能,即人才培养、科学研究、社会服务、文化传承与创新、国际交流合作等方面对"双一流"建设提出了具体任务和要求;同年9月21日,三部门联合发布《关于公布世界一流大学和一流学科建设高校及建设学科名单的通知》。至此,世界一流大学和一流学科建设高校及学科名单正式公布,其中世界一流大学建设高校42所,世界一流学科建设高校95所,"双一流"建设学科465个。

推进我国高校"双一流"建设,是经济社会发展到新阶段对高等教育提出的更高要求,是提升我国核心竞争力的迫切需要,也是我国由高等教育大国向高等教育强国转变的必然要求。[①] 近年来,随着我国综合国力的迅速提升,以美国为首的部分西方国家,以极端施压的方式对我国发起贸易战、科技战、意识形态战,以所谓的影响国家安全为名,在计算机、数学、物理等学科限制我国学生和学者留学或开展学术交流。在此背景下,建设世界一流大学和一流学科更是高等教育领域时不我待的重要战略选择。我国高校的"双一流"建设成为继"211工程"和"985工程"之后高等教育领域的又一项国家战略,是高等教育跨越发展和提升国际竞争力的重要战

---

① 靳诺.世界一流大学一流学科建设的"形"与"魂"[J].国家教育行政学院学报,2016(6):3-8.

略举措,我国高等教育发展由此进入了一个全新阶段。

2017年10月,党的十九大胜利召开,大会做出了"中国特色社会主义进入新时代"的重大判断。在新时代,我国高等教育发展的主要矛盾是广大人民群众对更高质量高等教育的需求与高等教育不充分不平衡发展之间的矛盾,而"双一流"建设则是为了更好满足广大人民群众对更高质量高等教育需求的重要保障。"双一流"建设实施3年多来,各相关高校围绕建设目标和高质量发展进行了艰苦卓绝的努力,取得了显著成效。进入2020年9月以来,各相关高校认真开展"双一流"建设周期总结专家评议会,以评估"双一流"建设以来的成绩与不足。9月17日,郑州大学召开专家评议会。专家组认为,郑州大学高标准全面完成一流大学建设各项任务,建设成效显著,取得一系列标志性成果;高质量完成一流学科建设任务,学科实力和水平显著提升。同时提出建议:进一步提升人才培养质量,彰显人才培养特色;进一步凝练学科特色,充实学科内涵,形成学科制高点;进一步加大人才队伍建设,提升队伍素质和学术创新能力。9月18日,清华大学召开评议会。评议组专家一致认为,清华大学"双一流"建设实施过程和建设方案高度符合,清华大学全面、高质量完成"双一流"建设任务,办学质量、社会影响力和国际声誉持续提升,全面建成为世界一流大学。可以看出,我国自2017年正式启动的高校"双一流"建设总体上取得了满意的成绩和预期的效果。

大学出版社是大学教育、教学、学术思想和学术成果交流、传播等大学功能和服务的延伸与拓展。大学出版是我国教育事业和出版事业的重要组成部分,是培养德智体美劳全面发展的社会主义建设者和接班人的重要力量,在精品出版、繁荣学术和文化的出版事业中发挥了重要作用。新中国成立后的首家和第二家大学出版社分别是1955年、1957年成立的中国人民大学出版社和华东师范大学出版社,其他都是在20世纪70年代末至21世纪初成立,截至目前,最晚的一家为2012年成立的燕山大学出版社。大学出版社要为母体学校的教学与科研服务,要以传播先进文化为目的,把母体学校创造的文化成果推向社会,用社会的文化成果推动母体学校教学科研等的发展,这是大学设立出版社的初衷,也是大学出版社的"初心"。① 当前,我国大学出版社共有108家,42所一流大学建设高校全部设立出版社,一流学科建设95所高校中有48所设立出版社,47所没有设立出版社,另有18家非"双一流"建设高校设立有出版社。从总体上来看,"双一流"建设高校大多数设有自己所属的出版社。大学出版社始终坚持依托母体学校,以服务学校的教学科研、学科建设、人才培养,促进学术繁荣和文明进步为办社宗旨,在服务学校核心功能方面发挥着重要的支持和服务作用,取得了显著的服务成效。

新时代,新挑战,对大学出版社也提出了新要求,对更好地服务于大学功能,实现高水平图书生产、具有学术高峰的高端学术著作的生产、服务于国家和社会发展的高品质图书生产和中国学术出版"走出去"的国际影响力图书生产都提出了更高要求。

中外历史实践表明,一流的出版社不一定依托一流的大学,但一流的大学必定会建立一流的出版社。"双一流"建设作为提升国家核心竞争力的重大战略举措,大学出版社必将在其中发挥重要的推动和服务作用。大学出版社要在母体学校"双一流"建设中设计、制订相应的工作内容、要求和时间表,对接母体学校"双一流"建设的目标、任务、路径、措施和具体项目,并作为出版社的重要任务进行规划、设计和实施,以催化和催生一流学术成果,培养一流人才,建设一流专业、一流学科和一流大学。②

新时代背景下,大学出版社要在助推母体学校"双一流"建设中发挥怎样的支持性作用,扮演什么样的角色,有着什么样的使命和担当;经过近4年的发展,大学出版社在服务"双一流"建设过程中存在什么问题,如何突破服务瓶颈,将出版工作更深地融入其中,这些都是大学出版人应该认真思考和需要解决的问题。通过搜索中国知网,笔者发现,新时代大学出版社服务母体学校的相关文献非常有限。以"大学出版社"或"高校出

---

① 吴培华.使命与担当:大学出版应该走什么样的路?[N].中华读书报,2019-09-18(6).

② 庄智象.新时代大学出版社的坚守与创新[J].现代出版,2018(1):58-62.

社"并同时以"双一流"为关键词进行搜索,仅有 3 篇文献。王加俊、吴从新(2019)以《"双一流"建设背景下高校出版社核心竞争力培养研究》为题开展研究。研究发现,"双一流"建设为高校出版社的核心竞争力的提升提供了机遇,并从四个维度进行了具体阐述。裴旭(2020)以《大学出版社助力"双一流"建设的思考与探索》为题,提出了大学出版社具有助力"双一流"建设的天然基因,并以中国科技大学出版社助力母体学校"双一流"建设的探索与实践进行了系统分析。史菲菲(2018)以《"双一流"建设背景下大学出版社的发展》为题,结合所在高校的"双一流"建设方案提出,更好地支持和服务母体学校"双一流"建设,要放眼全国,服务更多的"双一流"建设高校。通过文献分析可以看出,本研究主题和内容具有创新性;在新时代背景下研究大学出版社助推母体学校"双一流"建设的内在要求、现实挑战和提升路径,是时代话题、现实问题和学术命题的完美结合,特别是在对我国第一轮高校"双一流"建设进行评估收官、第二轮建设即将启动的时代背景下,该研究具有非常好的学术和实践价值,对下一阶段开展相关工作具有一定的指导意义。

二、大学出版社服务母体学校"双一流"建设的内在要求

大学出版社从诞生之日起就肩负着为母体学校服务的责任,并始终把教材和学术著作出版作为首要任务和义不容辞的职责。而设立大学出版社的高校,大多被纳入"双一流"建设高校,因此,大学出版社服务母体学校"双一流"建设,既是内在要求,也是责任使然。

(一)大学出版社服务母体学校的应有之责

大学的发展离不开出版物的支持和出版的发展,是大学孕育了最早的出版社。世界上较早的分别成立于 1478 年、1534 年的牛津大学出版社和剑桥大学出版社,至今仍是世界上颇具影响力的学术出版机构,对两所世界级名校的发展和学术传播发挥着重要作用。除科研、教学之外,大学出版社成为代表大学学术成就、弘扬学术风范的"第三种力量"。大学出

即出版大学,是人才培养和学术阵地的坚守者和服务者,为母体学校的教学和研究活动提供有力的支持,发挥着传播学术和知识、推动学术交流等重要作用。同时,大学出版社作为母体学校的一个重要子组织,其责任和使命是大学使命在出版领域的具体化。从总体上来说,大学出版社在服务母体学校发展方面承担着六个方面的职责。

第一,助力和提升母体学校人才培养质量。大学出版社自成立之初就将服务母体学校的教育教学和人才培养作为根本宗旨,因此,出版既具有文化积累功能,又具有文化传播和发展功能的有内涵、有品位的教学资源和创新型教材,对于提升教育教学效果,提高人才培养质量发挥着重要的支持作用。

第二,助力和提升母体学校科学研究水平。推动学术交流、营造科学氛围、强化学术出版,是大学出版社区别于社会出版机构的重要特征。科学研究的实质是对未知领域的积极探索和创新,大学作为知识分子的集聚地,必须走在知识发展和创新的前列,以丰富的科研成果促进社会的发展进步。大学出版社与校内专家和科研创新紧密相连,能第一时间获得创新的思想、观点、知识和技术,再通过优秀的作者资源,及时将其转化为学术成果和学术著作,以达到服务学术、推动学术、引领学术的目的,营造浓厚的科研氛围,产出高水平科研成果,提升学校的科研水平。

第三,助力和提升母体学校学科建设水平。学科建设水平是高校核心竞争力的重要标志,大学出版社围绕学校的优势和特色学科,为这些学科搭建出版交流平台,为学科发展出版有学术代表性、原创性和创新性比较突出的学术著作,进而提升该学科的社会影响力和整体发展水平。

第四,助力和提升母体学校社会影响力。一所大学独特的文化理念、学术精神、校风学风、校史校貌等要通过出版物来传播、推广和弘扬,出版社肩负着母体学校"形象大使"的职责。同时,出版社出版的每一本图书都是宣传展示学校和代表学校内涵、气质的明信片,出版物所构建起的是一所没有围墙的大学,传播知识文化并引领社会经济发展。①

第五,助推和提升母体学校的社会服务能力。社会服务是大学的基本功能,也是当代大学存在和发展的本质特征。大学出版社立足教育、服务社会、弘扬学术、传播科学,为提升母体学校的社会服务能力奠定了坚实的基础。剑桥大学出版社的教材出版遍布全球,牛津大学出版社的学术和教育出版影响世界,中国人民大学出版社的人文社会科学出版威名中华……通过高水平和高质量的出版以及由此产生的广泛社会影响,极大助推和提升了母体学校服务社会的能力。

第六,助推和提升母体学校文化传承创新能力。新时代背景下,高校的文化传承与创新是指对优秀传统文化的继承和发扬、对外来先进文化的借鉴和传播、对新时代新型文化的创造和培育。② 大学出版社作为根植于大学文化环境之中,并进行文化创意和加工的文化产业,可以对高校文化学者的文化传承和创新成果进行发掘、选择、加工和出版传播,物化为影响社会文化发展的丰富多彩的文化产品,进而推动我国文化产业的大发展、大繁荣。

(二)"双一流"建设对大学出版社的内在要求

高校"双一流"建设为大学出版社提供了新的发展契机,但也提出了更高要求。"双一流"建设中包含系统复杂的考核指标,比如一流师资队伍建设指标、一流学科建设指标、科学研究产出指标、拔尖人才培养指标、社会服务效果指标、国际交流和合作指标等,完成这些指标需要大学出版社在服务教育、弘扬学术、积累和传播文化等方面提供有力支持。国外优秀出版社比如牛津、剑桥、哈佛等大学出版社都充分体现了与母体学校互生互荣的关系,在母体学校成长为世界超一流大学的过程中发挥着巨大的

---

① 杨军,房慧,郭斌,等.大学出版社在提升学校发展竞争力中的作用[J].科技与出版,2014(3):78-81.
② 雷永利.论大学出版社对彰显大学四大基本功能的作用[J].出版发行研究,2013(6):19-22.

支撑作用。"双一流"建设对大学出版社的内在要求主要体现在六个方面。

第一，需要大学出版社为"双一流"建设中的人才培养提供高质量教材。在"双一流"建设中，拔尖创新人才的培养是首要任务，而要实现国际化创新型人才及各行各业高素质人才的培养目标，需要专业建设基础工程、培养质量提升工程、实践和文化育人工程等支撑。这些工程的实施，需要大学出版社出版大量的精品教材和引领学科前沿的教材，以教材为载体发挥育人功能。教材的质量和水平直接关乎人才培养质量，教材建设作为国家事权，党中央、国务院非常重视，更需要大学出版社加大对母体学校精品教材的研发和出版力度，以高质量的教材出版助推拔尖创新人才培养，从而支持学科建设，促进学术繁荣。

第二，需要大学出版社为"双一流"建设中的科学研究提供高质量服务。科研能力和科研成果是衡量高校"双一流"建设成效的重要考量指标，也是对教师进行评价和考核的重要标准。而高水平学术著作的出版是体现科研能力和科研成果的重要载体。无论是国家自然科学基金项目、国家社会科学基金项目等高水平科研项目的结项，还是高水平科研成果奖励的评审，抑或是人才项目的评审和评价，这些"双一流"建设科研的评价体系都需要高水平学术著作的支撑。所以，提升学术出版能力，充分挖掘高校丰富的学术资源和作者资源，出版体现母体学校学科特色的原创学术精品力作是新时代大学出版社的责任和使命，也是助力"双一流"建设的重要抓手。

第三，需要大学出版社为"双一流"建设中的社会服务提供重要力量。"双一流"建设高校要直接参与社会发展进程，使其文化、智力、学术和公共资源为社会共享、全民共用，这是直接进行社会服务的具体体现。同时，要通过大学出版社的深度参与，将大学丰富的文化资源和学术成果通过出版物的形式提供给社会，有效满足人民群众对高品质大众读物、学术著作和教材教辅的需要，进而达到"没有围墙的大学"的服务目标。

第四，需要大学出版社为"双一流"建设中的文化传承与创新提供重要阵地。大学是一种独特的文化机构，是传承文化和创造文化的重要阵地，大学人才培养上的"心灵教化""人格形塑"，科学研究中的"知识验证""真理探究",社会服务方面的"格物致知""学术运行"等都表现为文化的黏合交互,体现着文化的本质内涵。① 大学的文化引领,在新时代又被赋予了新的含义,包括对中华优秀传统文化、革命文化和社会主义先进文化等的引领和传播,以及包含大学精神、大学价值和办学理念等的优秀校园文化,都需要以出版物为载体进行发掘和传播,增强文化的吸引力、影响力、创造力和竞争力,从而在社会上形成巨大的文化溢出效应。

第五,需要大学出版社为"双一流"建设中的国际交流与合作提供重要纽带。近年来,因为美国推行"美国优先""单边主义"等对外政策,中国在推动全球化发展方面发挥着越来越重要的引领作用。"双一流"建设高校的国际交流与合作越来越多地肩负着服务国家对外交流的重任,而文化出版"走出去",走向世界,广泛传播中国文化和优秀学术成果,需要大学出版社的出版国际化建设,广泛引进和输出版权,通过"一带一路"出版、孔子学院教材出版、讲好中国故事出版等助推文化的"走出去"战略,通过留学生教材和学术著作出版,培养熟悉中国文化、热爱中华文化的"中国通"青年群体,扩大中国的文化影响力。

第六,需要大学出版社为"双一流"建设中的学科建设提供重要学术成果。"双一流"建设需要高校凝练学科方向,实施学科重构,形成一流学科、优势特色与重点学科、基础与新兴交叉学科等的学科体系,以构建一流学科体系,建设世界一流大学。一流大学、一流学科的建设项目是学术出版的主要内容和品牌成果,也为出版社培养了大量的优秀作者,比如北大社、清华社、人大社、外研社、北师大社、华东师大社等一批大学出版社已经在中国的出版业拥有稳固的地位,出版社的品牌与母体学校建设的一流学科高度吻合,为提升学术出版水平和学科建设能力奠定了坚实的基础。而要打造学科体系,就需要大学出版社在基础学科和自然科学的出版上充分与国际前沿接轨,并逐步形成中国话语权。在人文社科的出版上,充分体现中国特色、中国气派和中国话语,体现一流大学的学术自觉和文化自信,

---

① 段从宇,沈毅,李增华.文化引领:大学职能的时代溢出与应然回归[J].现代教育管理,2012(3):20-24.

充分服务于国家战略和民族复兴。通过组织策划和开发能够代表母体学校最高知识水平和学术成就的学术精品，尤其是具有前沿性、战略性和交叉性的学科，以及体现原创性和突破性的高水平学科建设学术著作的出版，为"双一流"建设打造更多学科高地和高峰奠定坚实的基础。

三、大学出版社服务母体学校"双一流"建设的现实挑战

限于各种主客观因素的影响和制约，当前，大学出版社在服务母体学校"双一流"建设上还存在很多问题和瓶颈，面临着很多现实挑战，影响了大学出版社的高质量发展，制约了对母体学校的服务能力。其问题、瓶颈和现实挑战主要表现在四个方面。

（一）管理体制不科学，制约了服务"双一流"建设的动力

随着大学出版社转企改制的结束，大学对自己所属出版社的定位发生了质的变化，由事业单位属性，服务母体学校教学科研的教材教辅、学术著作出版，到出版社法人治理结构的完全经营性企业转变，出版社完全面向市场。学校作为出资人，对出版社的管理与其他校办企业一样，仅作为其中一家下属企业进行管理，对其考核也主要是以经济指标为主的单一的企业化考评，往往更看重其产业属性，忽视或弱化其文化属性，弱化大学出版社在母体学校中的学术地位和文化功能。在这种管理体制下，为了完成经济效益指标，在不能保证经济效益和社会效益相统一的情况下，大学出版社在策划选题、出版导向等方面首先考量经济指标，为了在利润等指标方面有好的表现，往往降低学术标准，追求出版品种和单本图书利润，出版的图书质量参差不齐，一些是不符合学术规范、选题同质化、内容无创新的学术著作出版，很多是为评定职称或项目结项需要的功利出版，或是追求市场热点需要的大众出版，导致大学出版社深度服务教学科研的意识和能力降低。同时，学校在制订"双一流"建设任务与目标时，也没有把出版社与院系及研究机构同等对待，没有对其进行战略目标考核，其在学校的作用和地位被弱化和边缘化，导致其服务"双一流"建设的动力明显不足。

（二）人员结构不合理，限制了服务"双一流"建设的能力

大学出版社人员结构比较复杂，主要分为四类：一是在企业化改制前入职的学校事业编制人员，这类人员年龄普遍偏大，一般在 50 岁以上，学历以本科及以下为主；这类人员一般有副高职称，对编辑业务比较熟练，大多是出版社中层负责人，占比为 20% 左右。二是改制前入职的社聘人员，这类人员年龄在 45 岁左右，学历以本科为主，比例大致也为 20%；这类人员大都成长为出版社的业务骨干，个别人职称为副高级，大多数为中级。三是改制后进入出版社工作的校编人员，主要是校内调入的行政人员，占比较低，主要从事行政工作。四是改制后招聘的员工，主要以硕士为主，极个别为本科或博士，年龄大多在 35 岁以下；这类人员大致占 50%，职称以中级为主，部分为初级职称。从人员结构分析可以看出，当前大学出版社人员结构不合理；从职称、学历、年龄结构来看，没有形成理想的橄榄型人员结构。大学出版社以学术出版为主，其主要特点是品种多、可复制性差。因此，编辑的工作强度大，对专业性的要求高。但是，基于大学出版社处在纯竞争性的市场环境下，既要面对人民出版社、中国社会科学出版社、中信出版社等国家权威出版机构在高端学术出版市场的巨大优势，又要面对各省（市）出版集团对教材教辅市场的垄断，因此，其经济效益相对较低。另外，员工高稳定性的要求与其现实中的高流动率、员工工作的高强度性和相对的低收入，对员工高学历高职称的要求和其晋升困难、对员工持续变革的要求和其传统守旧思想等之间矛盾突出。同时，精英人才流失严重，专业水平高、把关能力强、文案功底深的专家型编辑以及市场能力强、经营管理水平高的经营开拓型人才短缺；高学历人才比例偏低，高职称人才较少；人文社科类编辑偏多，应用型的医科、工科编辑紧缺。年龄结构、职称结构、学历结构、专业结构、能力结构上的不平衡，严重制约了服务"双一流"建设的能力和水平。

（三）思想观念落后，不能满足"双一流"建设的要求

当前，很多大学出版社管理团队观念落后，固守传统出版领域，对新领

域、新技术开发不够,不能跟上时代发展的步伐。

首先,大学出版社之间缺乏必要的协作。因为隶属关系的分割化,大学出版社之间缺乏有效沟通和协作,在重大学术选题、重大出版项目、数字资源建设等方面缺乏有效的联合和协作,基本上处于一种各自为战的状态,导致大量低水平、同质化的内容和平台的重复建设,造成很大的资源浪费。①

其次,技术超前与应用滞后之间存在矛盾。当前,随着互联网技术的快速发展,传播技术更是日新月异,前几年还享受着市场开放和发展红利带来快速增长的都市报纸、都市电视台,近年来遭遇断崖式下滑,甚至很多已濒临破产。在大学出版领域,很多人思想还停留在传统思维上,出版方式方法传统保守,没有完全应用现代新技术,出版效率低、出版周期长。同时,数字技术虽然取得了飞速发展,但是,基于技术瓶颈、资金短缺,特别是盈利模式还不明晰,多数大学出版社在该领域推进力度不够,与大型民营出版机构缺乏竞争力。对数字出版的学术评价没有权威标准,学界对于数字出版缺乏必要的认知和认可,大学出版社对其发展方向认识不到位,数字出版进展缓慢。即使进行了数字出版的探索,也仅限于把纸质图书转换为电子书,或与数字图书馆进行版权合作,而经营观念、人才培养、内容出版、营销服务严重不足,未形成成熟的数字化出版商业模式。②

再次,利用现代新技术融合出版不到位。当前,大数据、云计算、虚拟现实、人工智能等技术已经广泛应用到出版和传播领域,但是,基于传统观念的影响,很多大学出版社还未能将这些技术应用到教材及学术著作的出版实践,不能产生出版附加值,提升出版内涵。

最后,传统观念制约干部成长和人才发展。大学出版社作为大学的一个下属单位,其班子成员由学校组织部门考核,党委任命。按照专业要求,领导班子成员应该是精通编辑出版、擅长文化传播、善于经营管理的人才,但是,学校往往把它看成是对一般中层干部的任免,任用干部时往往考虑

---

① 吕建生.新时代大学出版社的使命与担当[J].现代出版,2018(1):63-64.
② 骆萍.大学出版社可持续发展路径探索[J].科技与出版,2020(2):38-42.

平衡,不一定让懂专业的人员担任领导职务。同时,社聘干部即使工作再出色,基于身份的制约,一般不会被任命为领导班子成员。在社聘人员比例达到70%以上的情况下,优秀员工很容易形成"天花板"效应,非常优秀的干部容易离职,他们与母体学校一般缺乏天然的感情和身份认同,服务母体学校"双一流"建设的意愿相对较低。另外,大学出版社向社会招聘高管的意愿也比较低,不能形成良性的优秀出版人才的互动,不能从市场上选择优秀高管,而出版业务是市场化运作,校内干部市场性先天不足,市场适应能力差,导致大学出版社生产经营能力较弱,不能形成良性的可持续发展。

(四)市场竞争激烈,制约了服务"双一流"建设的可持续性

近年来,大学出版社面临的市场竞争异常激烈,为了在竞争市场上取得优势,出版社往往选择利润高、见效快的项目进行开发,对于见效慢、可持续性强的项目,因为不可预见性强,出版社给予的关注度比较低,导致服务"双一流"建设的可持续性差。

首先,大学出版社的品牌建设比较滞后。大学出版社服务母体学校的教学科研、人才培养是其赖以生存和发展的基础和主要职责[①],而品牌教材和品牌学术图书的出版是其承担职责的重要抓手。大学出版社品牌图书的出版一般和母体学校的特色学科相关,在此基础上锻造品牌。比如清华大学出版社计算机类品牌图书的出版,华东师范大学出版社教育学、心理学类品牌图书的出版,中国人民大学出版社法学、经济学类品牌图书的出版等,都是依托其母体学校强大的学科建设能力。但是,只有少数知名大学出版社在品牌出版方面有着自己鲜明的特色,很多中小型大学出版社学术出版能力弱,打造品牌图书的编辑力量和学科支持不够。同时,因为特色品牌图书需要大量前期投入,在资金实力不允许的情况下,很难取得较好的成效。

---

① 裴旭.大学出版社助力"双一流"建设的思考与探索[J].中国编辑,2020(5):28—32.

其次,有利润来源的图书出版市场受到越来越大的冲击。进入新时代,为了把企业做大做强,出版行业对图书市场的出版发行进行了高度融合和市场垄断,地方出版集团的市场规模越来越大,而大学出版社市场空间被大大压缩。地方出版集团通过行政手段或控股方式,将当地图书出版和发行市场高度整合,在产业集群化发展的背景下,大学出版社市场图书发行举步维艰,教材教辅也只能通过极低折扣委托中间图书商进行发行,以赚取一点差价,利润被大幅压缩。同时,在重印书带来主要利润的基础教育三科教材"部编版"的推行,以及越来越多的高校教材被纳入"马克思主义理论研究和建设工程"教材,只有极少数国家权威出版社和大学出版社能从中受益,大部分大学出版社在这些领域受到越来越大的影响。

再次,较弱的资金实力影响重点图书的开发。作为服务"双一流"建设的重要抓手,重点图书的开发是主要发展方向。大学出版社在经营过程中,学校进行经济考核,需要出版社上缴利润;出版社招聘和留住高水平员工,需要高薪酬,而这一切都需要较好的经营业绩和资金实力予以保证。在当前的出版市场环境下,教材教辅市场基本被地方出版集团控制,市场图书阵地被民营书商广泛占领,高水平的学术出版市场被权威学术出版机构垄断,给大学出版社留下的市场就是一般学术图书的出版和发行量较少的教材出版。而这类图书需要书号作为保障,但基于提升出版质量的考量,国家对书号进行了比较严格的控制和一定程度的压缩,大学出版社的生产既面临质量严格要求,又面临出版图书数量下滑的双重压力,经营和资金压力不断增大,重点图书开发比较困难,一定程度上降低了服务母体学校的能力和实力。

最后,真正服务"双一流"建设的教材开发能力较弱。这种情况由两个因素导致。一是评价指标的学术化导向。当前"双一流"建设高校对科研的重视程度远远超过教学,没有充分认识到人才培养的重要性,未真正感受到人才培养的压力,没有足够的教学和人才培养动力,导致大学人才培养存在严重的理论与实践脱节现象,工科教育理科化,理科教育文科化,文科教育课程化,缺乏必要的实践和实验教学。大学的供给与社会需求相脱节,培养的学生社会适应性差,饱受社会诟病。教师对高水平教材开发的积极性不足,使用的教材偏知识灌输,缺乏应用实践。同时,高校对教师自编教材出版采取放任和自愿的态度,出版的教材没有经过统一的策划和设计装帧,碎片化突出,不能形成品牌教材体系,也很难在"双一流"建设评估中发挥重要作用。二是出版社开发特色教材动力不足。服务学校教材建设,需要对体现"双一流"建设的特色教材进行开发,而特色教材的特点是专业性强,需求量低,单靠销量很难收回开发成本,因此,如果没有学校的专项资金支持,出版社开发意愿相对较低。同时,在"互联网+"背景下,高校教学基本都采用多媒体教学以及慕课、翻转课堂等形式,特别是需要实时交互数据的网上教学,对教材的开发提出了较高的要求,而现行教材的标准化以及与前沿信息技术的脱节,已经远远不能满足实践中的教学需求。而开发线下线上互通的"智慧教材"和利用算法、二维码技术的大数据教材,需要投入大量的人力物力财力,又找不到合适的盈利模式,出版社的开发意愿较低,制约了其服务母体学校"双一流"建设的积极性。

四、大学出版社服务母体学校"双一流"建设的实现路径

2020年9月22日,习近平总书记在我国教育文化卫生体育领域专家代表座谈会上指出,要支持"双一流"建设高校加强科技创新工作,依托高水平大学布局建设一批研究设施,推进产学研一体化。要深化高校人才队伍建设改革,建设高素质教师队伍,培养更多一流人才。从而可以看出,党中央对我国高校"双一流"建设的重视和对一流人才培养的高度关切。而"双一流"建设和人才培养工作,都离不开教材和学术出版的支持。大学出版社在服务母体学校"双一流"建设过程中,要牢记大学出版社的初心和使命,发挥自身优势,克服发展瓶颈和工作短板,提升服务效能,以出版高质量图书为己任,为母体学校的"双一流"建设做出积极贡献。

(一)抓好内涵建设和转型发展,打造服务"双一流"的核心竞争力

作为大学出版社,服务母体学校,助推"双一流"建设是其应尽的主体责任,因此,思想上要高度重视,形成服务母体学校"双一流"建设的思想

和行动自觉,同时要抓好服务能力建设,以高能本领和雄厚实力助推服务的各项工作。

第一,实施创新与提升战略,努力提升出版社的可持续发展能力。大学出版社要充分依托母体学校的资源优势,创新图书策划、编辑加工、装帧设计、市场营销等各个层面的工作流程,打造全流程、全过程、全员工的创新机制。同时,要努力提升出版社治理能力和治理体系的科学化水平,以科学化和现代化的管理能力促进出版社整体发展能力的提升。比如,在征得主管部门同意的情况下,高级管理人员的招聘采取市场化方式,并打破身份限制,把非常优秀的社聘人员聘任到高级管理岗位上来,以提升出版社管理水平和适应市场的能力。

第二,实施人才与专业战略,为服务"双一流"建设奠定人才基础和专业支撑。出版社要实施"人才强社"战略,在引进人才上高标准、高待遇;在人才使用上坚持"能者上、庸者下"的原则,动态调整、过程管理,让每个人都能看到希望,避免出现"天花板"现象,真正做到待遇留人、事业留人和感情留人。专业战略的专业化包括两层含义:一是出版社的专业化,即出版社要坚持有所为有所不为,扎实深耕特色专业出版,以打造卓越出版能力;二是出版人的专业化,即每一位编辑都要找到自己的发展方向,专注于某一个领域,努力成为这个出版领域的专家。

第三,实施数字和融合战略,为服务"双一流"建设提供技术支撑。当前,无论学术著作出版还是教材出版,数字化和融合化都是重要的发展方向,出版社在数字发展和融合发展方面不能瞻前顾后,要在出版转型上下功夫,在数字技术人才的培养、编辑出版技术的提升、数字出版平台的搭建等方面加大投入力度,推动出版社内容、渠道、平台、经营、管理等方面的深度融合,以满足新时代对出版的新要求,提升服务"双一流"建设的技术能力。

第四,实施质量与内容战略,为服务"双一流"建设提供质量保障。学术出版质量是衡量一个大学出版社的重要指标,而在互联网迅速发展,浅阅读、碎片化阅读、网络阅读成为主要阅读方式的时代背景下,图书编校质量在严重下滑,学术图书和高校教材出版质量整体偏低。因此,需要大学出版社充分认识到质量问题的严峻性,以"书比天大、责比山重"的使命和担当,大力推进质量发展战略。同时,要选择高水平的作者产出高质量书稿,确保实现精品出版和品质出版。

第五,实施资源与品牌战略,为服务"双一流"建设提供品牌保障。资源是品牌的保障,品牌是资源的目标,实施资源战略是为了更好地打造品牌。大学出版社要充分整合和利用各类校内外资源,树立出版资源的战略意识,运用市场手段开发和配置市场资源,以最大限度提升资源利用率,为出版社高质量发展提供源源不断的选题、作者和读者资源。品牌是在丰厚资源基础上培育出的优秀作者、优秀编辑和高品质出版物,出版社要打造品牌出版人、品牌编辑、品牌作者,从而推出系列品牌图书,以品牌的精品教材、学术著作提升"双一流"建设的内涵和厚度。

第六,实施党建与文化战略,为服务"双一流"建设提供文化引领和政治保障。大学出版社党组织要发挥好政治核心和战斗堡垒作用,抓好出版人的思想关、政治关,把好出版物的导向关、内容关,确保出版人有情怀、有责任、有担当,出版物有价值、有品位、有内涵。文化是出版社的根和灵魂,也是出版社的活力源泉和可持续发展的动力,是培养职工归属感、荣誉感的主要抓手,也是提升职工服务"双一流"建设的重要推动力。融入母体学校深厚文化内涵的出版社文化建设,也是学校文化的重要组成部分,比如郑州大学出版社凝练的"敬业、严谨、求实、创新"的社训与郑州大学"求是担当"的校训一脉相承;培育的"创新发展、精益求精、追求卓越"的社风是学校"笃信仁厚、慎思勤勉"校风在出版文化方面的具体呈现。通过文化引领,可以实现社会效益、经济效益、企业发展和职工成长的全面丰收,为服务"双一流"建设提供思想文化支撑和原动力。

(二)提升品牌教材出版能力,为创新型人才培养提供教材支撑

高水平教材建设是高校人才培养的重要支撑,教材体系建设是育人育才的关键。2016年5月,习近平总书记在哲学社会科学工作座谈会重要讲话中明确提出,要抓好教材体系建设,形成适应中国特色社会主义发展要求、立足国际学术前沿、门类齐全的哲学社会科学教材体系。2020年9

月22日,教育部在北京召开首届全国教材工作会议,陈宝生部长在会上对全面提升教材建设的科学化水平提出了把方向、守阵地、出精品、强队伍、抓保障等五个方面的具体要求,也为大学出版社服务"双一流"建设中品牌教材的出版提出了根本遵循。人才培养是现代大学的首要职能,高校教材是大学出版社的重要出版物,教材是高校发挥育人功能的重要载体,教材出版的质量直接影响"双一流"建设人才培养的质量。因此,大学出版社要高度重视品牌教材的出版工作,努力打造多品种系列精品教材。

其一,把牢教材出版方向,严守教材出版阵地。大学出版社要成立意识形态工作领导小组,强化领导小组职责,细化责任编辑和责任校对责任,牢牢把握高校教材出版的政治方向和价值导向,坚持社会效益首位,确保党的教育方针落实到教材出版的各个环节。强化高校出版人的意识形态责任,严守意识形态阵地,坚决抵制和防范各种错误思潮对教材的渗透,确保服务母体学校的教材完全符合习近平新时代中国特色社会主义思想的要求。

其二,强化教材出版队伍建设,抓好教材出版保障工作。大学出版社要成立高校教材出版工作领导小组,各分社(编辑室)成立专项工作组,在管理体制、政策机制、经费投入、绩效引导等多层面构筑教材出版的保障体系,全力服务母体学校的教材出版。比如郑州大学出版社制定《郑州大学出版社关于实施一流大学建设精品出版工程的实施方案》,每年拿出50万元教材出版基金,资助优势特色学科教材出版工作。

其三,树立教材出版精品意识,打造教材出版质量品牌。品牌图书要突出教材出版理念的时新性、结构的多元化、形式的多元化、载体的平台化、内容的权威性和创新性等特点。主要体现在形式和内容两个方面。从形式上看,教材要形成系列,同一系列教材装帧设计要美观、大方、统一,要有品位,突出学科特色;要融合多媒体、多用途、多层次的教学资源,形成立体化教材;通过二维码等形式使教材具备视、听、练等功能,真正达到教师易教、学生易学的目标。① 从内容上来看,品牌教材是体现母体学校特色专业和优势学科的教材,是该学科权威专家用心编撰的教材,体现内容的权威性;同时,教材要与时俱进,体现时代特点和学科发展要求,要具有创新性。当然,品牌教材的出版需要品牌出版人的策划设计、品牌编辑的精心加工等,通过优秀作者和出版人等的齐心协力,共同完成高品质教材的出版。比如郑州大学出版社申报并完成的两项国家数字出版文产项目"高校教材在线销售与数字出版平台建设""基于AR技术的手语教育复合出版与平台建设",有力提升了服务母体学校教材出版的能力和水平。

其四,做好教材采购发放服务,助力母体学校优质教材建设。大学出版社在做好服务母体学校教材出版的同时,要充分利用在教材出版领域的信息资源,积极发挥在教材流通领域的渠道优势,为母体学校的教材采购发放提供高质量服务。"双一流"建设高校学科门类多、专业多,其出版社不可能对所有专业都提供出版服务,因此,从相关大学出版社及国家权威出版社采购并为学生发放教材,可以成为大学出版社服务母体学校的一项重要职能。比如郑州大学出版社所属的创新书局,承载郑州大学教材科的功能,每年为全校学生采购优质教材近2 000万元(码洋),通过8折及以下折扣发放给学生,学生自愿选书、随时退款,既保证了发放教材的时效性,又保证了图书的质量,为学校"双一流"建设的高质量教材需求发挥了重要作用,取得了良好效果。

(三)提升精品著作出版能力,为科研和学科建设提供学术支撑

学术水平是大学实力的本质体现,大学的学术创新力和学术生产力是衡量一个国家国际竞争力的重要基础。高校的学术研究和学术出版是国家科技发展和进步的重要推动力与主要支撑。中国的文化和学术能力大而不强,在世界180多个学科中,中国大多数在跟进,少部分在并行,只有

---

① 药蓉.试论新时代大学出版社高校教材建设新思路[J].中国出版,2018(21):50-52.

极少量在引领①,这为"双一流"建设高校的科研、学科建设及学术能力的提升提出了更高要求。学术出版是大学出版社的主要业务方向,高质量的学术出版为大学的科学研究和学科建设提供了重要的学术支撑。

其一,打造品牌学术编辑,为高校品牌学术出版提供人才保障。大学出版社要实现品牌图书出版的系列化、常态化,必须强化品牌学术编辑的培养。这些编辑要有学术至上、追求卓越的学术态度,敬业乐业、甘于奉献的职业情怀,严谨专注、一丝不苟的工作态度,主动承担社会效益首位责任、质量控制责任、学术创新繁荣责任和文化引领责任。通过对学术的极致追求,打造品牌学术图书,赢得优秀作者的信任,培养作者黏性。

其二,积极对接各类科研基金,出版高质量结项成果。当前,国家自然科学基金项目、国家社会科学基金项目以及省市重点或重大科研基金项目的承担者大部分在高校,特别是"双一流"建设高校,这些项目的成果最终主要以学术著作的形式呈现。这些成果的出版不但能支持顺利结项,同时还能参与评定各类科研奖项,而项目或获奖是高校"双一流"建设评估的重要抓手。大学出版社要对接项目的出版,打造出版工程,进行系列品牌出版,把出版成果打造得更加厚重和精美。比如,郑州大学出版社近年来每年出版30种"卓越文库"作品,基本上是国家社科基金成果或博士论文的出版,因精美统一的装帧设计和高质量的编校,已经成为郑州大学出版社的系列品牌图书,产生了广泛的社会影响;再比如,郑州大学出版社协同郑州大学哲学社会科学处共同打造"厚山文库",通过和社会科学文献出版社联合出版,为母体学校打造了优秀的社科品牌学术成果。

其三,主动挖掘学校特色学科或一流学科的优秀作者资源,助推科研发展。大学出版社要积极推进与母体学校的优势及重点学科的高度融合,围绕学校优势特色学科或一流学科的作者资源,主动为他们搭建出版平台,提供高质量出版服务。策划编辑要深入了解学校这类学科的特色、发展动态、知名学者及研究方向等,并主动对接、拜访相应院系负责人、学科带头人及优秀学者,为他们提供充分体现人文关怀的各类出版服务;同时,

---

① 柳斌杰.坚定自信,走进出版强国新时代[J].现代出版,2018(1):5-10.

积极扶植和支持在特色学科领域有潜力的青年学者,帮助他们准确进行选题定位,并进行写作指导。通过深耕特色学科及一流学科,培育老中青相结合的系统化的优秀作者团队,打造可持续的出版品牌,助力该学科的科研发展。比如,郑州大学出版社围绕学校一流学科建设出版的《超硬材料制造与应用技术》(材料科学与工程学科)获第五届中华优秀出版物奖图书奖,"肾脏病科普丛书"(临床医学学科)获国家科技进步奖二等奖,其他获国家级奖项十余项。学术精品的出版,对助推学科建设起到了较好的促进作用。

其四,积极申报和实施国家出版基金资助项目和国家重点图书出版规划项目,通过项目带动高水平学术图书出版。国家出版基金项目是我国出版业的国家工程、公益工程和精品工程,代表着我国出版行业的最高水准,其在打造精品、引领方向、繁荣文化等方面发挥着重要的引领作用,在出版行业有"精品力作助推器"的美誉。大学出版社要优化母体学校优势学科资源,在重点学术图书或系列图书领域积极申请国家出版基金,因为出版基金资助项目中可以支出相对比例的资金作为作者稿酬,可以调动作者撰写高质量学术书稿的积极性;同时,有足够的资金支持图书的精美设计装帧和印制,出版后能产生良好的社会效益和经济效益。国家重点图书出版规划项目体现国家意志,代表国家学术研究和出版水平,政治导向、学术导向和文化导向都非常突出,深得业界和学界的欢迎,入选该项目出版的图书,在"双一流"建设评估中能发挥重要的作用。因此,大学出版社要整合好母体学校的学科资源,争取获得院士、知名教授的大力支持,出版好、宣传好该项目精品,力争实现经济效益和社会效益的统一。比如郑州大学出版社申报并实施的"'一带一路'背景下国际化临床医学丛书(第一辑)"、《中华创伤重症医学(上、中、下卷)》同时入选国家出版基金资助项目和国家重点图书出版规划项目,通过规划项目图书的出版有力地促进和提升了郑州大学临床医学学科的发展。

其五,建立科学的专家评审机制,为高品质学术图书出版保驾护航。大学出版社要尊重学术规律,通过出版创新来提升出版价值,专业化高水平出版比规模化更有价值。学术出版要强调科学精神和创新价值,需要对学术书稿进行对比和评判,建议聘用母体学校各学科的相关专家对书稿进行常态化、科学化评审;或在各优势特色出版学科聘任学术顾问,为学术出版提供科学化建议,并进行学术把关,鉴定或推荐重大选题,对开展学术出版进行战略指导。

其六,组建区域性或专业性大学出版社联盟,通过优势互补提升服务母体学校学术出版的能力。当前,我国虽然成立了大学的 C9 联盟(中国首个顶尖大学间的高校联盟)、E9 联盟(卓越大学联盟)等校级合作平台,但是大学出版社大都各自为战,势单力薄,缺乏有效的协作和沟通,即使在同一城市也沟通不足,重复出版、同质化出版严重,出版平台重复建设,造成极大的资源浪费,对支撑国家战略的重大学术出版项目无法形成合力,对推进"双一流"建设缺乏强大的支撑能力。基于此,建议成立区域性或专业性大学出版联盟,整合资源,优势互补,在数字出版体系构建、关键技术研发、重大选题和重点出版项目上加强合作,以出版高质量、高水平,能代表国家级学术水准并能显示"双一流"建设水平的优秀学术成果。

(四)提升服务文化建设能力,为文化传承与创新提供出版支撑

高校作为一种独特的文化机构,是传承文化和创造文化的重要基地。同时,文化传承与创新也通常被视为现代大学的第四职能,是我国高校"双一流"建设的重要内容。构建具有中国特色的大学文化,是"双一流"建设的灵魂。习近平总书记曾明确指出,要扎根中国大地办大学,不要把北大办成"第二个哈佛和剑桥",而是要办成"第一个北大"。大学文化一旦形成,就会渗透到学校教学、科研、服务、管理等各个方面,师生受到熏陶、感染、影响和激励,发挥着重要的文化育人功能。一流的大学必定有一流的大学文化做支撑。清华大学的"自强不息,厚德载物",复旦大学的"博学而笃志,切问而近思",无不包含着两所学校师生的文化内涵,其师生的特质、言行、作风都深深打上校训文化的烙印。"双一流"建设中要做好文化传承与创新工作,必须增强中华文化的高度自信和文化自觉、注重

多元文化的理性交流、彰显一流大学文化的中国特色①,形成"属于世界一流大学的文化,生产世界一流的文化"。文化积累和文化传播是大学出版社的本质特征,大学出版社根植于大学文化环境之中,是高校文化的基础建设和传承创新的基本载体,出版社直接从事文化创意和加工,对"双一流"建设中大学的文化传承与创新发挥着重要的出版支撑作用。

其一,做好"三种文化"的出版,助推学校文化传承。在新时代,中华优秀传统文化、革命文化、社会主义先进文化,是中国特色社会主义文化和社会主义核心价值观的文化源泉,也是打造中国特色一流大学文化的重要基础。大学出版社要切实担负起先进文化的引领者和践行者的责任,担负起革命文化和优秀传统文化的忠实传承者和弘扬者的责任,在这三种文化的出版上打造品牌,突出地域和时代特色。比如郑州大学出版社打造了黄河文化、炎黄文化,焦裕禄精神、红旗渠精神和文化,豫剧文化、新乡先进群体精神及文化等的出版工作,并开发成校本教材,在广大师生中传承河南特色的"三种文化",彰显地域特色,突显扎根中原大地办一流大学的文化根脉。做好地方文化名人系列、地方志系列的出版开发,比如对老子等古代名人,对杨靖宇、吉鸿昌等现代名人,对常香玉、史来贺等时代楷模等的出版传播。通过以上出版,会形成区域出版特色,为扎根中原大地办一流大学贡献出版力量。

其二,传播学校文化,扩大社会影响。大学是社会之光,是思想和文化产出的重要阵地,大学的美誉度不仅要靠学术成果来呈现,还要靠其精神气质、文化内涵以及由此产生的社会影响力来呈现。大学独特的文化、学术、精神和办学理念,要靠相应的出版物来传播、推广和弘扬。大学出版社在传播学校思想和文化方面的作用无可替代,通过出版母体学校的校史文化、校友文化、校园文化、学术名家文化等,将这些文化通过出版物进行传播,会产生很大的社会影响。比如郑州大学出版社通过出版《郑大访谈录》《郑州大学年鉴》《榜样——对话郑州大学 MBA、EMBA 影响力人物》

---

① 蔡红生,杨琴.大学文化:"双一流"建设的灵魂[J].思想教育研究,2017(1):80-84.

等图书,较好地传播了郑州大学独特的校园文化。

其三,做好学校特色文化出版,打造特色文化品牌。随着我国高校学生的扩招以及大学新校区的建设,很多高校在大学文化建设上存在重政治、轻文化,重科学、轻人文,重统一、轻个性等问题,校园文化内涵缺乏,千校一面。因此,"双一流"建设高校在校园文化建设中要形成自身的特色和品牌文化,并通过对这些文化的挖掘、传承、创新和出版,很好地在师生中形成一种文化自觉,这是高校文化的一种精神内核。比如郑州大学出版社对母体学校"笃信仁厚、慎思勤勉"的校风,"求是担当"的校训,"坚韧不拔、昂扬进取、顽强拼搏、奋勇争先"的郑大荷球精神,"勿忘人民"的郑大情怀等特色文化的挖掘,以及对《郑大故事》、"新传青年说"等文化精品和文化品牌的出版,会极大提升学校文化的社会影响力,进而提升一流大学建设的文化效果和文化影响力。

其四,打造学校特色阅读品牌,提升师生文化素养。在对"双一流"建设成效评价方面,培养一流人才是关键,而一流人才培养必须有一流的文化做支撑。高校通过营造浓郁的阅读氛围来培养学生良好的阅读习惯,提升学生的阅读素养和文化内涵,出版社在其中要扮演重要角色。比如推出"推荐阅读书目",与图书馆、大学生素质教育中心等定期举办阅读文化节,开展名作者讲坛、文化沙龙、读者沙龙和文化公益活动等丰富多彩的文化及阅读活动;通过设置图书专栏、建立出版社阅读体验中心等,以打造特色阅读品牌,提升书香校园的建设质量和水平,培养学生"好读书""读好书"的习惯和深度阅读、经典阅读的阅读氛围,提升文化育人的效果。

(五)助力学校服务社会能力,为提高学校服务力提供出版支撑

近年来,我国高等教育取得了跨越式发展,大学服务社会的职能日益凸显,大学培养人才和科学研究也要以满足社会的实际需求为主要目的,其社会价值已经成为衡量大学办学水平和质量的重要标准;我国高校"双一流"建设任务中也重点强调了对大学服务社会的职能要求,要将"双一

流"建设与推动社会经济发展紧密结合起来。① 大学作为社会系统的重要组织,应当也必须对社会承担相应的社会责任。作为大学出版社,在助力母体学校"双一流"建设中,应为学校服务社会发挥重要作用,提供扎实的出版和文化支撑。

其一,通过教材和著作出版,提升大学服务社会的文化能力。教材是"没有围墙的大学",著作是"请进家门的教授"。大学出版社通过出版校本教材和校内专家的学术著作,将学校的教学成果及科研成果以出版物的形式服务于社会,也成为社会了解学校文化的一种重要渠道。比如郑州大学出版社每年出版校本教材50余部,发行到30多所高校;出版校内专家学术著作100余部,扩大了学术的溢出效应,产生了广泛的社会影响。

其二,通过出版科普读物和大众读物,为社会大众提供科普知识和文化服务。比如郑州大学出版社借助母体学校学科齐全的综合优势,出版了10家附属医院相关专家撰写的"健康中国·跟我学护理·全媒体科普丛书""叩问疾病 解密健康科普丛书"等系列科普读物;出版了文学院专家撰写的"中华国学经典诵读丛书"等大众读物,成为畅销书和长销书,扩大了母体学校服务社会的影响力和延展度。出版社日均销售图书达2.5万本,每年有近800万读者享受到出版社的服务。比如每年高质量出版的《河南省高考志愿专业填报指南》,年销售量达30多万册,对广大考生及家长起到了较好的指导作用。这些畅销书和长销书间接受到郑州大学学术思想和文化的影响,真正发挥了出版社"没有围墙的大学"的作用,延展了学校的服务边界,提升了学校的服务水平,扩大了母体学校的影响力。

其三,通过服务学校的常态化出版业务需求,提升学校服务社会的能力。母体学校在完成某些社会功能时,经常要出版予以配合。通过高质量完成出版任务,提升母体学校的服务水平。比如,郑州大学经常举办全国或国际性学术会议,要对相应的学术成果进行出版,如《高等教育现代化的国际视野与中国经验》的出版,为2020年在郑州大学举办的"中国高等教育国

---

① 李瑞琳,COATES H. 我国大学社会服务职能发展:国际经验、现实问题与政策建议[J]. 高校教育管理,2020,14(4):96-106.

际论坛年会"提供了有力支持,提升了郑州大学在高等教育领域的影响力。

其四,通过举办公益性活动,间接提升母体学校服务社会的能力。每家大学出版社都有自己的出版特色和核心出版物,作为文化组织,出版社应承担相应的公益责任,通过开展公益性文化活动,提升出版社及母体学校的服务社会能力,增强社会影响力。比如郑州大学出版社广泛开展的捐书活动,极大提升了出版社的社会声誉,仅2020年,就对中小学、母体学校对口扶贫村、对口帮扶县等捐书12次,捐赠图书10 000余册,码洋近50万元。在服务社会的同时,也提升了大学和出版社的形象,为社会了解郑大、宣传郑大发挥了很好的作用。

其五,通过出版在全国有影响力的应用型图书,提升母体学校服务国家和行业发展的能力。比如,郑州大学出版社在创伤医学领域的出版走在了前列,通过承担国家出版基金项目,出版了《中华战创伤学(11卷)》、"创面治疗新技术的研发与转化应用系列丛书"(26册)、《中华创伤重症医学(上、中、下卷)》等,填补了我国创伤医学领域的理论和临床空白;通过策划并出版国家卫生健康委员会主编的《创面修复科专科能力建设专用系列教材》(国家继续医学教育系列教材)(共4册),填补了该领域教材的出版空白,为全国创面修复科专科医生、护士及诊疗技术的应用提供了教材依据,无形中扩大了郑州大学服务社会的能力。

其六,通过学术出版"走出去",助推母体学校的国际服务能力。高校的国际化水平和国际化能力是衡量高校"双一流"建设水平的重要指标,作为大学的一个子组织,大学出版社要拓展国际视野,增强学术出版"走出去"的使命感,为大学出版注入国际化基因,打造一支具有国际视野和国际化出版能力的编辑队伍,传播好中国学术声音,服务好国际读者群体。[①] 比如郑州大学出版社倾力打造的国家出版基金项目"'一带一路'背景下国际化临床医学丛书(第一辑)"(17册),由郑州大学医学院及国内知名医科大学及附属医院的600多位专家学者全英文撰写,对"一带一

---

① 余兴发,杨晓平,宋海玲.新时代大学出版的使命[J].现代出版,2018(6):35-37.

路"沿线国家和地区医学人才的培养起到了非常好的支持作用,有力地提升了郑州大学及相关高校的国际服务能力和国际影响力。

五、结语

曾任哈佛大学出版社社长长达20年之久的托马斯·J.威尔逊曾说过,大学出版社应是大学的事业,其首要职责是服务于母体学校。大学与出版社是水乳交融、相互促进、相向合力的"父子关系"。[①] 大学出版社作为我国出版业的重要组成部分,绝大多数都依托一流大学和一流学科建设高校,具有参与"双一流"建设的优势和条件,也有助力"双一流"建设的应有责任。大学出版社依托母体学校的学术资源和学科背景,始终以服务大学、服务社会为办社宗旨,在助力母体学校的人才培养、学科建设、科学研究、社会服务、文化传承与创新等方面发挥着重要作用。新时代对大学出版社提出了更高要求,也对高校"双一流"建设提出了新要求和新期望。

在党和国家对高校"双一流"建设给予高度重视、全社会给予高度关注的社会大背景下,大学出版社要跟上时代发展步伐,抓住"双一流"建设的良好机遇,找准位置、创新理念,对照"双一流"建设的整体方案,主动融入"双一流"、支持"双一流"和促进"双一流",全程服务于"双一流"建设的具体要求,对标"双一流"建设的规划安排和时间节点,催化一流学术成果,展现和传播一流建设成果,与母体学校相促相长,不忘大学出版人初心,牢记大学出版社使命,确立高标准,打造高品质,始终不渝地走"专业化、精品化、学术化、特色化"的深度出版发展道路,力争成为助推母体学校"双一流"建设的重要引擎,成为展示"双一流"建设成果的重要载体和平台。同时,大学出版社还要努力克服发展中的不足和短板,建设成为世界一流大学出版社,为母体学校快速建设成为世界"双一流"高校,为我国建成高等教育强国,为中华民族伟大复兴的中国梦的实现贡献应有的力量。

---

① 蒋东明.什么才真正是大学出版的精神?:从哈佛大学社百年史看大学出版的道路选择[N].中华读书报,2020-09-30(6).

第二辑

编辑专业能力建设与大学出版社治理

新时代学术图书编辑必备素质的六个维度

近年来,随着综合国力的迅速提升,我国将在经济、科技、制度、文化等方面与美国展开全面竞争。为了遏制中国的发展,以美国为首的部分西方发达国家,不惜以违反国际通行规则的方式和手段对我国科技、工程等领域进行极限施压,这种施压和制裁更加激发了我国教育、科技等领域的创新和发展动力,势必会产出大量的高水平学术成果。党的十九届五中全会明确提出,2035年我国要建成文化强国、教育强国、人才强国,要实现这些强国目标,也需要大量学术成果做支撑。这都给承载创新学术成果的学术图书出版带来了前所未有的发展机遇。

但是,在学术图书出版领域,当前还存在很多矛盾和问题,主要是人们对更高品质学术图书和文化产品的强烈需求,与学术图书出版"有数量缺质量""有盆地、多平原、少高原、缺高峰"之间的突出矛盾。造成这一现象的原因有很多,除了作者的学术原创力不足等因素以外,学术图书编辑队伍建设滞后也是一个重要原因。作为学术出版活动的主要工作流程,编辑工作和编辑活动是学术创造、文化传播、知识积累过程中的重要环节,在学术成果的选择、学术观点和政治方向的把关等方面发挥着核心作用。学术图书编辑素质的高低,直接决定着学术图书质量的优劣。以下从六个维度对学术图书编辑必备素质进行具体阐释。

一、道德品质高尚,政治素质过硬

学术图书特别是哲学社会科学学术图书,具有强烈的思想和价值导向。学术图书编辑是学术出版的策划人、仲裁者,他们应具有崇高的思想道德境界,重义轻利、义利统一,勇于担责、乐于奉献,为人正派、道德高尚,从而对图书学术价值、学术道德等进行客观准确的判断。① 在新时代,学术图书编辑要在引领新风尚、传播正能量、传递真善美等方面发挥基础性建设作用,做学术道德的维护者和弘扬者,坚定信仰、积极传播并模范践行社会主义核心价值观。

从政治素质和政治品质的要求上来看,学术图书编辑要锻造过硬政治能力,淬炼优良工作作风,时刻保持清醒的政治头脑,能客观分析并明确辨析国内外政治形势及发展趋势,在政治上、思想上、行动上与党中央保持高度一致,在选题策划、遴选作者、编校加工等方面都要体现"政治要强"的根本要求。同时,要与时俱进,把党和国家的新政策、新规定和新要求严格落实到学术图书出版的全过程。

进入新时代,与西方国家相比,我国的制度优势和文化优势更加突出,特别是2020年新冠肺炎疫情的全球爆发,我国以"优等生"的防控成就被世界大多数国家充分肯定和高度关注,更加突显了我国的制度优势和高效的社会治理能力。基于中西方文化的差异以及价值观的对立,双方在意识形态领域的较量将会更加激烈,西方对我国进行意识形态的渗透将会更加多元和隐蔽,这就要求学术图书编辑务必牢固树立意识形态安全的底线思维和法制思维,对于涉及意识形态安全的有关内容,要具有高度的政治敏锐性、洞察力和鉴别力,坚持正确的舆论导向和出版方向,旗帜鲜明地反对各类错误思潮和错误观点②,始终以马克思主义中国化的最新理论成果和习近平新时代中国特色社会主义思想指导学术图书出版的全过程,积极履行自身所承担的学术使命和文化责任。

二、知识结构完善,学术素养深厚

随着互联网技术的迅猛发展,作者、读者和编辑都可以平等地通过互联网获取大量一手的信息和知识,作为知识编辑和生产的学术图书编辑,

---

① 查朱和.新时代编辑素质"六要"新要求[J].中国出版,2020(7):31-35.
② 宾长初.新时代优秀编辑的内涵与基本素质[J].编辑学刊,2019(3):63-67.

已不再具有知识获取优势。因此,学术图书编辑要时刻保持"知识恐慌症"和"本领恐慌症"意识,通过更加系统的学习和训练,在哲学社会科学和自然科学领域广泛涉猎相关知识,不断加强对新知识和新理论的学习,强化对新技能的应用,不断丰富自身知识体系,夯实学识基础,完善知识结构,提升文化底蕴,成为复合型编辑。要培养饱含家国情怀的人文精神,做工作和生活的杂家。要具有扎实的科学素养和法律素养,所编辑的学术图书要符合科学规律,遵守法律规范。

学术图书编辑最大的特点就在于其学术的专业性,要在某一领域具有深厚的学术素养和较强的学术能力,即要具有敏锐捕捉前沿学术信息的洞察力、准确客观做出学术评价的判断力、理性进行学术欣赏的鉴赏力、有效开展学术交流的交往力、科学阐明学术观点的表达力等。[①] 专业性、创新性和前瞻性是学术出版的重要前提,学术图书编辑要策划和出版学术精品,必须具有较高的学术素养。能运用自身的专业学术知识和独特的学术眼光,敏锐捕捉学术前沿和热点问题,对学术图书的学术问题、学术理论和学术方法进行鉴定和欣赏,运用科学的学术语言和学术方法准确表达和评价学术成果;能对学术图书的学术水平和学术价值迅速做出判断,以深邃的学术洞察力去审读书稿,并提出建设性修改意见;能对学术信息资源辨伪存真、去粗存精,纠正书稿的专业性差错和科学性错误;能与高水平学术作者形成有效沟通和碰撞,形成共同语言,深入探讨某一领域的前沿问题和焦点问题,获得作者的充分肯定和认可;能整合代表学术前沿的作者资源,编辑和出版代表新时代学术"高峰"的学术成果,引领新时代的学术发展方向。

三、信息技术高超,融合思维开阔

进入新时代,在国家大力推进 5G 技术的背景下,信息技术已经深度渗透到各个行业及领域。就学术图书生产来说,作者的学术创作已经从纸

---

① 孙保营.新时代高校出版社编辑的学术能力:内涵、问题与提升路径[J].出版广角,2020(18):28-31.

和笔的传统生产方式转变为信息化、数字化创作,读者对学术信息、学术资料的阅读和使用方式也已经从纸质阅读演变为网络阅读和电子阅读。因此,学术著作出版的高质量和高附加值一定要和图书的信息化直接相关。信息技术的使用是决定学术图书质量、提升学术图书影响力的关键因素。编辑要处理涉及文字、图片、音频、视频、AR、VR 等的复杂文本,以最大可能拓展学术信息,立体化呈现学术内容,提升阅读效果。这对学术图书编辑的信息化能力提出了较高要求,并已成为他们的核心专业能力。信息化能力包括信息甄别能力、信息挖掘能力和信息技术能力。学术图书编辑要具有扎实的新媒体技术应用能力和互联网思维,能从海量的信息中甄别和挖掘出有价值的学术信息;能熟练利用新媒体社交工具与作者、读者进行深度沟通交流;能利用现代编辑技术和大数据、云计算、人工智能等信息技术,出版有价值、有质量、有新意的高附加值学术图书。

随着新技术和互联网的快速发展,出版业实现了一次又一次巨大变革,"光与电"已经成为出版业的回忆,"数与网"也将要成为过去时,"云与智"正在成为现实的出版场景。人们的阅读习惯发生了数字化、图像化和碎片化的转变。为适应这种变化,内容融合、技术融合和跨界融合的融合出版已经成为出版业的新常态,这就要求学术图书编辑要不断适应受众信息阅读和获取信息渠道变化的新形势,不断增强融合出版意识,熟练掌握新技术、新手段,融合各种出版载体、传播渠道和内容资源,提升融合思维意识,提高融合出版能力。

四、策划意识超前,沟通能力出色

学术图书一般创新性很强,学术观点新颖,见解主张独到,充分体现了作者在某一学术领域的原创性。在编辑出版学术图书的过程中,从编辑加工,到装帧设计,再到排版印刷,都要体现创新性、唯一性和个性化特色。这就要求学术图书编辑要具备超前的策划意识,从组织作者撰稿到图书营销推广,从单品开发到系列学术品牌的全方位规划,都要对学术出版领域有前瞻性认识,充分了解学界动态和学术发展方向。同时,学术图书编辑要能撰写出科学完整的选题论证方案、编写方案等,为学术图书顺利出版提供有力的文本支持。实践证明,但凡有影响力的学术著作,都是对学术选题超前策划和认真实施的结果。

作为学术图书编辑,出版高品质学术图书,必须与高水平作者做好充分沟通,静心倾听作者诉求,耐心解读出版要求,热心为作者排忧解难;同时要善于与出版社美编、校对、出版、编务、财务、营销等各环节人员顺畅沟通,对图书出版各环节进行有效组织和监控,以保证图书顺利出版。① 在互联网正在颠覆人们生活、学习、工作和交流方式的背景下,学术图书编辑除了要与作者进行传统的面对面、电话、短信及信函沟通外,还要熟练掌握和利用 QQ、微信等现代新媒体沟通方式,以提升沟通效率。良好的沟通是学术图书高质量出版的重要前提,比如通过与专家学者良好的沟通,可以掌握该领域的研究动态、学科前沿和社会热点,策划本专业领域的高品质学术图书,同时可以扩展作者资源。比如郑州大学出版社 2015 年承担的国家出版基金项目《中华战创伤学(11 卷)》,该丛书的策划和责任编辑与丛书总主编付小兵院士及其他编委有非常有效的沟通,从选题策划、作者选择,到最终的出版和结项,工作效率高,项目推进快,出版品质好,2019 年国家出版基金委给予该项目"特别优秀"的结项评价,该丛书也被评为第五届中国出版政府奖图书奖。因为沟通和合作顺畅,该丛书得到我国创伤医学领域多位知名专家的充分认可,郑大社又陆续获批该学科领域的两项国家出版基金项目。3 个项目共有近千位优秀作者参与其中,为郑大社打造创伤医学领域的特色出版品牌集聚了大量的优秀作者资源。

五、编校功底扎实,审美眼光独特

学术图书作为一种创新性强并能推动学术进步和社会发展的文化产品,对人的思想观念、价值导向和社会认知等都会产生重要影响。因此,编辑要怀着对图书的敬畏之心,秉持精益求精、追求极致的工匠精神,用心打

---

① 符玉波.浅谈图书编辑的必备能力[J].编辑学刊,2018(2):111-115.

磨每一部书稿。作为学术图书编辑,要具有较强的编校能力、过硬的文字表达能力和文学功底,能从编辑角度对图书的政治性、学术性进行把关;能从图书选题意义、图书结构、内容质量、学术水平、写作体例、语言表达等方面判断图书的写作水准;要熟悉学术书稿的框架结构、板块设置、格式规范和常见错误类型等;能对书稿的字、词、句、修辞、逻辑、标点符号等的准确性和体例规范进行推敲;能熟练驾驭难度系数较高的学术书稿,所编校的书稿差错率低、品质高。学术图书不需要有华丽和个性的辞藻,要用专业而又简洁的学术语言完整清晰地表达学术思想和创新观点,这都需要学术图书编辑扎实的编校功底做支撑。

从审美学的角度来考察,学术图书的编辑出版过程本质上也是一种审美创造过程,编辑的审美情趣、审美理想和审美能力决定着学术图书的美学呈现形式和审美定位。当代学术图书编辑应高扬新时代中国特色社会主义的审美主旋律,培养与新时代美学发展潮流相一致的独特的美学追求。编辑的审美能力对学术图书生产主要有两个方面的作用:一是对学术图书的外在形式,包括图书装帧、开本、封面、内在设计效果、整体设计风格等起到引领作用;二是对学术内容审美的影响,即编辑要以比较专业的审美判断能力和审美选择能力,对图书所具有的学术价值、学术品质及创新意义有所鉴别、评判和取舍,从而实现在更高层面、更广意义上满足作者对美的追求[①],体现图书的审美特征和美学范式,提升作者和读者对学术的审美体验,反映出新时代的审美要求和审美追求。

六、管理能力突出,创新意识强烈

学术图书的出版过程由多个环节组成,包括获取有学术价值的信息、策划有学术创新的选题、选择高水平的作者、组织编写高质量的书稿,以及编校、设计、印制、质检、营销等,各环节之间环环相扣、彼此衔接,组成了完整的出版链条。学术图书的高效率和高品质出版,需要编辑具有突出的

---

① 方革秀.出版融合背景下编辑的产品策划创新能力[J].出版科学,2018,26(4):36-38.

执行力、控制力、协调力等管理能力,以科学配置和调动各种出版资源。一个优秀的学术图书编辑应具有合理安排出版进程的计划能力,收集、分析和处理信息的信息管理能力,按照主次、轻重、缓急有效推进工作的执行能力,协调作者、读者、社内各流程环节的沟通能力,对图书生产的质量、周期、财务、风险的控制能力等,这些素质和要求共同构成编辑人员的管理能力。突出的管理能力是学术图书编辑的核心竞争力,是确保学术图书按时、高效、高质量、低成本生产的重要保障。

学术研究的核心是创新,学术图书的功能是承载、交流、传播最新的创新研究成果。学术图书编辑要有强烈的求新求异的创新意识和敢于怀疑的批判思维,要密切关注学科发展新领域、新方向,准确判断学科发展新趋势;要对理论观点的准确性、知识的全面系统性、逻辑分析的严谨性和语言表达的流畅性等洞察秋毫,进行科学合理的质疑和判断。要增强创新意识,提升创新素质,改善创新方法,扩展创新思路,以应对新时代的新变化、新问题和对学术出版的新要求。新时代出版的概念和形态、表现形式和呈现方式、传播介质和传播手段等都发生了很大变化,学术图书编辑要主动学习,深入探索,对新知识、新理论、新观念、新手段等保持积极开放的心态,在出版内容、流程管理、市场策略等方面有创新思路和创新方法①,以提升学术图书的创新力、传播力、影响力和生命力。

---

① 严学军.编辑能力刍议[J].出版科学,2017,25(2):47-51.

新时代学术著作出版责任编辑的责任维度

一、学术出版与责任编辑

我国近代文化界卓越先驱者蔡元培先生曾说:"一个民族或国家要在世界上立得住脚——而且要光荣地立住——是要以学术为基础的。"① 2020年9月11日,习近平总书记在北京主持召开科学家座谈会时强调,我国经济社会发展和民生改善比过去任何时候都更加需要科学技术解决方案,都更加需要增强创新这个第一动力。而学术出版是增强科技创新,实现学术价值,推动知识、技术和思想传播的重要载体,是一个国家和民族思想深度、理论高度和精神向度的集中呈现和具体体现,也是一个国家创新发展的重要基础,代表着一个国家的文化科技实力和文明发展程度。进入新时代,我国学术出版的主要矛盾表现为广大人民对高品质学术著作的强烈需求与学术出版不平衡不充分发展之间的矛盾,学术出版存在"重数量轻质量""有高原缺高峰"等问题。新时代,党和国家对文化产品质量提出了新的更高的要求。习近平总书记指出,我国文化供给的主要矛盾已经不是缺不缺、够不够的问题,而是好不好、精不精的问题。② 同时,他对我国的文艺创作、学术研究提出了"坚持与时代同步伐""坚持以人民为中

---

① 蔡元培.中国人的修养[M].上海:上海教育出版社,2018:202.
② 郭义强.切实把提高质量、多出精品作为做好新时代出版工作的关键[J].现代出版,2020(4):12-15.

心""坚持以精品奉献人民""坚持用明德引领风尚"的"四个坚持"的要求[①],这可以说也为学术出版提出了明确要求和根本遵循。

在文化产品特别是学术出版中,责任编辑是学术内容的选择者、加工者、过滤者、把关者、推进者和实现者,是学术思想和学术文化责任的主要承载者和担当者,发挥着核心作用。《现代汉语词典》(第7版)中,责任编辑是指"出版部门负责对某一稿件进行审读、整理、加工等工作的编辑人员"。责任编辑制度是对编辑责任在出版物质量控制方面的制度性安排,是一种责任到人的质量工作机制。但是,随着时代的发展变化,责任编辑的"责任"也在发生着流变,从最初的"质量把关者"到"质量和经济双重责任",再到"质量、经济和政治三重责任"。

笔者通过中国知网,以"学术"和"责任编辑"为关键词进行搜索,共搜索到31篇文献,主要是学术出版责任编辑素质、作用等的研究,而学术出版责任编辑之责任的研究仅有4篇,且都是2013年之前的文献,主要研究学术期刊责任编辑的责任,没有研究学术图书责任编辑相关责任的文章。进入新时代,责任编辑之责任有了新内涵,特别在学术出版领域,呈现出鲜明的学术特色和时代特征。因此,研究学术著作出版责任编辑之责任,对于提高我国学术著作出版质量,提升学术著作出版的创新力和国际竞争力具有重要的理论意义和实践价值,有助于填补该研究领域的学术空白,具有很好的学术价值和创新意义。

二、新时代学术著作出版责任编辑责任的"八维"阐释

与大众出版、教育出版相比,学术出版具有学术引领性和创新性、确保意识形态安全、社会效益首位、质量控制严格等属性和特征,要求责任编辑承担起相应的责任和担当,以下从八个维度予以阐释和分析。

---

① 习近平.坚定文化自信把握时代脉搏聆听时代声音 坚持以精品奉献人民用明德引领风尚[N].人民日报,2019-03-05(1).

(一)政治责任之维:确保意识形态安全,政治导向正确

习近平总书记多次指出,当今世界正经历百年未有之大变局。近年来,世界出现很多"黑天鹅"和"灰犀牛"事件:英国"脱欧",极右翼势力崛起,新冠病毒全球肆虐……现在"唯一确定的就是不确定"。面对"大变局"和"不确定",学术图书责任编辑要强化政治意识,引领舆论导向,使学术出版工作与党中央各项方针政策保持高度一致。

第一,要把牢意识形态安全责任,确保学术出版意识形态安全。意识形态安全是我国文化安全和国家安全的重要内容。近年来特别是特朗普任美国总统以来,为了遏制中国的追赶势头,美国通过各种手段阻碍中国的发展,妄图维护延长其霸权地位。由美国政府发动的针对中国的一系列贸易战、科技战、人权战、外交战、意识形态战以及所谓的"新冷战",将中美关系拖入了自建交以来最为严峻的时期。西方一些政客认为,要搞乱中国,必须先搞乱中国的意识形态,进而动摇中国的政治制度。以"新冷战思维"强化对我国的打压和制裁,在意识形态领域的斗争更加激烈和复杂。学术出版具有鲜明的意识形态属性,其责任编辑要有意识形态安全的底线思维和法制思维,在维护祖国统一和国家安全、反对西方所谓的民主自由、抵制和批判历史虚无主义、坚持我国宗教的中国化方向等方面履行好意识形态安全责任①,必须做到守土有责、守土负责、守土尽责。第二,把握核心价值导向,以社会主义核心价值观引领学术出版活动。社会主义核心价值观是当代中国精神和核心价值体系的集中体现,也是新时代学术出版的根本价值遵循。责任编辑要将社会主义核心价值观融入和贯通到学术著作内容体系之中,并将其转化为人们的情感认同和行为自觉,实现学术出版的教育引导功能。② 第三,把握正确政治导向,以习近平新时代中国特色社会主义思想引领学术出版活动。政治导向是学术出版的首要

---

① 梁超.论编辑人员的意识形态安全责任与素质[J].编辑之友,2018(6):73—76.
② 周国清,朱美琳.新时代编辑主体的核心素养与使命担当[J].中国编辑,2018(4):4—8.

导向,是学术出版的原则性问题。导向正确,利国利民;导向错误,误国误民。学术出版要坚持为人民服务、为社会主义服务、为全党全国工作大局服务的方向,这是学术出版的逻辑起点,也是根本目标。在具体操作层面,责任编辑在对书稿进行政治导向检查时,既要从整体上对书名、作者、内容简介进行把握,也要从书稿每一章、每一节、每一行的细节上进行判断,对于涉及党和国家领导人、民族宗教、党史军史、涉台涉疆等敏感性问题,要逐字逐句仔细审读,确保政治导向正确。

(二)社会责任之维:确保社会效益首位,社会责任明确

《现代汉语词典》(第7版)中,社会效益是指"各种经济活动及科学技术、教育、文学、艺术等在社会上产生的非经济性效果和利益"。

社会效益首位是指责任编辑在编辑学术类书稿时,应把其"符合社会主义核心价值观的要求,对社会经济发展提供思想保证和精神动力,弘扬主旋律,传播正能量,对社会产生正的社会效益"放在首要位置,当作首要任务。从经济学视角分析,责任编辑要确保学术出版物的公共物品属性和学术出版活动的正外部性。责任编辑既是书稿进入出版流程的第一读者,也是书稿正式出版进入社会流通的最后一个把关人,其社会责任非常明确,要确保社会效益首位,对社会承担政治责任、伦理责任、法律责任。

第一,作为文化和学术的载体,学术图书责任编辑所编辑出版的学术著作能起到捍卫真理,坚持公平正义,弘扬真善美,鞭挞假恶丑的重要作用。第二,责任编辑要以高尚的职业道德,编辑出讲品位、有格调、强责任,并饱含家国情怀的学术精品,所出版的学术图书能记录新时代、书写新时代、讴歌新时代。第三,在新时代实现中华民族伟大复兴中国梦的过程中,学术图书责任编辑要有强烈的社会责任感和担当精神,所策划的选题能做到学术命题、现实问题和时代话题的完美结合,在"应对重大挑战、抵御重大风险、克服重大阻力、解决重大矛盾"等现实观照中策划选题,立足于中国特色社会主义伟大实践,编辑出版的学术图书能反映和分析现实问题,回答时代话题,解决重大课题。

(三)质量责任之维:确保过程控制严格,质量责任到位

在学术著作出版过程中,每一种(套)图书的出版过程就相当于一个项目的执行过程,而责任编辑就是该项目的负责人或项目经理。责任编辑,除负责对书稿初审、加工整理、付印前通读等工作外,还要负责对编辑、设计、排版、校对、印刷等出版环节的质量进行监督,是"全部负责、全程参与"的责任人。因此,学术著作的质量管理和控制责任是责任编辑的主要和中心工作。学术出版发挥着创新思想、弘扬学术、推进科研、传播文化、服务社会等功能,内容是学术出版的核心,质量是学术出版的生命。学术图书出版质量的高低,关乎学术创新的实现程度、科技进步的发展程度和人民群众人文及科学素养的提高程度。提高学术出版质量,既是对作者、读者负责,也是对社会经济发展负责。

第一,优化选题质量,注重作者原创。选题质量和作者原创力是高质量出版的源头和根本。学术研究具有前瞻性和时效性,选题要充分体现前沿性和创新性,责任编辑要突出策划职能,物色一流的专家学者,获得高质量学术书稿。第二,在初审、加工整理、付印前通读等环节,责任编辑要通过敬业、敏感、专业的高强专业本领和精益求精、追求卓越的高尚职业追求,从专业的角度对书稿的社会价值、文化价值、学术价值等进行审查,把好思想关、政治关、学术关、知识关、技术关、语言文字关、编校体例关。第三,做好复审、终审、校对、装帧、设计、排版、印刷等的全过程管理和监督,对学术著作中的引文、注释、参考文献等进行查证和核实,确保内容质量、编校质量、装帧设计和印刷质量,以达到编辑出版的学术图书导向正确、学术创新、内容厚实、逻辑严密、体例严谨、语言通顺、装帧精美、印制精良等目标,实现高品质学术出版。

(四)作者责任之维:当好学术出版伯乐,高效服务作者

作者是学术书稿的撰写者,是学术图书出版人的"衣食父母"。责任编辑要当好学术出版的"伯乐",善于发现优秀作者,挑选合适的作者,充分尊重作者,培养有潜质的作者,高效服务好作者。

第一，善于发现优秀作者。责任编辑要根据自己所从事的编辑方向，通过多种方法和渠道，有意识地扩大在本专业的社交面，与那些学识高、学术影响力强的专家学者广交朋友，加强情感交流，建立长期稳定的合作关系，并通过专业交流，使自己在该学术领域具有一定的学术话语权，赢得专家学者的信任。第二，挑选合适的作者。针对某一专业选题，需要责任编辑根据自己的专业判断和对广大作者的了解，根据其理论修养、写作能力、专业水平、学术造诣、写作条件等，充分考虑作者的优势，以保证出版质量和出版时间，达到事半功倍的效果。第三，充分尊重作者。书稿的著作权属于作者，编辑对书稿的加工必须尊重作者的文风和原创，对书稿的结构布局、观点提炼等重要修改必须经过作者的书面同意并留档备查；对书稿要坚持尽量少改的原则，切记不能简单粗暴地刀砍斧凿。[①] 第四，培养有潜质的作者。这里的培养主要是指提升作者的写作水平、开阔作者的学术视野、培养作者严谨治学的精神等方面，这样责任编辑在该学科领域就有了可持续的优秀书稿来源，为培养学术出版品牌奠定作者基础。学术出版不仅是服务，还要赋能。责任编辑要拿出自己的实力，真正和学术研究者打成一片，组建学术共同体。在图书编辑、出版的业务之外，还提供包含电子书、音视频、数据库等多元化的数字产品服务，提升科研机构和学者在数字时代的学术影响力。第五，高效服务好作者。优秀的责任编辑不仅要具备扎实的语言文字功底、完善的知识结构、广博的知识面，还要有较高的学术鉴赏力、洞察力和判断力，建立与作者的平等话语权，对书稿的学术价值和出版价值做出准确判断，对书稿的整体结构、内容取舍等提出合理建议。以高度的责任心、严谨的工作态度和专业的工作能力，以高效的书稿处理速度、及时的书稿处理意见反馈等服务好作者，让作者感受到高质量的编辑出版服务，获得他们的尊重、信任和依赖，构建与作者的和谐关系。

---

① 孙晔.责任编辑关于书稿审读加工的八项基本原则及其实践[J].科技与出版，2017(3):39-42.

(五)读者责任之维:满足读者学术需求,优质服务读者

读者是责任编辑的直接服务对象,也是学术出版的逻辑起点,它决定着学术著作的价值实现。满足读者的学术需求,是责任编辑应有之责任。

第一,策划选题要充分考虑读者的真正需求。在互联网已经深度渗透到每位读者学习和生活的时代背景下,网络阅读、碎片化阅读、浅阅读已经成为广大网民阅读的新常态。读者每天接收到多个平台的海量信息,但是真正对学术问题感兴趣的读者会对某一领域信息高度关注,而通过信息和技术手段收集到读者的关注和需求,以及他们的所思所想,了解读者群体的兴趣及需求,根据这些兴趣点产生出版创意,进而策划出有内容、有深度并能代表学术前沿的学术出版选题。第二,充分满足读者的认知能力和阅读偏好。学术阅读作为提升个体认知水平、思维能力和综合素质的重要手段,是当代知识分子及学术爱好者的现实需求。学术著作系统性强,结构完整,论证更加充分全面,是满足学术需求的有力载体。[①] 因此,观点新颖、理论精深的学术著作的编辑和出版,要时时以读者的需要为出发点,为读者解疑释惑、阐明道理,把学问写进读者心坎。要以"专家眼光、平民表达"的话语形式,从读者的立场对书稿语言风格、表达方式等进行精心设计;同时,在充分保证图书出版质量的前提下,尽可能做到融合出版,通过二维码等数字形式,使学术图书可读、可视、可听,满足不同读者的差异化需求。第三,要合理定价,确保读者感受到物有所值。近年来我国学术出版界出现一些怪现象,一些学术图书缺乏学术价值,但装帧豪华、印制精美、价格高昂;还有一些高定价学术图书,通过极低折扣的噱头吸引读者,表现出一种典型的囚徒困境下的饮鸩止渴。[②] 因此,责任编辑在确定图书

---

① 肖贵飞.新时代学术图书出版的本质与实践路径[J].中国编辑,2019(11):44-48.

② 袁璐,折青霞,张立科.新时代编辑实现出版核心价值的新路径[J].出版发行研究,2020(7):71-77.

定价时,要充分考虑到学术图书的社会价值、学术价值、经济价值、出版成本、发行数量、读者特点等综合因素,合理定价,使图书性价比科学适中,在市场受欢迎,让读者可接受。第四,要做好对读者的后期服务工作。比如可以建立读者与作者的对话沟通机制、图书售后信息反馈机制等,通过优质服务,培养读者的忠诚度和消费黏性。

(六)学术责任之维:引导学术创新发展,助推学术繁荣

学术性是学术出版的突出特征,学术著作出版能促进学术创新、增强学术交流、加强学术积累、助推学术繁荣。责任编辑勇担学术创新发展之责,要从四个方面用力。

第一,持续不断提升学术能力。作为学术发展的推动者,责任编辑自身要积极主动学习了解所在学科领域的相关学术信息,对最新学术走向和发展有敏锐的洞察力,强化自身学术能力的提升。第二,要做学术价值的发现者。编辑是出版社的主体,特别是在互联网和数字化时代,编辑的价值会愈发突显。编辑的核心价值是价值发现,通过独到的眼光,在海量信息中去发现最有价值的内容。同时,在选题策划、书稿编辑加工等环节,要以引导学术研究发展方向为己任,对书稿的学术水平、创新成果、出版价值等进行认真评估,真正策划、编辑和出版助力我国学术和科研发展繁荣的学术成果。第三,维护学术诚信,净化学术氛围。近年来,随着我国高校招生规模的快速扩张,学术需求大量增加,学术抄袭、数据造假、利益冲突、不当署名等学术不端丑闻频频发生,学术价值的信任遭遇严重危机,甚至在国际学术界产生了负面的影响。作为学术编辑,参与从选题策划,到书稿编校审读,到学术成果的呈现,是学术评价的参与者、学术成果的批评者和学术规范的把关者。作为学术诚信的"守门人",责任编辑肩负着学术书稿伦理审查的责任,通过履行学术伦理的监督责任,对于有违学术规范、有悖学术良知的抄袭之作、拼凑之作等有学术瑕疵的书稿,必须进行严格审

查,保持学术的圣洁,维护学术出版的良知和尊严。① 第四,坚持学术导向,引领学术繁荣。编辑是娴熟掌握学术规范的人,是学术规范的倡导者和践行者,也是学术评价的重要参与者,从内容、影响和规范性视角对书稿的学术进行多维评价。高水平学术著作出版是责任编辑责无旁贷的社会责任和历史使命,同时也是一种价值追求。大量的学术成果需要编辑在学术深度提升、学术亮点挖掘、学术视野拓展等方面匠心润色,才能繁荣学术。责任编辑要通过创新性的学术引领和学术追求,源源不断地出版有创新价值和生命力的学术著作,通过出版学术精品引领学术繁荣发展。

(七)文化责任之维:做好文化引领传承,强化文化创新

文化是一个国家、一个民族的灵魂。文化兴则国兴,文化强则国强。出版是推动文化发展的关键环节,作为学术出版编辑,要有"为天地立心,为生民立命,为往圣继绝学,为万世开太平"的学术气魄和责任担当,其文化担当之责主要包括四个方面。

第一,做好中华优秀传统文化的出版、弘扬和传播工作,推出更多更好有中国特色、中国风格、中国气派的优秀文化出版物。重视对传统文化的内涵鉴别,取其精华、去其糟粕;深化对传统文化的资源积累,特别是理论性、基础性和原创性的传统学术资源积累;发挥传统文化的引领作用,以传统文化之精髓启发智慧、振奋精神、催人奋进、引领发展;促进传统文化创新和传播,对传统文化加以提炼、弘扬、丰富,并与当代学术文化相适应,以进行广泛传播,使之更具时代意义和当代价值。② 第二,做好中国革命文化和社会主义先进文化的总结提炼、出版传播工作,彰显道路、理论、制度和文化自信。责任编辑要对革命文化和社会主义先进文化从学术角度进行科学提炼,概括其内涵和外延,并深入阐释和广泛传播,为锻造中华文化

---

① 刘永红.学术著作出版应遵循三种出版导向[J].科技与出版,2020(2):26-30.

② 张岩.传统文化图书出版中的问题与编辑责任刍议[J].出版发行研究,2018(7):62-64,46.

新辉煌做出积极贡献。第三,自觉承担起文化创新的责任。文化创新是编辑在文化选择的基础上对文化进行创造整合的过程,没有文化的更新和创造,就没有文化的创新和发展,编辑要在认识和掌握文化发展规律的基础上,实现文化在社会变革中的理性选择和价值重构,创新文化表现形式,弘扬和培育民族文化精神。第四,自觉承担起对引进外来文化选择和创新的责任。文化是民族的,也是世界的,编辑在引进外来文化时,要着眼于我国社会实践和发展需要,做好对外来文化的鉴别、选择、消化和创新,撷取人类文明的优秀成果[1],将世界优秀文化和当代文明转化成为我国所需的精神文化食粮,促进我国文化和学术发展。

(八)经济责任之维:创新市场营销思维,提升经济效益

出版业是具有多种社会功能的特殊行业,学术图书既具有精神和文化属性,也具有物质和经济属性,属于物化的精神文化产品。作为经济属性的商品,追求经济利润是其本质属性。但是,学术图书专业化程度高,受众小,一般印数和销量少,经济效益相对较低。因此,责任编辑作为学术图书生产的直接责任人,应该强化经济责任意识、市场意识和营销意识。

第一,在确保社会效益首位的基础上努力提升经济效益。责任编辑在出版社的生产经营中发挥着核心作用,担负着学术选题策划、质量管理等责任,基于出版社生存和发展的需要,同时也肩负着企业营利的责任。这就要求责任编辑有强烈的市场观念和经济责任意识,做好充分的市场调研,策划的图书选题要考虑投资能力和风险大小,不能跟风和冒进,也不能畏首畏尾,不思进取,要量力而行、稳扎稳打。第二,做好单本图书的项目经理,实施项目管理。在学术图书生产过程中,可以把每本学术图书的出版看作一个项目,责任编辑就是项目经理,通过项目管理的方法可以使责任编辑更有效率、更精准地完成既定目标,提升品牌价值,创造良好效益。在项目管理过程中,要充分考虑市场、生产成本、价格、流通渠道、利润、市

---

[1] 贺正举.新形势下出版人的责任与担当[J].湘潭大学学报(哲学社会科学版),2016,40(1):154-157.

场美誉度、品牌塑造等因素。在这里,进度、成本及利润、质量是学术图书出版最核心的三个目标,如何在预定时间内,在可控制的成本内,高质量出版图书,并实现预期销售利润,是学术图书出版的核心内容。同时,要做好项目运作中的时间、成本、质量、人力资源、沟通管理等的规划,以实现成本和质量控制以及绩效考核目标,做到社会效益和经济效益相统一。① 第三,精通学术图书营销技巧,实现精准营销。新时代的学术图书编辑,要具有选题策划、数据分析、资源整合、编辑加工、市场营销等方面的综合素质;要有强烈的品牌意识,形成品牌效应;要有敏锐的市场意识和较强的市场分析运作能力。责任编辑掌握着作者信息、图书内容信息,在制作文案、书目、书封和进行媒体发布时,要确保对每一本学术图书都能清晰地描述其独特之处,在确保图书质量的前提下,从引导阅读的视角切入,能通过大数据、云计算等新技术提升学术图书的传播力和影响力,用新技术、新方法实现对读者的精准分析和个性化服务,准确把握目标读者的需求和兴趣,开展精准的信息发布和营销推广。同时,要充分发挥出版社专业图书营销人员的作用,责任编辑与专业营销人员要组成利益共同体,共同实现经济效益目标和项目利润目标。

三、新时代学术出版责任编辑之责任反思

从以上分析可以看出,责任编辑担负着从意识形态安全到经济利润核算等八项责任,这些责任都非常重要,缺一不可。但从责任编辑设置的初衷来看,其"责任"应该主要聚焦于出版物的质量,要对质量负责。随着出版管理机制和体制的改革,以及出版理念的发展变化,特别是绝大部分出版机构由事业单位改制为纯市场竞争的市场主体企业,对责任编辑的考核也更加复杂。责任编辑的责任被过度放大,出现了责任编辑责任泛化的问题,很大程度上消解了其主体责任的履行。但是,这种考核办法也是出版机构的无奈之举。新时代,如何解决这些矛盾,更好地发挥责任编辑的主

---

① 黄乐.浅谈责任编辑在出版项目管理中的作用[J].编辑学刊,2016(6):17–22.

体责任，值得认真反思。

在出版实践中，因为市场化运作，策划学术图书既要考虑社会效益，又要考虑经济效益，每一种学术图书的出版就是一个项目。作为项目负责人的责任编辑，承担着策划、编辑、装帧设计、印刷发行、市场推广等"无限责任"，存在严重的责任泛化问题。作为学术出版，学术和文化建设应是责任编辑的主体责任，在出版过程中发挥自主性作用；但是，基于绩效考核的需要，编辑的经济责任在某种程度上已经成为其优先责任，主体责任反而被淡化或消解，责任编辑在很大程度上成为书稿的被动接收者、技术加工者和经营管理者。[①] 同时，因为学术出版的可复制性差，单本图书经济效益低，所以，责任编辑每天都要面对完全不同的学术书稿。就文字编辑这一项工作而言，就面临着非常大的工作压力。责任编辑每年一般要审读不低于400万字的书稿，还要保证差错率在万分之一以下，他们的精神、心理、身体都有比较大的压力，严重损伤身心健康，容易造成身份焦虑和职业倦怠，影响工作效率。因此，在责任编辑职业发展过程中，需要对很多问题进行反思，比如其主体责任如何履行，责任过载如何减负，学术公益如何体现等问题，都值得认真思考和解决。

四、结语

学术著作除了具有一般图书的属性之外，更有自己的学术属性，责任编辑需要肩负起更多、更重的责任。随着时代的变化，其"责任"也被赋予了新的内涵，责任编辑必须明确自身的责任，并时刻保持"本领恐慌症"意识，使自己成为集策划、编校、经营于一体的新时代复合型、专家型编辑人才。作为学术编辑，应坚持正确的政治方向、出版导向和价值取向，坚持社会效益首位，做到两个效益相统一，积极培育工匠精神，积累资源，创造学术出版品牌，打造融合出版能力。[②] 必须强调责任编辑责任在先，责任到位，真正发挥责任编辑在保障出版物质量、打造学术精品方面的基础性作

---

① 葛洪.论责任编辑的主体责任[J].出版发行研究,2019(12):74-77.
② 张俊.浅议新时代编辑能力建设[J].中国编辑,2018(5):52-54,67.

用。责任编辑要高举学术导向大旗,引导学术创造,促进学术传承,推动学术交流,增进学术传播。

责任编辑要主动适应新时代的新需求,不忘学术出版初心,牢记学术出版使命,承担好"八维"学术出版责任,以崇高的精神境界、良好的精神风貌、执着的学术和专业追求,加强自身职业素养,提升综合素质和技能,树立强烈的责任意识和服务意识,打造更多优秀学术精品,为我国的学术积累、学术创新和学术发展做出应有的贡献。为创建学术中国、理论中国贡献力量,谱写学术出版中国故事①,不负时代重托和人民期望,不断铸造中华文化新辉煌,为助力实现中华民族伟大复兴的中国梦做出应有的贡献。

---

① 陈少志,祁艳红,姚圆.新时代编辑职业素养的现状调查与提升策略研究[J].出版科学,2020,28(4):5-14.

新时代高校出版社编辑学术能力问题及提升路径

一、学术出版与学术能力的关系

学术著作是学术成果的重要载体,对于学术价值的实现,推动专业知识和学术思想的传播起着重要的支撑作用。学术出版水平的高低反映了一个国家学术研究能力的强弱。改革开放特别是党的十八大以来,我国的图书出版事业取得了巨大的发展成就,2018年图书出版51.93万种,是1978年的37.9倍。① 但是,我国出版业大而不强,与世界出版强国相比还有很大差距,我国出版行业排名第一的凤凰出版传媒集团2018年的营业额为13.93亿美元,世界排名第12位,但仅是英国励讯集团(RELX Group)的30.2%。这与我国人口大国、出版大国、经济大国的地位很不相称。同时,我国学术出版的国际影响力也比较弱,一方面与语言因素有关,另一方面主要与学术出版的功利性强、原创性不足,编辑的学术素养和学术能力不够,出版的在国际上有学术影响力的图书比例较低等因素有关。

进入新时代,党和国家对出版特别是学术出版提出了更高要求,寄予了很大期望。习近平总书记对文艺创作、学术研究提出了"坚持与时代同步伐""坚持以人民为中心""坚持以精品奉献人民""坚持用明德引领风

---

① 柳斌杰,邬书林.新闻出版改革开放40年的巨大成就[J].中国出版年鉴,2019:卷首语2.

尚"的"四个坚持"的要求①,可以说为学术出版提出了明确要求和根本遵循。在学术出版中,高校出版社是主力军。我国高校出版社以"服务大学、服务社会"为办社宗旨,以学术出版为核心,其出版水平代表着我国科技文化的发展水平。高校出版社应产出高水平学术成果和学术精品,以担当起中华文化复兴和科技强国的伟大使命。学术编辑作为学术内容的选择者、策划者、加工者、过滤者、把关者和推进者,是高校出版社文化责任的主要承载者和担当者。② 编辑的学术素养、学术能力、文化水平从某种意义上影响和制约着学术出版物的水平和质量。

学术编辑是高校出版社的宝贵财富和核心生产力,高校出版社的学术本质属性决定了编辑学术素养和学术能力提升的重要性。新时代,学术图书出版的主要矛盾是人民群众对高质量学术著作的强烈需求与高品质学术图书供给不充分不平衡的矛盾。学术质量反映着学术著作的出版价值,而编辑的学术水平、学术能力、学术品位直接决定着图书的学术质量。高校出版社编辑学术素养和能力的提升,从微观上来看,是新时代赋予学术编辑的神圣职责,也是编辑自身成长和发展的需要;从中观上来看,是高校出版社高品质学术出版的要求,也是出版社高质量可持续发展的需要;从宏观上来看,是高校建设世界一流学科和一流大学的需要,也是我国加快实施创新驱动发展战略的需要。新时代背景下,研究高校出版社编辑学术能力的内涵、问题及提升路径,是一项严肃的学术命题,也是一个紧迫的现实问题,更是一项出版界热议的时代话题。

一般情况下,高校出版社也有教育出版、大众出版等业务范畴,但主要业务是学术出版,基于研究问题的需要,在这里高校出版社编辑主要指学术出版编辑。

---

① 党报评论君."四个坚持",习近平对文艺创作、学术研究提出新要求[EB/OL].(2019-03-04)[2020-07-10].http://opinion.people.com.cn/n1/2019/0304/c1003-30957117.html.

② 周永斌.新时代学术出版编辑培养的若干思考与实践[J].科技与出版,2019(3):126-129.

二、高校出版社编辑学术能力的内涵意蕴

学术是一种探索真理的社会实践活动及其成果。《现代汉语词典》（第7版）中，"学术"是指"有系统的、较专门的学问"。学术能力是对某一学问开展系统研究的相关素质和能力。高校出版社学术著作出版，要求编辑必须具备一定的学术水平、研究能力以及广博的学识和深厚的功底，努力做到编辑学者化或成为学者型编辑。[①] 基于工作及研究对象的特殊性，作为学术编辑，其学术能力有着特殊的内涵意蕴，主要包括学术洞察力、学术判断力、学术鉴别力、学术交往力和学术表达力等五个方面。

（一）主动探索学术前沿、敏锐捕捉学术信息的学术洞察力

学术洞察力是学术编辑探索学术发展前沿动态，捕捉学术发展最新信息的能力。高校出版社学术编辑要始终对所从事学科的学术前沿充满好奇心和探索精神，对该学科方向的研究状况、热点、难点、走向、价值等学术信息具有较强的职业敏感性、预见性和洞察力[②]，并愿意以开放的视野持续跟踪该学科研究领域的发展变化，能敏锐挖掘、分析和利用有效信息，注重前瞻性和热点性，从而准确捕捉到选题信息，针对有效信息进行选题策划，并选择和启发优秀作者围绕选题开展创作。从这个意义上来说，学术编辑通过敏锐的洞察力，可以在策划选题及学术创新方面起到引领和启发作用，能对学术前沿保持高度的敏感性，策划出代表本学科学术高地和最新成果的高水平选题，这是高质量学术图书出版的前提和基础。

（二）科学判断学术价值、客观做出学术评价的学术判断力

学术判断力是指编辑对书稿的学术水平和学术价值准确的判断能力以及客观做出学术评价的能力。高校出版社学术编辑的工作价值是为社

---

① 杨贻军.全媒体时代学术期刊编辑力的提升[J].中国编辑,2020(6):82-85.
② 高生文.话语基调下学术期刊编辑之学术引领性研究[J].科技与出版,2018(1):102-106.

会创造和提供先进的文化成果,一般承担选题策划、责任编辑等职责。在责编图书时,学术编辑以学术创新为标准,用较强的学术判断能力从整体到局部、从前言到后记、从注释到文献、从研究方法到研究创新,从意识形态、学术语言、学术思想、理论概念到篇章结构、图表数据、标点符号等对书稿进行全面审视,对学术价值进行科学判断和评价,并能够发现书稿的学术问题,对书稿提出建设性修改意见。

(三)准确开展学术鉴定、理性进行学术欣赏的学术鉴赏力

学术鉴赏力是指编辑对学术书稿的学术问题、学术方法、学术实践的鉴定和欣赏能力。[1] 学术鉴赏力包括两个方面:一是学术鉴别力,二是学术欣赏力。高校出版社学术编辑要有明辨是非的政治观念和责任意识,以编辑出版具有社会价值和文化价值的优秀作品为己任,通过精雕细琢、精益求精、追求卓越的工匠精神,把好意识形态关,确保社会效益首位。同时,对书稿的语言文字、学术内容、书稿体例等进行学术识别,对书稿中的错误、虚假观点和信息准确无误地进行鉴别和鉴定,并提出科学的修改意见。同时,要有强烈的学术不端防范意识,自觉抵制抄袭、剽窃等学术不端行为,净化学术风气,引领学术健康发展。学术编辑也要具备学术审美和欣赏能力,善于发现书稿的审美价值和美学意蕴,并指出其不足之处,给出提升的思路和方法,以打造出版精品和图书品牌。

(四)积极参与学术交流、有效推动学术沟通的学术交往力

学术交往力是指编辑与作者以及相关专家进行学术交流及沟通的能力。在策划选题时,需要与高水平专家和学者有良好的学术互动和沟通,以获得学术前沿的优秀出版选题;在组稿和书稿撰写过程中,需要与作者进行顺畅的交流,就书稿在写作过程中遇到的问题进行探讨和分析,做到相互补位、完美合作,把图书做到极致。在出版过程中,需要与出版流程各

---

[1] 所静,冯蓉,权燕子.大学出版单位编辑的学术能力及培养策略:以天津大学出版单位为例[J].科技与出版,2016(3):15-18.

个环节的相关人员进行充分沟通,比如"三审三校"人员、质检人员等,以对在编校等环节遇到的编校及学术问题达成共识;图书出版后,要与读者进行良好沟通,以获得他们对图书的客观评价和建设性建议。同时,要经常与有学术潜力的作者保持密切合作,以在该学科领域取得可持续性的高质量出版资源。因此,学术编辑在图书出版过程中,要发挥承上启下、内外衔接的核心作用,对外与学者、作者、读者沟通,对内与复审、终审、校对等交流,这都需要以编辑的学术交往能力作为重要支撑。

(五)熟练运用学术语言、正确阐明学术观点的学术表达力

学术表达力是学术编辑熟练运用学术语言,正确阐明学术观点,准确表现学术成果的能力。学术表达力分为语言表达能力和文字表达能力。编辑在与作者等有关人员进行语言沟通时,要具有很好的语言表达能力,能就对选题的认识、观点,书稿的特点、不足等与作者进行顺畅沟通,并进行恰当的学术评价;同时,在出版流程中,也能通过娴熟的语言表达与审校人员顺畅交流。就文字表达能力来说,编辑要撰写高水平的选题策划方案,要撰写令作者充分认可并能有所启发的高质量审读意见。图书出版后,就图书的创新思想、创新理论等能撰写受社会好评的学术书评。同时,学术编辑要具有较强的学术研究能力,能撰写出高质量的学术论文,把自己对某一问题的深入研究通过学术文章表现出来,为同行所分享。

三、高校出版社编辑学术能力的问题分析

近年来,我国高校学术出版虽然取得了很大成绩,但与世界一流大学和一流学科建设的要求相比还有很大差距,存在"重数量轻质量"等突出问题。其原因有多个方面,但编辑的学术能力和学术素养问题尤为突出,比如学术能力不被重视、学术能力不高、学术能力培养受限等。主要包括以下五个方面。

(一)出版过程中重形式、轻内容导致编辑学术能力边缘化

当前,国家对出版行业提出的"社会效益首位,实现社会效益和经济效

益相统一"的出版要求已经被各家出版机构奉为"座右铭"。但是,在生产过程中,很多高校出版社为了保证质量或者迎合检查评估,往往"重校对轻学术、重形式轻内容",忽视对图书学术质量的保障。① 虽然没有内容、编校、设计、印制等质量问题,但很多学术著作乏善可陈,缺乏学术创新。一方面,出版社对编辑考核的硬指标是编辑文字的数量和质量,而对编辑学术含量仅进行软约束,对编辑的学术能力不够重视。另一方面,很多人认为,编辑是一种"有术无学"的职业,对学术编辑的角色、地位和作用等方面的认知存在偏见,仅把编辑看作是"文字加工匠""文字裁缝",其工作是文字改错和润色等编辑加工活动,看不到编辑在策划、审读等方面的评价、判断和选择的学术本质和作用,导致编辑的学术能力不能发挥应有的作用。

(二)强度高、待遇低的工作条件难以吸引高水平学术编辑

学术图书是针对某一研究领域或专项技术开展具有较高深度专业研究的出版物,主要特征是专业性和学术性强。② 因此,对编辑的学术素养、学术能力、学历、职称等要求都很高。基于学术出版的专业性和复杂性特点,学术编辑的工作强度大。因为学术出版单本利润低,经济效益差,编辑的收入水平相对较低。他们职务进步、职称晋升的空间小,很容易遇到发展的"天花板",个人的成就感也比较低。当前,真正具有扎实文字功底和创新能力,高学历、高职称、高学术水平的人才往往选择待遇更好的企事业单位,"坐冷板凳""码字改错"并"为他人做嫁衣"的工作对他们来说可能是一种煎熬。高校出版社对真正的优秀学术编辑缺乏吸引力,在出版社工作的编辑,其学术能力培养也缺乏动力。没有优秀人才的批量涌现,高校学术出版注定是一个低成长性的行业。

(三)品种多、利润少的出版特点难以培养编辑的学术能力

学术出版是可复制性非常低的内容出版,因为学术图书呈现出明显的

---

① 李文娟,张红霞."双一流"建设契机下高校学术期刊编辑人才的发展之路[J].中国科技期刊研究,2019,30(1):64-69.
② 张海丽.数字时代学术图书出版的思考[J].出版广角,2020(10):57-59.

研究性特点,存在品种数量多、读者规模小、制作周期长、制作成本高、经济效益低等特点,一般印数在500册以内,甚至个别学术图书印数仅有100册。但是,学术出版要求高,需要编辑对图书内容有比较充分的认识和了解,对编辑的学科知识要求专且全。学术出版涉及的学科较多,仅人文社科类学术图书出版就有文、史、哲、经、管、法等多个学科,出版社不能保证书稿与编辑的专业对口,编辑要跨专业编校;因为工作量及利润考核的需要,要在有限的时间内完成书稿编校工作,在不熟悉的领域做编辑,最多只能做到没有硬伤,编辑的学术能力不能得到充分发挥,给编辑学术素养的培养带来了很大负面影响。

(四)经济效益导向的考核机制弱化图书的编辑学术含量

高校出版社由原来事业单位转制为市场的企业化运营后,所属高校一般不再给予优惠政策和资金支持,要靠完全的市场化竞争获得生存和发展。因此,很多出版社把营利能力和经济效益放在首位,在精品生产和营利性之间进行选择时往往选择利润优先。一些高校出版社过度追求数量规模,往往选择短平快的粗放式出版方式,"机械化生产、快餐式消费"成为学术出版的常态,"喧嚣浮躁、利益至上"替代了"精益求精、学术情怀"。经济效益硬约束、社会效益软约束的考核机制,使很多策划和编辑认为,只要书稿"内容没有硬伤、不出政治问题"就行,往往把更多精力倾注在经济效益上,难以静下心来对书稿进行精雕细琢,图书的编辑含量大大减少。而编辑含量的多少是编辑学术能力对图书加工作用大小的重要前提,编辑含量大,图书的学术质量就高。出版本质上是理想主义者和富有文化情怀的人的事业,但在逐利和浮躁之风的大潮下,很多高校出版社偏离了学术出版"繁荣学术、引导创新、传承文明"的初心,往往是"情怀意味着情殇、理想意味着空想",弱化了编辑的学术能力和学术素养。

(五)网络化的学习方式严重制约编辑学术能力培养效果

近年来,我国互联网事业取得跨越式发展,互联网对人们的生活、工作和学习产生了颠覆性影响,也改变了人们的思维方式和价值观念。互联网技术在给人们带来便捷的同时，也产生了很多负面影响。人们的深度阅读、经典阅读变得稀缺，随之而来的是刷屏文化和手机快餐，碎片化阅读、浅阅读、快餐式阅读和电子化阅读成为阅读的新常态。部分年轻编辑看似广知天下，实则人云亦云，缺乏深度、厚度和广度，缺乏人文素养和学术积淀，对问题缺乏理性分析和思辨观点。精益求精、追求极致的学术出版理念受到严重冲击。编辑似乎越来越忙碌，也越来越心浮气躁，对书稿的编辑往往流于表面和形式，不能提出建设性的学术观点和学术建议。同时，因为没有进行扎实经典阅读的积淀，知识结构相对单一，缺乏创新学术思维，缺乏学术研究的科学性和严谨性，对学术图书缺乏敏感性；对文字处理就事论事，语言处理能力差，这与专家型和学者型学术编辑的培养要求相差甚远。

四、高校出版社编辑学术能力的提升路径

高校出版社肩负着建设学术出版强国的重要责任，培养具有学术追求并有较强学术能力的编辑人才，对提升高校学术出版水平和出版质量至关重要。缺乏专业领域的学术能力和相关知识储备是学术编辑的短板和发展瓶颈，严重制约着高校出版社的学术品牌打造和编辑的健康成长。编辑学术能力的提升是一项系统工程，需要高校出版社和学术编辑认真思考，共同努力，采取科学的应对之策，为出版高品质学术图书奠定坚实的基础。

（一）个人层面：坚守理想、勇担重责，激发学术能力提升的内生动力

第一，坚守学术编辑理想，勇担学术出版责任。"心怀敬畏，方行之高远"，学术编辑要敬畏学术、崇尚学术，坚守学术理想，自觉把编辑职业转化为实现理想的事业，深刻认识到学术能力提升对图书出版质量和职业发展的重要性。[1] 同时，要有"舍我其谁"的学术出版担当，自觉将学术出版追求与新时代对学术出版的高品质要求结合起来，与建设学术出版强国的国家战略结合起来，坚定学术出版自信，提升学术出版品质。中国古代的

---

[1] 姚玲.新时代学术期刊编辑如何提升学术能力[J].传媒,2019(8):25-27.

司马迁、司马光、纪昀,近代的张元济、邹韬奋、叶圣陶,当代的陈昕、谢寿光、贺耀敏等,都是具有学术情怀与文化担当的学者型编辑和出版家,是学术编辑们学习的楷模和践行的榜样。

第二,拓宽学术知识体系,培养学术文化素养。作为学术编辑,要不断更新知识结构,拓宽知识和学术视野。要摈弃碎片化、快餐式的学习和阅读方式,真正静下心来开展经典阅读和深度阅读,广泛涉猎政治、经济、历史、文化、科技等多学科知识,夯实人文素养,做学术和学问的杂家。要多读书、读好书,增强文化底蕴,提升学术编辑的"六性",即文学的感性、史学的智性、哲学的悟性、科学的理性、艺术的灵性和伦理的德性。[①] 要熟练掌握各种信息技能,增强信息意识,培养信息素养,通过较强的信息技术提高图书的编辑效率。同时,要努力提升英语水平,通过对国外前沿科技知识和学术动态的无障碍学习和把握,拓宽国际化学术视野,提升编辑学术图书的国际化能力。

第三,开展学术文化交流,激发学术发展活力。学术思想和观点是思想交流和观点碰撞的产物。学术编辑要积极开展和参与学术文化交流活动,以提升学术水平,激发学术活力。组织和参加学术研讨会是最有效的学术交流方式,与会者发布最新研究成果,不同学术观点在会上碰撞和交锋,编辑能快速集中地了解本学科的最新研究动态和学术前沿,开阔学术视野。通过参加学术会议,编辑也可以在较短时间内了解和认识相关领域的专家学者,甚至是国外的知名专家学者,为策划高水平选题、选择优秀作者及获得学术界支持提供有利条件。学术编辑可以利用所在高校的学科优势,积极参加学术讲座、学术沙龙、博士论坛等,以获取最新学术知识;学术编辑可以与作者、同行等进行持续动态交流与沟通,以持续掌握前沿学术动态,强化学术素养提升。

第四,注重学术研究实践,提升学术研究能力。提升学术能力,最重要的是编辑要开展学术研究。首先,要充分发挥所在高校出版社的优势,编

[①] 马伊颀.新时代应全面提高编辑队伍的学术和理论素养:专访中国编辑学会会长郝振省[J].中国编辑,2018(11):4-10.

辑主动申报相关学科各类学术研究课题,以课题带动学术产出;可以利用出版社优势,出版学术著作,通过学术论文产出和著作出版提升学术能力。其次,通过专业知识的学习深造以及论文的发表,努力提升学历和职称。再次,主动加入相关学科的科研团队,共同学习,加快在该学术领域的成长步伐。最后,参与科研实践,获取书本之外的学术专业知识。比如人文社科类编辑要参与社会调研、田野调查等,自然科学类编辑要走进学科实验室和生产线,随时按照工作需要补充和更新专业素养储备。

第五,构建学术发展愿景,实现学术编辑价值。学术编辑工作是单调、重复而又有技术含量的工作,在处理繁忙工作事务的同时,编辑要积极适应角色定位,科学合理规划个人学术发展前景,引导学术的专业化发展。[①]通过规划学术发展愿景,可以明晰本人学术发展目标,保持学术发展热情,提升学术发展能力。规划个人学术发展愿景要突出个人优势和兴趣,但要与出版社学术出版方向相一致,以服从服务于出版社发展为根本遵循,做到相互促进、相得益彰。个人发展愿景能够根据发展任务,可以最优化地利用一切积极因素,挖掘个人学术潜能,提升内生发展动力,坚持精益求精、追求卓越的学术出版理念,使高质量学术成果得以呈现、先进学术思想得以传播,推动了编辑综合素质的提升和学术能力的提高,增加了编辑作为学术人的职业荣誉感和职业认同感,实现了学术编辑的自我价值。

(二)出版社层面:牢记初心、打造品牌,完善学术能力提升的外部条件

第一,牢记学术出版初心,打造学术出版品牌。高校出版社必须坚持习近平新时代中国特色社会主义思想,牢记学术出版为教育强国、科技强国和立德树人的初心与目标,夯实学术出版基础,打造学术出版品牌,更好地服务于高等学校和科研机构教学与科研的需要。高校出版社要摒弃以多品种换短期利益的出版导向,在控量提质上做文章,打造学术出版品牌。作为最有效的方法之一,出版社可以以国家出版基金项目、五年重点图书出版规划项目等带动出版品牌的培育,提升编辑学术能力。比如郑州大学

---

① 江桂珍.学术期刊编辑专业化发展策略探讨[J].编辑学刊,2020(3):66-70.

出版社近5年成功申报并实施的6项医学类国家出版基金项目,其中两项基金项目结项时被评为"特别优秀",出版了60多种高品质医学图书,打造了郑大社医学出版的品牌,奠定了自己在创伤医学出版领域的地位,培养了十几位优秀编辑,极大提升了医学编辑的学术能力。

第二,严格编辑准入制度,强化学术导师作用。当前,高校出版社引进人才主要以社会招聘为主。为了充分体现学术素养和学术能力的重要性,出版社要严格新编辑准入制度,提高招聘条件和标准,学历要求起点为全日制硕士研究生,专业要和出版社学术出版学科一致或相近;招聘的编辑要甘于寂寞,热爱编辑工作,愿意从事学术出版事业。同时,实行导师培养制度,为编辑配备社内导师和校内导师,社内导师主要负责学术出版的技能培养,校内导师引领编辑掌握学术前沿知识和学科发展动向。比如2020年,郑州大学出版社积极推进实施导师制培养模式,为26名新入职员工配备了导师,通过导师的言传身教,指导新编辑快速成长,使其学术素养和学术能力显著提高,取得了很好的成效。

第三,制订科学培养方案,夯实学术能力基础。针对编辑学术能力的培养,出版社要制订科学系统的培养方案,扎实推进学术能力提升工程。其一,定期组织业务学习,每次都要设定学习内容和目标,严格考核办法;其二,制订继续教育培训计划,授课教师必须是该学科领域的专家,确保讲授内容的理论性、学术性、思想性和权威性;其三,每半年举办一次出版社社内学术能力和业务能力的技能竞赛,并鼓励编辑参加全省及全国的技能竞赛,以提升学术能力;其四,建立与高校的科研对接机制,借助高校平台为编辑提供科学指导,鼓励编辑主持或参与科研项目;其五,通过激励机制积极引导编辑撰写学术文章,为职称评定和学术交流准备条件,同时提升学术素养和能力。比如郑大社积极举办编辑学术论坛,有力提升了编辑撰写学术论文的积极性。

第四,严肃审稿编辑流程,提升学术编辑含量。学术著作承担着繁荣学术、引导创新、传承文明的重要功能。编辑含量是编辑依据编辑规范和学术规范对图书进行加工整理,以提升图书学术水准。编辑含量突显图书编辑的学术水平和能力,而要提升编辑含量,出版社必须制定严格的审稿制度,对编辑审稿流程进行严格管理。编辑必须在自己的主要学术方向上开展编辑工作,对图书的创新性、理论价值、实践价值、研究方法、学术规范、写作水平等进行科学评价。对图书的编辑,不但要注重形式,更要注重内容,注重编辑含量。出版社要通过制度设计,让学术编辑真正成为社会先进文化、学术潮流的把关人和判断者,探索提升学术编辑含量的科学路径,突显编辑在学术出版中的地位和作用。

第五,提高编辑待遇和地位,增强编辑职业自信。为了增强编辑主动提升学术能力的积极性,高校出版社要在物质、精神、职业发展等方面给予高度关切,提升他们的待遇和地位,让他们有获得感和归属感,增强作为学术编辑的职业自信。针对工作强度大的特点,应营造良好的出版文化和环境,让编辑在轻松愉快的氛围中工作和生活;在考核方面,要大幅提升社会效益权重,降低经济效益权重;在工资奖金待遇方面,要略高于同类非学术编辑;在职业发展方面,要给予与本单位其他人同等及足够的发展和成长空间,比如郑大社在2020年上半年中层干部换届中,提任的5名中层干部都是优秀的学术编辑;在职称评审和项目申请方面,给予政策性倾斜。通过政策性安排,学术编辑既有"面子"又有"里子",充分调动了自身的积极性,可以心无旁骛地从事学术出版,主动提升学术能力,出版更多高品质学术图书。

五、结语

高校出版社编辑的学术视野和水准决定了学术著作的质量,而高水平学术著作的出版是我国学术繁荣和文化昌盛的重要标志。[①] 高校出版社要立足于服务教育教学和"双一流"建设,注重对编辑人才的培训培养,提升编辑成长效能。学术编辑要怀着对学术出版的强烈事业心和责任感,站在学术发展前沿,洞察学术发展动态,提升职业韧性和学术能力,培养学术素养,出版不负时代、不负历史的学术精品,为文化自信提供源源不断的学术力量和创新能量,为我国建成学术强国和文化大国做出最大的贡献。

---

① 恽薇.培养学者型编辑人才,提升学术原创图书品质[J].出版广角,2019(17):48-50.

第三辑

人才队伍建设与大学出版社治理

融合出版与高校出版社人才队伍建设

文化是一个国家、一个民族的灵魂,文化兴则国家兴,文化强则民族强。高校出版社是文化传承创新的重要载体和平台,为我国的人才培养、科学研究、社会服务和文化传承创新等出版了大量精品力作,自觉承担起"举旗帜、聚民心、育新人、兴文化、展形象"的使命任务,为传播先进和优秀文化做出了重要贡献。

近年来,我国互联网事业取得了"弯道超车"的巨大发展成就。随着互联网技术产业化的普遍运用,大数据、云计算、5G等技术在出版业得到快速应用,加剧推动出版融合,产业结构迭代升级,在为高校出版社融合出版带来发展机遇的同时,也对其人才队伍建设提出了严峻挑战。高校出版社要破解人才队伍建设中存在的困局和难题,为高质量发展提供人才保障。

一、融合出版对高校出版社人才队伍建设的新要求

高校出版社承担着"服务大学、服务社会"的使命和任务,学术出版是其重要的出版领域和方向。在融合出版已成为出版行业发展方向的时代背景下,大数据、融媒体、"互联网+"等已经勾勒出具有时代风貌的出版场景①,对高校出版社的人才队伍建设提出了更高要求。

---

① 贺小桐,刘雨萌. 融合发展背景下出版企业人力资源管理的创新对策研究[J]. 出版科学,2017,25(5):5-8.

（一）对人才队伍的创新能力提出了更高要求

出版是创造性的文化活动，出版社是社会创新发展的承载平台，创新也是出版事业可持续发展的永恒动力。高校是学术创新、思想创新、实践创新的重要推动力量，高校出版社是学术创新成果的重要产出平台。在互联网及"互联网+"对出版业产生颠覆性影响的背景下，坚守传统出版思维，固守传统出版理念，必然被融合出版的大潮淘汰，创新发展应成为高校出版人的不二选择。高校出版社在管理、策划、编辑、设计、营销等各个层面的人才队伍建设上都要充分重视创新能力的培养，营造出"人人争创新"的创新氛围。

（二）对人才队伍的学习能力提出了更高要求

融合出版充分利用了相关行业最先进的知识、理念、方法和技术，它是以知识创意、利用和增值为主要内容的劳动活动，出版人是典型的脑力劳动者，在知识快速贬值的后现代社会，出版人需要以更快的速度更新和完善自己的知识结构，提升技术能力。融合出版的成果具有很强的知识和技术属性，高校出版人要培养强大的再学习能力，时刻关注、了解、学习和应用最前沿的知识和技术，生产出更受社会和读者欢迎的文化成果。

（三）对人才队伍的专业能力提出了更高要求

出版人专业能力的提升包括四层含义：一是出版社所有岗位人员对出版专业知识和出版专业能力的专业化和精通化，即熟练掌握国家有关出版的法律法规和相关要求，对编辑出版知识的准确把握和运用，对语言文字的娴熟驾驭等。二是对每一个具体岗位的专业能力的培养，比如编辑岗位，需要具备专业化的政治辨别力、融合编辑加工力、组稿策划力，并将能力外化于创造新价值。[①] 三是专业方向的培养，每一位出版人（包括策划、编校、营销等）都要成长为本岗位需要并在该领域有话语权的专业人才，

[①] 宋永刚.新时代如何加强编辑队伍建设[J].中国编辑,2018(6):4-9.

专注于自身特长的出版领域,比如工商管理学科的策划编辑和文字编辑,不但要掌握工商管理学科最前沿的理论和学术成果,而且要了解该学科图书融合出版的未来发展方向。四是要具备融合出版的专业精神。融合出版是立体化跨界出版,要求出版人在策划、审读、编校、设计、印制等每一个环节都要培养和坚守"工匠精神",力争每一种书都精益求精,都要打造成为精品力作。

(四)对人才队伍的数字能力提出了更高要求

随着大数据、区块链、人工智能等技术在出版业的融合和运用,网络出版、数字出版、自媒体等对传统出版产生了剧烈冲击。随着时代的发展,数字教学、数字阅读也已成为教育和学习的发展方向。比如2020年年初爆发并在全球蔓延的新冠肺炎疫情,使全球大多数国家的教育活动都在网上进行,对数字图书的需求呈现爆发式增长,对纸质教材和图书的需求大幅下降,倒逼出版社必须进行数字转型。当前高校师生大都具有比较成熟的网络及数字阅读能力,高校出版社即使进行纸质图书的出版,也需要进行附加值高的融合图书出版,比如通过二维码形式在教材中增加呈现立体内容的视频、图片等,因容量大、内容丰富、阅读和视听方便而受到读者的欢迎。因此,高校出版人必须在数字能力培养上下功夫,对计算机技术和数字技术了然于胸,熟练运用,并培养科学的互联网思维和媒介素养。

(五)对人才队伍的应变能力提出了更高要求

数字出版不仅是出版介质的变革,也包括出版流程、产品形态、销售渠道、盈利模式等的巨大变化。[①] 高校出版社主要以传统纸质图书出版为主,大多数员工缺乏向融合出版转型的主动性和积极性,对当前数字出版的盈利模式还存在不少困惑,在相当程度上还持一种观望态度,缺乏应变能力。但是,在西方发达国家知名出版机构和国内权威出版社都纷纷向数

---

① 郑持军.后改制时代大学出版社人才队伍建设探索:以西南师范大学出版社为例[J].出版发行研究,2015(4):38-40.

字出版转型的大趋势下,我国高校出版社的数字转型也是历史必然。高校出版人要培养适应融合出版的新理念、新思路、新视角和新做法,要培养快速应变的能力和数字转型的思维意识,以紧跟数字出版发展的时代步伐。

二、融合出版背景下高校出版社人才队伍建设的困局

出版业属于知识密集型行业,随着互联网和数字技术的发展,融合出版对技术型人才的需求更为强烈。因为各种主客观条件的制约,高校出版社存在着对员工高稳定性要求和其高流动率、工作的高强度性与其相对的低收入等现实困境,严重制约着出版社的人力资源建设,进而影响出版社的稳定和发展。

(一)要求员工的高稳定性和员工高流动率之间存在困局

在融合出版背景下,人才特别是数字出版人才应该被出版社视为比物质、技术、资金更重要的资本。当前,人才流失特别是专家型编辑出版人才和管理骨干的流失已成为制约高校出版社发展的重要瓶颈。引进人才、培养人才、使用人才、留住人才是出版社工作的重中之重。在出版行业,策划、编辑、设计、校对和营销,每项工作的高质量完成,都需要员工长期在本领域内知识及能力的积累和沉淀。特别是出版社品牌图书和名牌项目的建设,需要由在业界有影响力的品牌策划和品牌编辑来实施,他们在专业领域长期实践和创新,形成自己的策划和编辑特色,被作者高度认可,形成作者黏性。而名牌编辑和品牌图书的培育需要出版社员工具有较强的稳定性,有成长发展的空间,对出版行业有浓厚的情怀和执着的信念。但是,个人期望和企业给予的待遇、岗位不匹配,企业文化建设滞后导致员工归属感缺失,量化和标准化的考核办法与文化企业对员工文化情怀的要求之间存在冲突,事业编制、企业编制、临时用工等身份存在较大差距等各种主客观因素,都会导致出版社员工的高流动率。员工队伍稳定性差会引发出版社抵御风险的能力低、出版产品质量不能保障、图书销售业绩下滑等问题,严重影响出版社的长期可持续发展。

(二)员工工作的高强度性和相对的低收入之间存在困局

当前,高校出版社的各个工作岗位的难度和强度都在逐步增加。从编辑工作来考察,出版的门槛在降低,作者的写作水平在下降,编辑的编校难度在增加。随着国家对图书质量的高度重视,现代编辑需要具备较高的政治素养、较强的文字能力、熟练的融合加工能力等。对图书营销人员来说,随着公众对纸质阅读兴趣的降低,对著作和教材需求量的下降,单本图书回款越来越少,销售变得越来越难,这就需要销售人员具备线上、线下立体营销的能力。这些都加大了出版人的工作强度,提高了他们的工作难度,出版人正成为心理疾病的高发群体。但是,因为传统出版业务量的下滑,高校出版社员工的收入增长受阻,薪资和劳动保障水平降低。有关调查数据显示,高校出版人薪资福利不满意度非常高,高达62%的人认为自己处于行业低等水平[1];同时,高校出版社大多未建立企业年金和补充医疗制度。从区域上来看,高校出版社大多处于中心城市,生活成本高,相对收入低,员工的存在感、获得感、成就感都比较低,大大降低了他们的幸福指数。

(三)对员工持续变革的要求和其传统守旧之间存在困局

在融合出版时代,以数字化、网络化、智能化为特征的信息化技术对出版行业产生了重大影响。出版业是创意文化产业,图书出版是一项神圣的创造新价值的文化事业,出版行业竞争更加激烈,对复合型人才的需求日益增多。[2] 高校出版人要具备持续变革的能力,充分利用信息和数字技术,进行策划、品牌、内容、方法、形式和视角的创新,持续创造新价值,以适应出版社转型升级、融合发展的需要。[3] 但是,高校出版社具有比较强的事业单位属性,虽然进行了公司化改制,但改制并不彻底,其管理队伍多

---

[1] 赵玉山,程晶晶.出版人职业生存现状调查样本报告(2017—2018年度)[J].科技与出版,2018(10):6-13.

[2] 袁玲,余人.融媒体时代出版企业人才培养机制探析[J].编辑学刊,2020(1):103-106.

[3] 宋永刚.新时代如何加强编辑队伍建设[J].中国编辑,2018(6):4-9.

由学校事业编制的体制内人员组成,大多数人思想比较传统守旧,缺乏市场意识、竞争意识、主动意识、创新意识和转型意识,他们的思维习惯、经营理念无法跟上时代发展的步伐。因为管理者的导向性影响,大部分员工变革动力的缺乏和变革能力的缺失,使高校出版社一直处于不温不火的经营和生存状态,既无法与中央级出版社比影响,也无法与地方出版集团比市场。

(四)对员工高学历职称要求和其晋升困难之间存在困局

在融合出版时代,高校出版社的学术性和应用性要求高,知识密集度高,加上出版本身具有"文明""经管""科技""编校""传播""实践"等属性[①],高校出版人不仅要有扎实的文字功底、深厚的文学修养、深邃的文化情怀,还要具备娴熟的网络应用能力、准确的市场预判能力和较强的策划与沟通能力。因此,对员工的学历和职称要求越来越高,很多出版社招聘员工的最低要求为硕士研究生。但是,限于历史和现实的原因,出版社员工的晋升比较困难。对于有事业编制的员工而言,职务晋升与学校各部门(院系)之间存在流动壁垒,成长比较困难;职称晋升要与高校学报编辑等同台竞争,学术竞争力差,职称晋升困难。对于出版社招聘员工(当前大多数高校出版社社聘员工都在70%以上)而言,他们已经成为出版社的中坚力量,承担了大量艰苦繁重的工作,但在职务上成长为中层后就遇到"天花板";职称上需要经过所在高校和上级出版主管部门的双重审批,晋升困难。当前大多数社聘员工为初级及中级职称。按照要求,承担图书复审的编辑必须是副高及以上职称,但是基于高校出版社员工职称结构的失衡,要达到高水平复审的目标比较困难。员工的高学历对成长的高要求与成长困境之间存在很大的矛盾,相当比例的员工存在职业生涯前途焦虑的心理问题。基于这种矛盾和困局,出版社人才特别是骨干人才流失比较严重。

---

① 万安伦,刘浩冰.新中国出版70年:阶段历程和经验启示[J].中国出版史研究,2019(4):7-16.

（五）激励考核不科学和员工对公平性追求之间存在困局

由于体制和历史的影响，在事业编制和社聘员工的绩效分配上，当前高校出版社同工不同酬的现象比较普遍；在激励方式上，大多采用物质手段，而较少采用股权激励、期权分红和精神激励；平均主义、论资排辈等问题突出，年轻骨干的智慧贡献与收益难以匹配；企业发展决策不民主，存在"官本位""一言堂"现象，知识型人才及骨干的话语权缺失，工作成就感偏低。在员工考核上缺乏科学的考评指标体系，偏重经济指标，弱化社会效益考核；同时，缺乏对员工的淘汰退出机制，甚至存在人才"劣币驱逐良币"的逆向淘汰现象。这些现象的存在极大影响了优秀员工的积极性、主动性、创造性和对行业的信心，影响了企业的创新活力。有想法和做事能力强的优秀员工大多职称和学历高，对薪资和发展前途有较高的期望，对公平性的要求也更为强烈。在网络时代，他们能快速获取职场中的各类信息，对行业的薪酬及发展有比较客观的判断，当他们认为长期的付出不能得到应有的回报时，要么工作效率受到影响，要么选择主动退出。这对于企业的人才队伍建设会造成重要影响，进而影响企业的健康发展。

三、破解高校出版社人才队伍建设困局的对策建议

融合出版时代，高校出版社对优秀复合型出版人才的引进、使用、培养已经成为重中之重的一项工作，必须做好人力资源的规划、管理和开发工作，切实有效引进人才、培养人才、留住人才、用好人才，让想干事的人有机会，能干事的人有舞台，多干事的人有回报，干成事的人有地位，营造催人奋进、促人向上的企业文化氛围，打造学习型、进取型、创新型的企业组织，以实现社会效益、经济效益和员工成长的全面丰收。

（一）做好人才建设顶层设计，强化人才队伍开发效能

顶层设计是人才队伍建设的基础性工作和关键环节，做好顶层设计，可以提升和强化人才队伍建设的开发效能。第一，完善高校出版社的治理

结构,从体制机制上为人才队伍建设奠定基础。① 落实高校出版社的文化企业属性和现代企业制度建设,充分发挥公司治理制衡和激励机制的作用;理顺校企关系,学校要给予出版社应有的人权、事权和财权,以达到权责明晰、管理高效的目标。第二,制定科学合理的人才队伍建设规划,明确每个阶段人才工作的发展路径。高校出版社要成立人才队伍建设领导小组,把人才队伍建设纳入领导班子重要议事日程,定期专项研究人才队伍建设工作;同时,加强人力资源管理部门的建设,使其高效、专业、科学地开展人才队伍建设的管理工作。第三,通过制度设计,把人力资源管理从工具性职能转变为战略性职能,使人力资源管理有效服务于高校出版社战略发展目标。通过人事制度改革,建立岗位清晰、定位明确、分类管理、结构合理、有序流动、优胜劣汰、充满活力的人才队伍建设体系。② 第四,坚持人才队伍建设的目标导向,强化人才队伍建设的开发效能,实现"高端人才成规模,骨干人才数量足,干事创业有动力"的人才队伍建设目标。

(二)提升企业文化建设效果,培养员工认同感和归属感

出版社的文化价值观是人才成长并培养他们对企业认同感的重要因素,通过文化渗透可以对人才的职业理想、职业道德、职业价值观形成深远的影响,通过核心价值观可以透视出版社对人才创意、贡献和价值的重视程度。第一,创建学习型文化环境,在出版社形成一种人人爱学习、人人善思考、人人争上游的工作氛围,使每位员工在学习中认同企业文化,培养对企业的归属感。第二,创建良好的人际关系软文化环境,形成认同、包容、鼓励、互助、和谐的工作氛围。通过拓展训练、新书分享会、文体活动等形式,培养员工之间的团结协作意识、互助包容思想、竞争合作能力;也可以通过微信群等载体,定期分享和推送企业文化内容,以激发员工对企业核

---

① 高振宇.新时代大学出版社队伍建设的困境与机遇[J].科技与出版,2020(5):103-107.
② 郑杰,谢谐,舒文杰.新时期高校出版社人才队伍建设问题与对策研究[J].科技与出版,2019(7):123-126.

心价值观的认同。第三,创建以人为本的现代企业制度文化,提升企业竞争力和员工的归属感。在制定和设计制度文化时一定要注重人的要素,充分发挥人的主观能动性和创造性,以此展现出版社的发展目标、管理制度、企业形象、行为规范等,激发员工的主人翁意识,提升他们的责任感和使命感,增强企业的凝聚力和创造力。第四,注重企业物质文化建设,为员工提供轻松愉快的工作环境。可以通过文化墙建设、办公室环境设计、职工之家建设等方式,提升办公和活动条件,改善学习工作环境,培养他们以社为家的情怀,做到与出版社同呼吸共命运,增强归属感,降低流动性。

(三)创建融合性创新型组织,提高员工创新发展能力

第一,培养高校出版人的大视野和大思维,推动出版社内容、渠道、平台、经营、管理等方面的深度融合,搭建产学研一体化的融合出版平台和空间。第二,强化员工的互联网思维和一体化发展理念,紧跟时代要求,在技术提升、平台搭建、服务更新等方面加大投入力度,培养大批懂技术、会管理、通营销的融合出版人才,以适应未来发展的需要。第三,充分利用融合出版的技术和传播优势,充分发挥出版社管理、策划、编辑、设计、营销等各个层面员工的主观能动性,从选题策划到质量控制,从营销发行到读者服务,打造全流程、全过程、全员工的创新机制。第四,通过融合和创新文化的创建,打破体制内管理人员的传统守旧思维模式,倒逼思维转型,并形成创新发展的主观自觉;创造鼓励创新的工作氛围,允许他们采取最有效率的工作方式,比如营销编辑、文字编辑、策划编辑等可以实行弹性工作制。通过融合性创新型组织的创建,可以有效提高和培养企业员工的创新能力、学习能力、专业能力、数字能力和应变能力,有效满足融合出版对高校出版人能力提出的新要求。

(四)营造人才良性发展环境,疏通人才晋升成长通道

在融合出版已成为主流出版方式的背景下,知识型员工是企业的重要人力资源,他们更重视自身价值的实现,而良好的人才成长和发展环境是出版社吸引、培育和留住知识型员工的关键要素。人才成长环境既包括工

作岗位环境、学习提升环境和职场发展环境等,也包括重视人才、爱惜人才的工作氛围。

第一,加大对员工的培训和培养力度,引导员工做好职业规划。在培训方式上,可以采取导师制,鼓励员工参加技能竞赛、定期培训、行业研讨会、国内进修、国际考察等,培养出版社员工学习的自觉性。通过学习和培训,有效提高员工的业务素养和创新能力,让编辑人员懂营销、营销人员懂策划,也让骨干人员和中高级管理人员成为熟练运用数字出版技术的复合型人才,为他们快速成长奠定知识和技能基础。第二,大力推行竞聘上岗制度,释放人才活力。通过"三定一聘"制度,建立科学的考核淘汰机制,形成以业绩论英雄,能者上、庸者下的灵活用人机制,畅通岗位流动,激发人才队伍活力。同时,要建设开放的信息沟通平台,鼓励各类员工为企业发展建言献策,参与企业决策,积极引导非正式组织的交流,提升员工的主人翁意识和"参政议政"的积极性。第三,完善人才职称晋升通道,为各类人员职业发展提供平台。积极鼓励并提供条件让校编人员按照学校要求晋升高一级技术职务;协调好各种关系为社聘员工技术职务晋升疏通渠道,做到"省评社聘",让他们享受到职称晋升的成果。第四,建立科学的干部选拔机制,真正做到岗位留人、事业留人。要打破身份限制,使政治素质高、担当意识强、业务能力优,具备新观念、新思维、新技术的优秀人才脱颖而出,营造出"不论身份、能上能下,员工职业通道与企业愿景发展相一致"的识人用人氛围。

(五)推动薪酬绩效体系改革,建立公平有效的分配制度

科学合理的薪酬激励制度和绩效考核体系是激励员工、稳定队伍、提高效率的前提,也是解决高校出版社员工高流动性、晋升困难、高强度低收入等困境的重要基础。高校出版社是完全竞争的市场主体,需要按照现代企业制度来设计薪酬及绩效考核体系。

第一,通过企业年金及补充医疗计划等形式提升社聘员工的社会保障水平,有效满足他们的健康和心理安全,提升他们对出版社的归属感,减少流动性。第二,建立由基础薪酬和绩效薪酬两部分组成的薪酬结构,以体

现市场价值和个人考核业绩。同时,把员工绩效提高与出版社发展有机结合起来,让每一位员工都能享受到发展带来的获得感。第三,打破身份界限,逐步减少校编和社聘人员之间收入的差距,最终实现同工同酬,增强公平性,让共享理念得到有效落实。同时,收入分配向重要、关键和艰苦岗位以及优秀人才倾斜,做到"多劳多得,优劳优酬,效益优先"。第四,在条件成熟的出版社,可以对经营骨干人员和业务精英采取增资扩股等方式实施股权激励制,形成与出版社利益一体化的激励和约束机制;在科学评估的基础上,探索公平公开透明的全员持股的方式,激发各类人才为企业贡献智慧和力量的积极性,增强他们的利益共同体意识,提升他们对企业的贡献率和忠诚度。通过薪酬制度改革,可以有效提高优秀员工的收入水平,体现公平性,降低流动率。

四、结语

人才队伍始终是高校出版社发展的决定性和制约性因素。在融合出版背景下,面对数字产业的空前繁荣和对传统出版的剧烈冲击,高校出版社面临着良好的发展机遇,也面临着人才队伍流失、图书市场萎缩等严峻挑战。高校出版社要明确自身优势,以数字化转型为目标,以选好人才、用好人才、发展人才、留住人才为保障,解决人才的后顾之忧,提升人才的发展能力,夯实发展根基,才能在激烈的市场竞争中拓展发展空间,实现社会效益和经济效益的双丰收。

新时代高校出版人工匠精神的内涵及培育路径

一、工匠精神与出版

2016年至2019年,"工匠精神"连续四年被写入《国务院政府工作报告》,分别为"培育精益求精的工匠精神,增品种、提品质、创品牌""大力弘扬工匠精神,厚植工匠文化,恪尽职业操守,崇尚精益求精""弘扬劳模精神和工匠精神,建设知识型、技能型、创新型劳动者大军""大力弘扬奋斗精神、科学精神、劳模精神、工匠精神,汇聚起向上向善的强大力量";党的十九大报告和十九届四中全会公报也分别以"弘扬劳模精神和工匠精神""弘扬科学精神和工匠精神,加快建设创新型国家"对此进行了专门观照;同时,党和国家领导人在很多重要场合多次强调工匠精神。这充分体现了党和国家对在全社会弘扬工匠精神的高度重视,并已上升为国家意志和全民共识。在实施"中国制造2025"国家战略、经济从高速发展到高质量发展转型、以美国为代表的部分发达国家对中国进行知识和技术封锁、新冠肺炎疫情常态化等时代背景下,社会各界对工匠精神的关注与共鸣越发强烈,各行各业结合实际对"工匠精神"的内涵和外延进行了系统解读。"精益求精,追求完美"的工匠精神适合于任何行业、任何职业、任何人。对横跨精神生产和物质生产的出版行业来说,在我国图书出版"有数量缺质量、有高原缺高峰"的现实情境下,出版人工匠精神的意义更加深刻,内涵更加丰富。

工匠精神是对产品精雕细琢、追求完美的精神,是严谨专注、注重细节、精益求精的精神。工匠精神是立国之本、干事之基,古今中外,概莫能外。因为追求工匠精神,日本百年以上企业占全球的80%以上,德国制造誉满全球。司马迁花了14年写就的《史记》,司马光历时19年终成的《资治通鉴》,纪昀耗时13年主持编撰的《四库全书》,曹雪芹"批阅十载,增删五次"成就的《红楼梦》,这些不朽巨著是中国古人著书工匠精神的典型代表。① 当代出版人以精益求精的精神和态度打造的"点校本二十四史"、《辞源》、《大百科全书》、《新华字典》、《毛泽东选集》、《大辞海》等,为出版界树起了工匠精神的标杆。② 作为人类掌握知识、增长智慧、规范行为的重要载体和手段,图书出版所彰显的价值越来越高,在我国打造出版高峰的目标指引下,工匠精神在图书出版业的回归和重塑恰逢其时。

近年来,特别是自2016年以来,多位学者对工匠精神进行了深入研究,以"工匠精神"为关键词进行搜索,根据中国知网的统计数据,截至2020年7月,共有735篇中文核心期刊学术论文,而2016年以来有725篇,占98.64%。以"工匠精神"和"出版"或"编辑"为关键词进行搜索,共有19篇中文核心期刊论文,且都是2016年以来的学术成果。但经过分析发现,这些论文中,没有一篇是专门针对高校出版社图书出版"工匠精神"的文章。因为高校出版社与社会出版社在出版方向、人才使用、管理制度等方面具有明显的差异,高校出版有其特有的性质和属性,工匠精神也有着体现高校出版人特点的内涵意蕴,工匠精神存在的问题及培育路径也有其自身特点。在新时代背景下,研究高校出版人工匠精神,对于破解学术图书出版质量难题,提升高校出版社发展质量和可持续发展能力,是一个重要的学术命题、时代话题和现实问题,在研究对象和内容上具有创新性和开创性;深入研究该命题,具有很好的理论意义和实践价值。

二、新时代高校出版人工匠精神的内涵意蕴

进入新时代,我国物质生活已经比较富足,基本进入精神生活和品质

---

① 杨迎春.编辑出版的工匠精神是这样练就的[J].出版发行研究,2017(12):98-100.
② 王冠一.以"工匠精神"推动新闻出版产业价值重塑[J].中国出版,2017(15):14-17.

消费的时代,社会主要矛盾已经转化为人民日益增长的美好生活需要和不平衡不充分的发展之间的矛盾。对图书出版业来说,主要矛盾体现为人们对高品质图书的强烈需求与高品质图书供给短缺之间的矛盾。对高校出版社来说,学术出版一直是其主要出版方向。正如我国知名出版人韩建民所说,大学出版社是孵化和整合知识的平台,是推进学科建设和扩展学术影响的牵引机车,是学术思想和文化新知的烽火台。高校出版人工匠精神主要落实在学术图书出版上,有其鲜明的时代特点和学术特色。学术图书出版涉及策划、编辑、校对、设计、印刷、销售等多个环节,需要每个环节、每个出版人用工匠精神开展工作,以精益求精的态度对待图书出版。特别说明的是,基于对研究对象的广泛性难以分析透彻,这里对出版人工匠精神的阐释主要指图书编辑。编辑的工匠精神内涵非常丰富,在这里主要从五个方面进行阐释。

(一)坚持导向、忠于使命的政治素养

学术图书出版作为中国特色社会主义文化的重要组成部分,担负着传播先进文化、推进社会文明等重要使命。在新时代,党和政府对学术图书出版提出了更高要求,明确了社会效益首位的出版原则。作为高校出版人,工匠精神的首要表现是坚持正确的出版导向,在政治上、思想上与党中央保持高度一致,正确区分政治原则问题、思想认识问题和学术观点问题,旗帜鲜明地反对和抵制各类错误观点。坚持"为人民服务,为社会主义服务"的"二为"方向和"百花齐放,百家争鸣"的"双百"方针,在学术命题、学术思想、学术观点、学术标准、学术话语等方面严格意识形态的"把关人"责任,出版的图书经得起读者评价、专家评价、市场评价和历史检验。[①]同时,工匠精神也体现为对社会主义先进文化出版信念的坚定性,要有身份认同、信仰坚守的理念,要始终坚持以人民为中心的出版理念,把满足人

---

① 换晓明,赖雄麟.论编辑"工匠精神"与中国学派话语体系构建[J].中国出版,2019(17):42-46.

们日益增长的对优质学术图书的强烈需求作为出发点和落脚点。[①] 紧紧围绕中心、服务大局,弘扬主旋律,传播正能量,推动学术出版事业蓬勃健康发展。

(二)精益求精、追求卓越的品质追求

工匠精神的核心是"精益求精,追求完美"。作为学术成果的记载者、传播者和建设者,出版活动是创造性劳动。出版人根据社会需要,通过深入调查、认真论证的选题策划,细心精致、一丝不苟的组稿审稿,反复推敲、认真琢磨的加工整理,大胆创新、不断完善的装帧设计,认真细致、追求精美的工艺印刷等[②],创造出内容和形式完美结合的学术图书精品,争取做到"书比人长寿"。高校出版人要做完美主义者,对学术图书要"如切如磋""如琢如磨",编辑要以高度负责的态度、专业化的知识和能力、严谨苛刻的工作态度参与学术著作的创作出版,必将获得作者的信任,提升工作效率。在中国出版界被高度认可的国家出版基金办每年公布的获"特别优秀"的结项图书,比如2020年公布的"中国航天科技出版工程(第二辑)""外国文学经典生成与传播研究"等,是学术出版人字斟句酌、千锤百炼的传世经典。编辑是对知识、文化、人类精神产品进行精雕细琢的文化匠人,只有通过精耕细作、探究拷问,通过科学严谨的核对和调研,对细节孜孜以求地优化,永不满足地探究质疑,才能实现从作者文稿到传世作品的诞生和传播[③],出版的图书才能立得住、叫得响、传得久。注重细节、心无旁骛、久久为功、追求卓越、力求完美,这是高校出版人工匠精神的精髓和核心要义。

---

① 张科.论新时代出版人才的工匠精神[J].科技与出版,2019(3):104-107.
② 李静.论"互联网+"时代编辑活动中的工匠精神[J].出版科学,2017,25(2):52-55.
③ 栾学东,赵玉山.新时代呼唤编辑工匠精神的回归[J].中国编辑,2017(12):18-21.

(三)敬业乐业、甘于奉献的职业情怀

怀着一颗敬畏之心,用恭敬态度从事和对待本职工作是敬业;热衷于从事的本职工作,从平凡的工作中获得快乐是乐业。敬业乐业是践行当代社会主义核心价值观的具体体现,也是工匠精神的本质要求。法国著名作家雨果曾说,花的事业是尊贵的,果实的事业是甜美的,让我们做叶的事业吧,因为叶的事业是平凡而谦逊的。① 作为文化知识的传递者,高校出版人就是甘于"做叶的事业"的人。他们默默无闻地工作,甘于奉献,敢于从思想深处认识到自己所承担的责任,敬科学之精神、文化之精神、教育之精神和服务之精神。出版人特别是编辑需要静得下心、耐得住寂寞、坐得住冷板凳、下得了苦功夫②,在烦冗、枯燥和艰辛的日常工作中,所做的事情是对学术书稿的政治性、科学性、真实性、规范性、严谨性等进行认真审查,对篇章结构的合理性和严密性进行分析与研判并提出合理化建议,对错别字、标点符号进行认真修改,这是出版人对出版事业甘于奉献、守正创新的职业理想和职业情怀,是孜孜以求、持续专注的职业作风和职业态度,是以人为本、求真求实的职业操守和职业信誉。同时,我们应该看到,敬业乐业要成为一种常态,需要出版人在某一学术出版领域具有足够的深度。因为任何一种学术图书都具有唯一性,具有不同的思想及差异化的文化基因,专业化知识的学习和塑造能提升出版人与作者对话的职业自信;同时,具有足够的出版行业学识素养的宽度,可以变平庸为高峰,化腐朽为神奇,提升与读者横向交流的自信。

(四)严谨专注、一丝不苟的工作态度

工匠精神是一种严谨专注的工作品质,精品是用工匠精神打造出来的,是精雕细琢、精耕细作的产物。作为学术图书出版人特别是学术编辑,

---

① 邰云飞.现代编辑更需要发扬"工匠精神"[J].科技与出版,2016(9):37-40.
② 张宗勤,窦延玲,韩燕,等.新时期科技期刊编辑工匠精神的内涵与能力培养[J].中国科技期刊研究,2017,28(3):235-240.

要选定自身比较擅长的编辑领域及编辑业务方向,并一直专注于这些领域,在职业生涯中锲而不舍地做下去;对待书稿要始终坚持零差错率的目标,并把它作为一种追求渗入血脉,成为一种习惯和风格。① 根据当前的学术出版流程,学术图书出版需要经过14个步骤,即采集信息、策划选题、联系作者、组织书稿、审阅书稿、编辑整理、装帧设计、审定发稿、处理校样、检查样品、印刷装订、图书宣传、反馈信息、重印再版等,任何一个环节都需要出版人严谨专注的工作态度,任何细节都马虎不得,每个步骤、每个环节都不敢有丝毫懈怠。要发扬编辑界公认的"一丝不苟、字斟句酌、作风严谨"的"辞海精神",也是贯彻落实习近平总书记"坚定文化自信,坚持改革创新,打造传世精品"指示精神的必备素养。

在新时代背景下,学术观点、学术信息纷繁复杂,作为文化产品的生产者和加工者,学术图书编辑需要从庞杂的信息中把握信息的准确性、科学性和严谨性,要有不除疑问誓不罢休的精神,以极端细致的态度对待图书出版。一是要审查图书内容是否反映时代生活、体现时代精神,是否具有科学性和美学价值,做好内容的把关人。二是要从结构合理、论述严谨、标点符号语法文字的规范性等方面进行严防死守,确保万无一失,这样才能生产出有较高美誉度,并能经得起市场和历史检验的经典学术著作。

(五)追求至善、道技合一的精神境界

出版人的工匠精神是一种看不见、摸不着的东西,它熔铸在图书之中,表现在对图书的细节处理和创新创意上。汉文字是神圣的,也是优美的。意美以感心,音美以感耳,形美以感目。工匠精神是追求完美与极致的精神理念与工作伦理品质,是一种"道技合一"的精神境界,要求出版人在劳动过程中将毅力与关注力完全集中到图书上,将自己的技艺与审美投注于图书生产过程之中。② 出版人要对书稿反复琢磨,研究图书的学术性、应

---

① 郝振省.倡导工匠精神 做学者型编辑[J].出版发行研究,2016(11):1.
② 董雅华,蒋楚楚,刘铁英,等.工匠精神的当代价值及其实现路径[J].现代教育管理,2020(3):85-90.

用性、理论性等特征,赋予书稿以温度和情怀。图书作为文化产品,本身具有生命力和使命性等特点,做图书文化产品与做工业品不同,文化是带有自身温度的精神产品。编辑要摆脱机械的、强制的活动过程,把精神和感情完全投入其中,将图书的价值和审美做到极致,从而追求卓越、尽善尽美。审美作为人类特有的感性认识,源于对美好事物的追求和憧憬。图书出版是一种审美的文化事业,要求出版人用审美的眼光来生产图书,用审美的情怀来传播文化和改造世界。出版人要围绕追求卓越、登峰造极、成就不凡等追求开展图书出版活动,以达到"道技合一"的和谐之美、创新之美和卓越之美。图书出版要做到求真、向善和至美的统一。一种学术图书的出版,其理论原创性、思想导向性、形式美感性、版式审美性等都决定了全书的审美属性和社会价值,都需要编辑扎实的审美素养来打造。

通过工匠精神,将美学精神灌注到编辑实践中,将编辑的产品打造成艺术品。通过对装帧、设计、形态、开本、色彩等美学外观的打造,提升图书的审美价值和附加价值,给读者以美的享受。编辑的工匠精神应该与职业信仰、专业技术和美学原则相结合,将其熔铸为三位一体、有机统一的精神标杆。①

三、高校出版人工匠精神培育的问题与反思

当前,因为各种主客观因素的影响,高校出版社图书出版存在"有数量缺质量,重利润轻精品""学术图书原创不足,编校质量令人担忧"等问题。既与出版社完全市场化导向、追求利润最大化目标有关,也与高校出版社的高要求与低待遇对优秀人才吸引力不足有关,更与出版人工匠精神培育弱化、对工匠精神缺乏必要的认知和耐心有关,值得我们认真反思。

---

① 李金正,陈晓阳.论编辑"工匠精神"的历史源流及其当代启示[J].出版发行研究,2019(4):18-23.

（一）人事管理双重的身份标准，很难吸引优秀人才

当前，高校出版社人员一般有"体制内"和"体制外"两种人员，人事管理往往采取双重标准。一是"体制内"有事业编制的员工。这类员工属于企业化改制前在出版社工作，改制后继续留在出版社工作的人员，大致占员工总数的20%。事业编制员工年龄普遍偏大，思想上和工作上比较保守，市场观念和风险意识低，创新能力弱。由于重点高校（拥有出版社的高校一般是"双一流"高校或重点高校）近年来引进人才以博士为主，他们一般愿意在本专业开展教学和科学研究，不愿到出版社从事编辑工作，所以近年来新进入出版社工作的事业编制人员非常少。事业编制员工大部分在50岁以上，基于体制机制及历史的原因，他们享受的福利待遇相对较好，容易满足于安逸的工作环境和状态，守成意识强，只有个别人有较强的工匠精神，大部分人都缺乏精益求精的工匠精神。二是出版社招聘员工。他们是近年来出版社招聘人才的主要构成，这类员工占总人数的70%左右。他们大多比较年轻，学历较高，工作充满激情。但是，他们待遇较低，工作强度大，特别是现代年轻人，普遍缺乏吃苦耐劳精神，很难真正静下心来处理书稿。同时，他们职务发展、职业成就的晋升空间小，很容易遇到事业发展的"天花板"。当前，真正具有扎实文字功底和创新能力，高学历、高职称、高水平的人才往往选择待遇更好的企事业单位，坐冷板凳、天天"码字"并"为他人做嫁衣"的编辑生活对他们来说可能是一种煎熬。高校出版社对社会优秀人才缺乏吸引力，工匠精神培养比较困难。当前，高校出版社出现了严重的人才断层现象，呈现出典型的哑铃型年龄结构，中青年骨干编辑占比较低，这给出版社可持续发展带来了很大的负面影响。

（二）品种多、销量少的出版特点，编辑难以精益求精

高校出版社主要是以学术出版为主，以"服务大学、服务社会"为办社宗旨。因为学术图书呈现出明显的研究性特点，所以学术出版是可复制性非常差的内容生产，其销售发行较少，一般印数在500册以内，个别图书甚至印数仅为100册，这就决定了学术出版单本图书效益较低的现实。但

是,学术出版要求高,编辑需要对图书内容有比较充分的认识和了解,要求编辑的学科知识不但要专,而且要全。学术出版涉及的学科较多,仅人文社科类学术图书出版就涉及文史哲、音体美、经管法等多个学科,出版社不可能保证每个学科门类都有成熟的编辑,无法做到书稿与编辑的专业对口,所以很多编辑要跨专业编校。因为工作量及利润考核的需要,编辑要在有限的时间内完成编校工作,在不熟悉的领域做编辑,最多只能做到没有硬伤,不可能实现所有图书的高质量出版。此外,学术出版单本利润低,绩效考核导向的功利化,导致编辑只好尽可能赶出版进度,不可能做到精益求精。同时,部分作者基于评职称和结项的功利性需要,一般情况下其学术图书的学术性不足,作者对自己的书稿要求不高,甚至相当一部分内容是拼凑而成,再加上当前浮躁的学术之风,导致书稿质量比较低,给编辑的高质量加工带来了很大困难。

(三)经济效益导向的考核机制,逐利浮躁之风蔓延

出版社是生产文化产品的企业,文化产品具有较强的社会性和公益性,需要出版物传播正能量,实现宣传、教化和引导的功能。但是,高校出版社由原来事业单位转制为纯市场的企业化运营后,所属高校不再给予优惠政策和资金支持,要靠市场化竞争获得生存和发展的机会。因此,很多高校出版社把营利能力和经济效益放在首位,对员工的考核也主要以回款和利润为主,在精品生产和营利性之间进行选择时往往选择利润优先,导致出版物质量被忽视。很多出版社为了追求经济效益,往往选择短平快的粗放式生产方式,喧嚣浮躁、利益至上的出版导向替代了精益求精和文化情怀。很多编辑认为,只要图书内容没有硬伤、不出政治问题就可以了,往往花费更多精力放在市场和效益上,难以静下心来对书稿进行精雕细琢和修炼编辑技能,市场经济的急功近利使出版业的工匠精神式微,导致优秀编辑严重稀缺。[1] 出版行业之间和企业内部之间形成恶性竞争,导致"劣币驱逐良币"现象时常发生,精益求精高质量图书往往让位于赶工期的快

---

[1] 李海中,左健.编辑工匠精神的当代阐释[J].出版科学,2018,26(1):38-42.

速出版。出版本质上是理想主义者和富有文化情怀的人的事业,但在逐利和浮躁之风的大潮下,往往是"情怀意味着情殇、理想意味着空想"。同时,在民营图书公司灵活经营方式的影响下,因为体制机制和反腐的要求,高校出版社在与民营图书公司市场竞争中往往处于劣势。现在做出版可谓"定数无保证、折扣无底线、退货无商量、回款无日期",经营比较艰难,难以用较高薪酬吸引优秀编辑人员。

(四)学习生活工作的互联网化,编辑人文素养缺乏

近年来,我国的互联网事业取得跨越式发展,互联网对人们的生活、工作和学习产生了颠覆性影响,也改变了人们的思维方式和价值观念。互联网技术在给人们带来便捷的同时,也产生了很多负面影响。人们深度阅读、经典阅读变成稀缺品,随之而来的是刷屏文化和手机快餐,碎片化阅读、浅阅读、快餐式阅读和电子化阅读成为阅读的新常态。部分年轻编辑看似广知天下,实则人云亦云,缺乏深度、厚度和广度,对问题缺乏理性分析和辩证观点。出版人身处浮华喧嚣的互联网大潮,精益求精、追求极致的工匠精神受到严重冲击,出版人似乎越来越忙碌,也越来越心浮气躁,"无错不成书""编辑出版有术无学"等负面论调是很多出版人坚持的出版理念。很多青年编辑不能像老一辈知名编辑一样甘愿成为文字加工的工匠,对书稿的编辑往往流于表面,不能提出建设性的观点和修改意见,对文字缺乏敏感性。同时,因为没有进行扎实经典阅读的人文素养积淀,青年编辑知识结构相对单一,缺乏创新思维和对学术研究的科学性、严谨性,对图书缺乏敏感性,不能对图书出版提出高水平的对策建议;对文字处理就事论事,语言处理能力差,这与专家型编辑的培养要求相去甚远。

(五)作者学术书稿的原创力低,编校加工难度增大

高校出版社以学术出版为主,在市场化运作的出版模式下,学术出版的门槛被大大降低。当前,我国技术人员职称晋升及科研项目结项以学术论文为主、著作为辅。学术出版良莠不齐、鱼龙混杂,"十年磨一剑"的书稿非常稀缺,著作原创性不足,部分拼凑抄袭,引证不实,数据造假,参考文

献不规范;还有一些著作错别字较多,语句不通,口语化严重,标点符号使用不当,频繁使用网络用语;等等。部分作者认为,书稿只要能正式出版即可,出版后仅用于结项和职称评审,再送人几本,基本没有销量,相当一部分是"谁写谁看,谁编谁看,出版后都不看"的低层次出版。同时,存在跟风出版、重复出版、注水出版、模仿出版和低俗化出版等问题。高校学术出版真正能对社会产生一定影响力的精品图书比例不高。这种原创力不足的书稿,需要花费编辑的大量心血进行编校,甚至需要一字一句进行修改;需要编辑对书稿中的知识、文献、标点符号等进行认真核实校正,大大增加了编校难度,降低了图书出版速度,对于培养出版人的工匠精神产生了很大的负面影响。

甚至部分作者认为,自己的书稿只要能按时正常出版就行,不在乎图书是不是精品,甚至书稿中的一些插图不清晰,不符合出版的要求,编辑即使与他们联系请求提供符合出版要求的图片等,部分作者甚至会有抵触情绪,认为编辑太过苛刻。2020 年国内学术界负面舆论不断,德国科学新闻网站 For Better Science 发布消息称,中国数学领域涉嫌论文批量造假,目前共有 65 篇论文涉嫌造假,77 位署名作者分别来自中国 44 所高校,其中还伪造外国人通讯作者,堪比悬疑小说情节。[①] 这种浮躁的学术之风,导致学术成果的质量比较低劣,大大增加编校难度。

四、新时代高校出版人工匠精神的培育路径

2020 年 7 月 31 日,北斗三号全球卫星导航系统建成暨开通仪式在北京举行,习近平总书记出席仪式。"追求卓越"的北斗精神是新时代国人奋斗的核心精神理念。对高校出版人来说,这一精神也是工匠精神的具体体现,北斗精神对于培育工匠精神具有很好的借鉴意义。工匠精神的培育是一项系统工程,需要社会、出版社和出版人的全方位努力,共同营造出有利于编辑成长的氛围和空间。

---

① 熊丙奇."虚构国外作者":这次论文造假"脑洞"开得有点大[EB/OL].(2020-07-01)[2020-09-10].http://k.sina.com.cn/article_6319213967_178a78d8f01900sves.html.

（一）构建完善的社会支持体系，为工匠精神的培育提供良好的外部环境

培育工匠精神需要全社会的广泛支持，需要良好的外部环境。第一，营造弘扬工匠精神的舆论环境。在德国和日本，一个行当中，只有极度认真专注并出类拔萃的人才能被称为匠人，会被赋予极大的荣誉和尊重，一个专注的技能工人和科学家享有同等的地位；在英国，工匠艺人的封爵率非常高，这充分体现了该国国民从骨子里对工匠精神的尊重和认可。我国古代的"学而优则仕"的文化传统，导致很多人对工匠及工匠精神心存偏见，不能给予应有的重视和尊重。这就需要社会在舆论上正面引导，加大工匠精神的宣传力度，构建尊重技术、尊重劳动的良好氛围。[①] 图书作者具有工匠精神，书稿的原创性就能得到充分保障，可大大减少编辑的额外劳动和工作负担。第二，完善工匠精神培育的制度环境。出版人工匠精神的价值得到充分保障和认可的前提是：引领潮流的精品图书不被侵权，高品质图书市场前景广阔，产出卓越图书的出版社有良好的市场回报，精益求精、辛勤付出的出版人有公平的待遇。新闻出版管理部门应会同立法机关不断完善相关法律法规，完善出版物的市场准入标准，用高标准、严要求的图书质量管理规定倒逼出版社提升图书出版品质，让精益求精、追求卓越的出版社和出版人获得丰厚回报。第三，打造人们自觉进行高品质图书消费的市场环境。在新时代，劣质图书之所以还有很大市场空间，主要是因为我国高品质图书消费市场环境还没有建立起来，高品质图书消费还没有成为新常态，也没有成为人们的自觉行为。因此，需要在政策和法律层面严格保护知识产权，让精益求精的品牌图书成为市场主流产品，让读者阅读精品图书成为一种自觉行为。第四，建设营造工匠文化的社会环境。当前，我国还未建立起支撑工匠精神的文化体系，讨巧、应付、短平快的图书生产方式在高校出版社还有一定的市场，这就需要高校出版人建设工匠

---

① 胡文龙.智能化时代的工匠精神：价值、意蕴与培育路径[J].中国职业技术教育,2019(4):58-63.

精神的物质文化、制度文化和价值观文化,多一些纯粹、多一些专注持久、多一些优品精品,把工匠精神作为一种价值观和核心目标进行大力培育和弘扬,并辅以长期激励。

(二)建立科学的考核激励机制,为工匠精神的培育提供坚实的
物质保障

近年来,"大国工匠"已成为媒体高频词;在高校出版社,编辑的工匠精神和相应的待遇也有所提高,但仍然不能掩盖一线优秀编校人员囊中羞涩的窘态。与策划人员相比,收入甚至相差几倍,剪刀差也越来越大,这都与出版企业考核激励机制不科学、不合理有关,必须进行系统修正。工匠精神的培育需要出版人自身的修为,更需要制度作为基础性保障。

第一,建立编辑的分类考核和管理制度。比如设置学者型编辑、策划型编辑和混合型编辑(兼具编辑和策划职能),对不同类别的编辑采取不同的考核方法。对学者型编辑,主要考核高品质学术图书编校质量和数量以及获奖图书、重点图书的编校能力;其他两类根据不同特点采取相应的考核办法。第二,建立编校质量的硬性约束机制。把编校质量作为月度、季度及年度考核和收入分配的重要依据,作为重要权重纳入综合考核体系,并与岗位晋升、职称评定等直接挂钩。第三,制定科学的考核标准,让工匠式编辑真正静下心来精雕细琢。"慢工出细活儿",图书编辑也是一样,出版社在考核标准制定方面,要降低工匠式编辑经济指标的考核要求,使其能集中精力着眼于长线学术精品和传世之作。同时,建立"同工同酬、多劳多得,以业绩论收入、以贡献论薪酬"的分配制度,这里的业绩既包括利润、回款等硬性经济效益指标,也包括质量、品牌等软性社会效益指标。在高校出版社内部,不论校编人员还是社聘人员,只考虑贡献大小,让每一位想干事、能干事、干成事的工匠式出版人有舞台、有地位、有荣誉,更有较高收入。第四,通过制度设计,让工匠精神凝聚成一种出版人的行业共识和职业自觉。当前,高校出版社对优秀人才吸引力弱,不仅与整个行业的融合发展对传统出版的替代有关,更与高校出版社人才政策及激励政策不到位有关。出版社要建立让工匠式编辑活得有尊严、有归属感、有获得感的体制

机制,给予技能过硬、业绩突出、贡献较大的工匠式编辑足够的物质及精神激励,把"事业留人、待遇留人、感情留人"落到实处,引导出版人克服浮躁心态,提升工作能力,把培育工匠精神作为一种应有之义及思想行动自觉。

(三)打造追求卓越的企业文化,为工匠精神的培育提供强大的精神力量

作为文化企业,高校出版社要为培育工匠精神打造符合自身特色的企业文化,以潜移默化影响员工的思想理念和价值观念。

第一,凝练社训,强化品牌。比如凝练"敬业、严谨、求实、创新"等的社训,培育"创新发展、精益求精、追求卓越"等的企业文化,强化"质量立社、品牌兴社、项目强社"等的发展理念,等等。把社训和理念呈现在不同宣传载体上,比如文化墙、展览室、会议室、报告厅、宣传册、网站、公众号等,对员工潜移默化地发挥着引导和教育功能。第二,明确定位,量力而行,打造有利于编辑工匠精神培育的企业文化。高校出版社是基于学术出版而发展的出版机构,但是,当前大部分高校出版社出版范围涵盖学术出版、教材教辅出版、大众出版等领域,极大地分散了人力资源。为了提升高校出版社的社会影响力,打造百年出版品牌,管理者应客观分析出版社出版优势、学科特色、编辑力量等影响因素,学会做减法,将人财物集中于自身优势领域,扬长避短,量力而行,有所为有所不为,所为之处必出精品,让每位员工都有一种出版边界意识,在做专做特上下功夫,让这种理念根植于每位员工的内心,形成一种精品生产的企业文化,从求速度向求质量转变,为工匠精神的培育提供时间保障。第三,建立出版标准,使工匠精神培育有章可循。编辑不仅要策划选题,还要进行编辑、审读、校对,甚至一部分编辑还要从事图书宣传推广工作,工作千头万绪。因此,标准化的建立至关重要,从而减少很多无效劳动。工作标准化的制定,既要考虑编辑工作的规律性,又要考虑工作的条理性、整体性、琐碎性和复杂性。科学的工作标准体系的建立,会提高工作效率,加快工作流程,提升工作质量。第四,通过"减负"和"加压"充分体现对编辑的人文关怀,引导编辑提质增效。当前,高校出版社的各类考核指标层层落实到每位编辑,为了完成指

标要求,求速度、要利润成为他们的常态思维,导致图书的粗放式出版。要改变这种现状,出版社管理者应创新思维方式,在工作量、编校字数及品种上为编辑"减负",在质量和品牌上为他们"加压",以使编辑能摆脱浮躁心态,在某一出版领域深耕细作,静下心来研究学术出版规律,提升编辑质量和出版效能,扩大单品种图书的社会效益和经济效益。

(四)探索灵活的人才培养方法,为工匠精神的培育提供科学方法指引

在对出版人工匠精神的培育过程中,培育什么、如何培育等是亟须解决的问题。高校出版社要建立灵活的人才培育机制,以增加图书编辑含量为目标,采取项目带动、导师带路、专家引领等方法,为出版人工匠精神的培育提供方法指引。

第一,通过增加正向编辑含量为手段提升工匠精神。在学术出版中,编辑含量是指图书包含的编辑人员付出的正向智慧和积极劳动[①],编辑含量的多与寡、粗与精是出版行业工匠精神的具体体现。包括在约稿环节对学术前沿的判断与把握、对图书的价值选择和判断,在书稿编校环节如切如磋、如琢如磨、独具匠心的编辑加工,在装帧设计环节对图书从知识、技术、美学等方面进行的精美设计,等等。出版的每个环节都包含着编辑含量,更渗透着工匠精神,编辑含量与工匠精神具有天然的内在联结性和相通性。出版社要采取科学的方法,引导高校出版人在图书生产过程中努力增加编辑含量,以推出饱含出版情怀和内在劳动的图书精品。第二,通过项目制培育工匠精神。高校出版社生产图书特别是重点图书一般采取项目制,通过参与项目培育工匠精神是一种行之有效的方法。比如国家出版基金资助项目、国家主题出版项目、国家重点图书出版规划项目、国家级规划教材项目等。这些项目要求高,出版的各个环节严谨规范,成书验收比较严格,出版后在社会上的影响力大。通过组建项目团队,从编校审读到排版设计,均由资深编辑带领青年编辑完成,每个环节都精益求精,保证高

---

① 金平.编辑的工匠精神与出版物的编辑含量[J].编辑之友,2018(10):74-77.

质量出版。通过全程参与项目,年轻编辑策划、编辑、协调等能力得到快速提升,工匠精神得以锤炼和提升。第三,通过培训、比赛等方式提升工匠精神。出版社应制订系统的培训计划,每个月至少安排一次专业技能或专业素养培训,可以请社内德高望重的专家型、学者型编辑,也可聘请新闻出版领域知名专家进行专题培训;同时要硬性规定所有编辑参加出版管理部门组织的课程培训;社内组织编校技能比赛,鼓励编辑积极参加全省及全国大赛;基于学术出版的需要,高校出版社还要定期组织有关学术出版的理论研讨会,以提升编辑学术出版的理论水平,从更高层面认识工匠精神和精品学术图书出版。第四,通过导师制培育工匠精神。导师制的实施有利于快速提升青年编辑的业务能力和敬业精神。选择的导师必须政治素质过硬、思想道德修养较高,有出版情怀和担当精神,有较强的业务能力和职业文化素养,并愿意承担人才培养的重任。在具体实施上,要设置专业方向,制订培养方案,强化过程管理,科学评价考核。① 年轻编辑在导师的带领下,在精神、情操、技能等方面都能得到迅速提升,同时反过来又强化了导师的责任心和工匠精神,实现了编辑队伍的薪火相传和人才的梯队建设。

(五)提升出版人的主体性意识,为工匠精神的培育提供
    内生发展动力

工匠精神的培育,出版人是主体。在新时代背景下,出版人必须从内心深处认识到工匠精神对于职业发展的极端重要性,有培养工匠精神的主观能动性和"主体性意识",并积极采取行动,践行工匠精神。

第一,强化"主体性意识",提升工匠精神培育的主观能动性。在出版过程中,编辑在策划、编校、审读、设计等环节是组织、优化、协调的具体实施者,是实现各流程环节的主导者和责任承担者,具有很强的主动性、自主性和创造性。它体现了一种高度的职业自觉性和对工匠精神主观追求的内在能动性,它是编辑的一种自我选择和造就,是工匠精神培育的原发性

---

① 魏春玲,雷鸿昌.试探中小型大学出版社编辑导师制培养:以兰州大学出版社为例[J].科技与出版,2019(10):92-97.

内生动力,具有很强的稳定性和持久性。第二,树立责任意识,增强传播优秀文化的使命感。编辑是出版活动的主要参与者,是出版物质量和优秀文化传播的重要把关人。因此,编辑要牢固树立政治意识、质量意识和为读者、为作者高质量服务的意识,以万无一失的科学性和严谨性、以精益求精的工匠精神出版高质量学术图书,传播先进的文明成果和人文精神。第三,强化学习和创新能力,练就过硬出版本领。在新时代,新知识、新理论、新技术快速裂变,学术出版的特点是追求创新性。因此,编辑学习能力和创新能力的锤炼是高品质出版的必要前提。通过学习和创新,可以增强脚力、眼力、脑力和笔力,拓展新境界,发现好选题,打造好作品,创造好效益。[①] 第四,强化奉献精神,坚持对品质的极致追求。编辑的工作是神圣的事业,要对图书出版心存敬畏。但是,基于对作者作品加工的特性,其工作往往隐藏在幕后,需要"甘为他人做嫁衣"的奉献精神,编辑要耐得住寂寞,坐得住冷板凳,甘为人梯,心有情怀、行有定力,要知行合一,持之以恒。图书出版是"内容为王"的行业,编辑要养成追求卓越的行为习惯,对书稿反复打磨,做于深、做于细、做于精,对图书品质坚持极致追求,打造出无愧于时代的文化精品。

五、结语

在新时代,高校出版人肩负着树立中华民族文化自信的伟大使命,对学术图书内容和质量都提出了更高要求。社会层面应营造"尊重知识、尊重人才、尊重编辑""编辑工作平凡而伟大,编辑使命艰巨而光荣"等良好氛围,同时要大力提倡工匠精神,让高品质成为新时代的代名词;高校出版社要从制度设计层面努力提升编辑的归属感、荣誉感和获得感,让工匠式编辑有地位、有尊严;高校出版人要自觉肩负起传承时代文明、传播优秀文化、建设文化强国的出版使命,弘扬工匠精神,把图书做到极致,把能力用到极限,倾力打造出更多精品力作,不辱使命,不负韶华。

---

① 沈艳波.论新时代出版人的工匠精神[J].科技与出版,2020(3):118-121.

出版专业高级职称管理反思及对大学社的启示

职称是指专业技术人员的专业技术水平、能力以及成就的等级称号，是反映专业技术人员的技术水平、工作能力的标志。随着社会发展的需要，逐步产生了对专业技术人员的水平评价与聘任岗位相分离的需要，即"评聘分离"，职称的概念也相应发生了变化。聘任的岗位称为"专业技术职务"，简称职务；而专业技术人员的水平则以"专业技术职务任职资格"来标识，简称职称。从内涵上来看，职称是专业技术职务的名称，本质上是专业技术职务、职位或岗位。一个人的职称代表着他的学识水平和工作实绩，既属于对其以往工作业绩的事后追认，也蕴含组织对其在未来工作取得相应或更加突出业绩的期待。出版是传承文明、传播文化、传递知识、弘扬时代精神的重要载体，出版行业是知识含量高、专业技术强的行业，对出版人进行客观评价并按照相应的条件评定出版专业的职称特别是高级职称是一项非常重要的工作。但是，基于各种主客观条件的影响，我国出版专业的高级职称管理经历了很多波折，还存在很多问题，亟须进行修改完善。

回顾出版专业职称管理历史，分析出版专业职称管理特别是高级职称管理的现状和问题，完善出版专业高级职称管理制度，并提出对大学社编辑高级职称评审的启示及对策建议，对提升广大出版人特别是大学出版人职称评定积极性，提高职称在出版工作中的激励作用，促进出版业高质量发展，都具有非常重要的现实意义和时代价值。

一、对出版专业职称管理历史的回顾

出版职称制度始于20世纪80年代，对激励出版专业技术人才职业发展,加强专业技术人才队伍建设,促进出版业快速发展起到了很大的推动作用。① 党的十八大以后,为贯彻落实新发展理念,服务人才强国战略、科技强国战略、教育强国战略和创新驱动发展战略,中共中央印发了《关于深化职称制度改革的意见》(中办发〔2016〕77 号),对新时代深化职称制度改革提出了明确要求。

(一)1978—1985 年,探索编辑人员业务职称评定标准

1978 年改革开放以后,为加强对编辑人员的培养、考核和合理使用,充分发挥编辑人员的积极性,国家开始实行编辑职称制度,开展职称评定的试点工作。1980 年 11 月,国务院批准了由国家出版事业管理局、国家人事局制定的《编辑干部业务职称暂行规定》,规定编辑职称分为编审、副编审、编辑、助理编辑四级,以学历资历、业务能力和工作成就为确定和晋升编辑人员业务职称的主要依据。此后,各地、各单位开展了评定编辑业务职称工作。1982 年 11 月,原文化部出版局召开了全国评定编辑业务职称工作座谈会,就如何在评定编辑业务职称中坚持条件、保证质量提出了明确要求。会议强调,要把编辑的学识水平、业务能力和工作成就统一起来考察,特别要注意考察解决实际问题的能力。②

(二)1986—2000 年,实行出版专业技术职务聘任制度

专业技术职务是指根据工作需要设置的有明确职责、任职条件和任期,并需要具备专门的业务知识和技术水平才能担负的工作岗位。为适应经济体制改革和科技、教育体制改革的需要,1986 年 2 月,国务院发布了《关于实行专业技术职务聘任制度的规定》(国发〔1986〕27 号),国家开始实行专业技术职务聘任制度。③ 1986 年 3 月,中央职称改革工作领导小组

---

① 本刊评论员.积极稳妥地开展评定编辑业务职称工作[J].出版工作,1983(1):33-37.
② 全国评定编辑业务职称工作座谈会在京召开[J].出版工作,1982(13):60.
③ 徐波.浅谈建国以来我国职称制度的演变[J].黑龙江史志,2014(1):70,76.

颁布了由原文化部制定的《出版专业人员职务试行条例》（职改字〔1986〕第41号），该条例对编辑人员的任职条件、主要职责以及聘任和任命等都做出了明确规定，国家开始实行出版专业技术职务聘任制度。

（三）2001年以来，职业资格与专业技术职务聘任并行

职业资格是对从事某一职业所必备的学识、技术和能力的基本要求。职业资格包括从业资格和执业资格两类。从业资格是指从事某一专业（工种）学识、技术和能力的起点标准。执业资格是指政府对某些责任较大，社会通用性强，关系公共利益的专业（工种）实行准入控制，是依法独立开业或从事某一特定专业（工种）学识、技术和能力的必备标准。职业资格是市场经济条件下提升劳动者素质和科学评价人才的重要手段。职业资格制度是国际通行的一个评价制度。2001年8月，原人事部、原新闻出版总署发布了《关于印发〈出版专业技术人员职业资格考试暂行规定和出版专业技术人员职业资格考试实施办法〉的通知》（人发〔2001〕86号）。2002年6月，原新闻出版总署出台了《出版专业技术人员职业资格管理暂行规定》，决定在出版单位建立出版专业技术人员职业资格制度，并于同年9月举行了首次全国出版专业技术人员职业资格考试。《出版专业技术人员职业资格考试暂行规定》明确规定：出版专业资格分为初级资格、中级资格和高级资格；初级资格、中级资格通过考试取得，高级资格实行考试与评审相结合的评价制度；取得初级资格，可以聘任助理编辑（助理技术编辑或二级校对）职务，取得中级资格，可以聘任编辑（技术编辑和一级校对）职务。

二、出版专业高级职称管理存在的问题

出版专业高级职称评聘对广大出版机构和出版人来说，具有评价、激励和选拔等功能，有利于稳定编辑队伍、提升编辑自我价值认知，也有利于提升编辑队伍素质和能力，提高出版质量。但是，相对于教授、副教授等比较成熟的职称评聘来说，出版专业高级职称评审和管理比较滞后，还很不

成熟,在评聘和管理过程中还存在很多问题。

(一) 管理政策和制度滞后

在职称管理方面,政策依据仍然是中央职称改革工作领导小组1986年3月30日印发的《出版专业人员职务试行条例》(职改字〔1986〕第41号)及其实施意见。该条例距今已有35年,在专业类别设置和层级设置等方面已不能适应当前出版业的发展需要;在高级职称任职条件方面,该规定只做了定性要求,没有可操作性的具体标准。比如,在出版专业高级职称专业类别设置上,《上海市出版系列高级专业技术职务任职资格评审办法》(沪新出联〔2015〕5号)规定,只有编辑(含美术编辑)可申报编审、副编审,技术编辑和校对没有设置相应的高级职称①,而中国科学院编辑出版高级专业技术职务评审,对技术编辑和校对岗位分别设置了技术副编审和高级校对等高级职称。

在职业资格管理方面,虽然《出版专业技术人员职业资格考试暂行规定》和2008年颁布的《出版专业技术人员职业资格管理规定》都明确规定,出版专业高级职业资格需通过考试、按规定评审取得,但这一规定至今没有执行,也没有可操作性的实施细则。

(二) 各地评价标准差异较大

关于出版专业高级职称任职条件,《出版专业人员职务试行条例》(职改字〔1986〕第41号)在学历资历、学术水平、工作能力、业绩等方面都做了要求。其中,对学历资历条件的要求明确具体,对学术水平、工作能力、业绩条件只做了定性描述。因此,不同地区(单位)除对学历资历要求一致外,对学术水平、工作能力、业绩条件的要求差异较大。笔者选取了图书出版单位最为集中的北京市(中央在京出版单位)和东部地区、中部地区、西部地区具有代表性的上海市、河南省和甘肃省的正高级职称的任职资格

---

① 孙颙.关于上海出版专业职称改革变化进程的若干回忆[J].编辑学刊,2017(6):6-7.

学术水平、工作能力、业绩评价标准作为对比基础进行对比分析(见表1、表2)。从表中可以清楚地看到,不同地区任职资格评价标准差异较大。

表1 不同地区编审(图书)任职资格学术水平评价标准

地区	学术水平评价标准
北京市(中央在京出版单位)	作为第一作者,发表专业论文或相关专业论文3篇(专业论文至少2篇),或提交专业或相关专业论著1部(本人独立撰写超过5万字)
上海市	提交2篇市级及以上重点出版物、获奖作品的策划报告或审读意见,并符合下列条件之一:①独立发表2篇论文(每篇不少于5 000字)。②个人撰著的作品在全国性出版物评奖中有1种获奖或在省(部)级出版物评奖中有2种获奖
河南省	①送审在中文核心期刊或国家级出版物上发表独著的出版专业论文2篇(每篇不少于3 000字),并经专家鉴定合格。②独立撰写出版专业或本学科学术著作1部(10万字以上),或独立撰写出版相关专业学术著作、译著2部(每部不少于15万字)以上。③除送审论文外,本人独著并在核心期刊或国家级出版物上发表出版专业或与出版物学科一致的学术论文2篇以上(每篇不少于3 000字),或在省级以上出版物上发表学术论文4篇以上(每篇不少于4 000字)
甘肃省	作为第一作者在中文核心期刊上发表本专业学术论文1篇以上,或独立(作为第一完成人)出版本专业专著、译著1部

注:①本表根据《国家新闻出版署关于开展2019年度新闻出版单位高级职称评审工作的通知》、《上海市出版系列高级专业技术职务任职资格评审办法》(沪新出联〔2015〕5号)、《河南省出版专业高级职称申报评审条件》(豫人社办〔2018〕131号)和《甘肃省出版系列高级职称评价条件标准(试行)》(甘人社通〔2019〕317号)有关内容整理。

②表中北京市(中央在京出版单位)评价标准是指国家新闻出版署组织的中央在京出版单位高级职称评价标准。

表2 不同地区编审(图书)任职资格工作能力、业绩评价标准

地区	工作能力、业绩评价标准
北京市(中央在京出版单位)	提交代表本人最高水平的重大图书选题报告(规划),或重大图书营销方案,或高质量图书审稿意见1份以上
上海市	取得下列成绩之一:①主要参与策划或组织省市(部)级以上重点出版物的编辑出版工作,独立完成某一方面的工作;所编辑的出版物有1部获得国家级出版物奖(含提名奖),或2部获省市(部)优秀出版物奖(一、二等奖)。②主要策划或组织出版的多种出版物,取得良好社会反响与显著经济效益,有广泛的文化传播效应,并获专家认可
河南省	符合下列条件中的3条以上:①独立编辑出版国家级重点图书2册以上;或省部级重点图书4册以上。②责编或独立策划的图书获国家级奖2项以上,或获省部级一等奖2项以上;或个人独著作品获国家级奖、省部级一等奖1次以上,或学科一等奖2次以上。③年均责编稿件不少于4~5种(120万字)以上。④责编的图书有3种再版重印,或有1种累计实际发行5万册以上,复审、终审的图书有10种再版重印,或有2种累计实际发行5万册以上。⑤主持完成1项国家级或2项省、部级科研项目(课题)。⑥获得国家级出版专业荣誉称号
甘肃省	达到下列条件标准3项:①策划1种国家重点图书或3种省级重点图书。②策划、责编的图书有1种入选全国性出版推荐活动的出版物。③策划、责编的图书取得良好的经济效益和社会效益。④责编1种国家重点项目图书或3种省级重点图书。⑤编辑出版的图书有3种被境外出版单位购买版权。⑥获市厅级表彰2次。⑦作为第一作者在国内核心期刊公开发表学术论文2篇

注:①本表根据《国家新闻出版署关于开展2019年度新闻出版单位高级职称评审工作的通知》、《上海市出版系列高级专业技术职务任职资格评审办法》(沪新出联〔2015〕5号)、《河南省出版专业高级职称申报评审条件》(豫人社办〔2018〕131号)和《甘肃省出版系列高级职称评价条件标准(试行)》(甘人社通〔2019〕317号)有关内容整理。

②表中北京市(中央在京出版单位)评价标准是指国家新闻出版署组织的中央在京出版单位高级职称评价标准。

(三) 职称与岗位使用衔接不够

《图书质量保障体系》第八条明确要求,"复审应由具有正、副编审职称的编辑室主任一级的人员担任""终审应由具有正、副编审职称的社长、总编辑(副社长、副总编辑)或由社长、总编辑指定的具有正、副编审职称的人员担任(非社长、总编辑终审的书稿意见,要经过社长、总编辑审核)"。当前,有些出版单位并没有落实国家这一规定,只要是编辑室主任(不论是否有高级职称)都可以复审稿件,只要是社领导(不论是否有高级职称)都有终审资格。

在岗位任职条件方面,多数出版单位中层管理岗位(编辑室主任)要求中级职称(即出版专业中级职业资格)即可;社领导班子成员一般对总编辑(副总编辑)有副高级及以上职称的要求,而对社长(副社长)一般没有高级职称的要求。在工资待遇方面,出版单位多实行岗位工资制,员工按岗位取酬,一般出版单位每月有100~200元的高级职称补贴,或高级职称比同岗位的人员高一档工资。

(四) 各单位高级职称占比不高

图书出版单位高级职称的占比问题,虽然原人事部在2007年出台了《关于新闻出版事业单位岗位设置管理的指导意见》(国人部发〔2007〕50号),但文件仅要求"根据地区经济、社会事业发展水平,以及新闻出版事业单位的规格、规模、隶属关系和专业技术水平,实行不同的结构比例控制",并没有规定图书出版单位高级职称的结构比例。《山东省新闻出版事业单位岗位设置结构比例指导标准》(鲁人发〔2007〕83号)中规定了高级职称结构比例为35%,《重庆市新闻出版事业单位岗位设置管理指导意见》(渝人发〔2008〕40号)中规定了高级职称结构比例应不超过30%。《图书质量保障体系》规定,图书复审、终审应由具有高级职称的人员担任,且编辑出版过程必须坚持"三审三校"制度。一般认为,图书出版单位高级职称的合适比例为20%~30%。

为了解图书出版单位高级职称的比例,笔者对一些出版单位进行了调研。比如,中部地区某地方出版集团有 10 家出版单位,共有专业技术人员 1 250 人,其中高级职称 182 人,高级职称的比例为 14.56%。某中央在京出版单位有员工 70 人,仅有 5 名副高级职称人员,没有正高级职称人员,该出版社近 5 年也没有人申报高级职称。此外,笔者对 1 家出版集团和 8 家出版社做了调查,只有 1 家隶属于中国社会科学院的某社科出版社的高级职称比例刚刚超过 20%。由此看来,各图书出版单位的高级职称比例不高。

三、出版专业高级职称管理的反思和对策

基于以上出版专业高级职称评审和管理中存在的问题,要认真分析和反思问题成因,坚持有利于编辑人才成长,有利于资格和岗位匹配,有利于出版业高质量发展的原则,逐步建立起科学的人才评价机制,不断完善出版专业高级职称评聘标准和条件;职称管理上强化竞争、激励和约束机制的作用,以职称的科学管理引导出版人才的健康成长和出版业的可持续发展。

(一)明确评价方法,规范专业类别设置

第一,明确评价方法。2001 年制定的《出版专业技术人员职业资格考试暂行规定》要求"高级资格(编审、副编审)实行考试与评审相结合的评价制度,具体办法另行规定",但此规定至今没有执行。《出版专业技术人员职业资格管理规定》要求,高级职业资格通过考试、按规定评审取得。鉴于出版专业初级、中级职称是通过全国出版专业技术人员职业资格考试取得的,高级职称则似无考试必要。因此,应修订《出版专业技术人员职业资格考试暂行规定》《出版专业技术人员职业资格管理规定》中的相关规定,明确出版专业高级职称通过评审取得。

第二,规范专业类别设置。出版专业高级职称设副高级和正高级,名称分别为副编审、编审。根据出版业现状和工作岗位实际需要,出版专业高级职称设置文字编辑、数字编辑、美术编辑三个专业类别,将技术编辑归

入美术编辑类别,校对归入文字编辑类别。同时,建立职称评审专业动态调整机制,根据出版行业发展的实际需要,适时调整专业类别。比如近年来发展较快的数字编辑,是指利用计算机、通信、网络等数字技术手段,对文字、图像、音频等作品进行选题策划、稿件资料组织、编辑加工整理、校对审核把关、运营维护发布的工作;而数字出版编辑包括数字出版内容编辑、数字出版技术编辑、数字出版运维编辑等类别。

(二)坚持评价条件,完善职称评价标准

第一,坚持以德为先。坚持把品德放在评价的首位,通过个人述职、民主测评、群众评议等方式,全面考察高级职称人员的职业操守和从业行为,重点考察其是否具有坚定正确的政治方向,能否严格执行党和国家出版工作的方针、政策;同时,还应建立诚信承诺和失信惩戒机制,对通过违纪违规行为取得的职称,一律予以撤销。

第二,坚持学术水平评价。编辑是出版活动的把关人,肩负着向社会提供优秀文化产品的神圣职责。作为出版专业高级专业技术人才,只有具备相关学科的专业理论知识,熟悉相关学科的现状与发展趋势,又掌握编辑出版的基本规律,才会具备一定的鉴别力和驾驭力。这就必然要求其具备较高的学术水平。论文论著仍然是学术评价的主要依据,在学术评价标准中,需要对其有明确恰当的量和质的要求。

第三,突出业绩水平评价。应注重考核出版专业人员的工作绩效,将其组织策划、编辑校对、设计监制的出版物的社会效益评价放在业绩评价的首位,以重点项目、奖项荣誉、社会评价、国际影响等指标,量化出版物的文化影响和社会影响。同时,应增加出版专业人员组织策划、编辑校对、设计监制的出版物经济效益的考核内容。

第四,将国家标准、地区标准和单位标准相结合。国家出版行政主管部门应会同国家人力资源和社会保障部门研究制定《出版专业技术人员高级职称评价基本标准》。该标准应明确规定,出版专业技术人员高级职称评价标准既要有定性的要求(如在专业素质和专业能力方面),又要有定量的指标(如学术水平评价和业绩贡献方面),同时要保留一定的弹性范围,做到既不失统一性和可比性,又为各地区和单位的差异留有余地。各地区可根据本地区出版事业发展情况,制定本地区出版专业人员高级职称评价标准。具有自主评审权的用人单位可结合本单位实际,制定本单位出版专业人员高级职称评价标准,但地区标准和单位标准不宜低于国家标准。

(三)依规对接岗位管理,实现责任与职务有效匹配

在出版过程中,审稿是编辑工作的中心环节,复审、终审是书稿审读的关键环节。因此,《图书质量保障体系》对复审、终审岗位有明确的资格要求,即具有出版专业高级职称才有复审、终审的资格。在图书质量检查中,出版主管部门应检查督促出版单位落实此项规定。出版单位应做好高级职称与复审、终审资格管理、中高级岗位任职条件的有效对接,真正实现高级职称人员担负的审校责任和职称的有效匹配。同时,要落实高级职称的待遇,进而提高编辑申报高级职称的积极性,发挥职称在激励专业技术人才职业发展、加强专业技术人才队伍建设、实现出版业高质量发展中的重要作用。

四、出版职称管理对大学社的启示

大学出版社是以学术著作和高校教材出版为主要业务的出版单位,其出版图书的学术性强,对编辑的专业要求高,特别是新时代对学术图书出版提出更高要求的背景下,学术编辑需要从选题策划、作者遴选、"三审三校"把控、装帧设计、印制质量保障等环节进行全流程跟踪和控制,这就要求编辑具备全能型的素养和能力。相应地,对其职称的要求也越来越高。对大学出版社编辑职称的评价和管理有其特殊要求,也存在亟须解决的现实问题。

(一)大学社编辑高级职称评审及管理的突出问题

自从我国首家大学出版社中国人民大学出版社于1955年成立以来,

经过60多年的发展，大学出版社数量已经占到全部出版机构的五分之一左右。大学出版社是学术出版的沃土、思想传播的摇篮，为国家社会经济的发展和人才强国、教育强国、科技强国的建设做出了突出贡献。但是，因为机制体制的改革及评价标准的异化，当前大学出版社编辑职称评审和管理存在比较突出的问题。

第一，公司化改制导致大学出版社经济属性更为突出，编辑对职称晋升的愿望不强烈。肇始于2007年的大学出版社公司制改制，是在全国文化产业市场化的大背景下进行的，各家出版社按照上级主管部门的要求进行公司化改制，由原来的事业单位转制为企业单位。事业单位一般由国家拨付全部或部分运营费用，其生产产品具有较强的公益属性，坚持社会效益优先原则；企业单位要面向市场开展生产经营活动，运营经费完全自筹，坚持经济效益优先原则。公司化改制后，大学出版社为了能获得较好发展，往往更注重经济效益，所以在策划选题、产品生产上坚持利润导向，对编辑的管理和考核也以经济指标考核为主。编辑个人职称评审动力不足，其首先考虑的是图书市场需求，不能专心打造图书品牌，也不能静下心积累科研成果，重点图书、科研成果都很难产出，不能为高级职称评审准备必要的条件。①

第二，因为机制和体制的影响，大学出版社编辑高级职称评审通道不畅。当前，大学出版社人员身份大致有两类，一类是具有母体学校事业编制的人员。这类人员一般是在改制前已经在大学社工作，改制后仍继续在大学社工作，或者是在改制后按照学校招聘条件进入大学社工作。这类人员都有所谓的"事业编"身份，他们在申请职称评审时要按照大学的评定条件进行，要与大学同类身份的教师进行学术成果的对比和竞争。因为大学社编辑每天从事繁重的编校工作，能从事学术研究的时间非常有限，在科研上与大学教师竞争明显处于劣势，因此晋升高级职称非常困难。另一类是出版社自主招聘的编辑。这类人员是大学社根据工作需要而招聘的

---

① 周建华.关于大学出版社编辑职称晋升评价体系的思考[J].现代出版,2013(5):29-31.

编辑,属于所谓的"企业编"身份。近年来,基于职称评定管理体制的变革,职称评审主管部门要求职称申请"属地原则",即要通过主办单位申报职称,大学出版社"企业编"编辑要通过母体学校人事部门审定后才能提交到省级出版专业职称评定部门。但是,因为大学社"企业编"编辑不是大学的正式编制人员,大学人事部门一般不愿接收他们的职称申报材料,也不能提交到上级职称评定部门。因此,无论"事业编"还是"企业编"人员都面临着很大的高级职称晋升困难问题。虽然各大学社都在努力通过各种方式打通员工职称晋升渠道,但收效不明显。

第三,大学社高级职称人员比例偏低,严重影响出版质量。因为国家对社会出版机构编辑评定高级职称的要求相对较低,所以通过率比较高。与社会出版机构相比,大学社编辑高级职称比例明显偏低。对东部地区5所大学社的调查显示,大学社高级职称占比最高的为13.6%,最低的仅为7.2%;而东部某省出版集团高级职称占比为19.5%,基本是当地大学社的2倍。根据出版管理规定,图书出版必须坚持"三审三校"制度,复审和终审一般要由具有出版专业高级职称的人员承担。但是,因为大学社高级职称人员比例较低,要达到这一要求非常困难。同时,与社会出版机构主要以教材教辅出版为主不同,大学社一般以学术出版为主,具有出版品种多而发行量较少的特点,这更加大了大学社编辑复审和终审的工作量。所以,大学社在编辑的高级职称评审和管理上面临着严峻的形势,也给出版质量管理带来了巨大挑战。

(二)大学社改进出版专业高级职称评审和管理的对策

基于对出版专业高级职称管理的梳理和反思,大学社可通过以下三种方式有效化解员工高级职称评审和管理的困境。

第一,明确大学社编辑职称评价办法,坚持高于社会出版机构的评价标准。大学社编辑与社会出版机构编辑不同,对其专业性和学术性要求更高,因此,在出版社内部初评时,要强化专业能力和学术能力评价标准,提升高级职称评定门槛。在评价标准上,要坚持德才兼备和社会效益优先的原则,强化对政治素养、理论水平的考察;要坚持专业对口的原则,强化对学术水平的评价;要坚持业绩贡献原则,强化对业绩能力的评价。

第二,明确要求职称与绩效及发展挂钩,充分调动编辑职称评定的积极性。大学社应进行制度性设计和安排,在个人绩效考核及个人成长等方面充分体现职称的重要性,以调动员工晋升更高一级职称的积极性。比如,郑州大学出版社在工资发放及绩效考核中,明确规定了副编审的工资比同岗位中级职称编辑的工资高600元,编审比副编审工资高800元;在中层岗位竞聘条件方面,出版社规定,各业务部门中层正职比如分社社长(总编辑)等,必须由具有高级职称的人员担任。这一制度安排充分调动了编辑申报职称的积极性,大多数编辑充分认识到职称晋升的重要性,认真准备各项晋升条件,积极申报高级职称,仅2020年就有8位编辑顺利通过副编审职称评审。

第三,积极协调打通晋升渠道,为大学社高质量出版提供人才支持。大学社在编辑职称评定方面,基于编制身份不同,可以采取两种方法取得职称评定的突破。针对大学社"事业编"人员,出版社要积极与学校有关部门沟通,在不降低上级有关部门对副高级和正高级评审标准的基础上,建议学校出台关于出版专业高级职称的相关标准,但要低于学校同类人员职称的标准;同时,要为大学社提出"事业编"编辑高级职称的合理比例,既满足业务发展的需要,也要调动"事业编"编辑的积极性,但不能降低高级职称的评审标准。针对"企业编"人员,出版社要积极协调相关部门,为他们开通高级职称评审的正常通道。可以采取两种办法,一是协商学校人事部门,通过学校审核上报评审。"企业编"编辑不占用学校高级职称评审指标,他们只要达到省里规定的相关标准,就应该在程序上通过评审,给予审核上报。二是按照社会企业的方式为编辑申报高级职称。这种方式避免了与学校其他人员评审条件的横向对比,但需要上级职称评审主管部门特别批准。当前,一部分大学社采取了第二种方式,与大学高级职称评审相比,社会评审条件相对较低,大学社编辑高级职称通过率比较高,取得了比较好的申报和评审效果,极大调动了"企业编"编辑的积极性。

五、结语

职称是对专业技术人员品德、能力、业绩的认定,是岗位聘用和晋升等的重要依据。针对当前出版专业高级职称管理存在的问题,应根据《关于深化职称制度改革的意见》(中办发〔2016〕77号)、《职称评审管理暂行规定》(中华人民共和国人力资源和社会保障部第40号令)等,确立评审取得高级职称的评价方法,设置文字、数字、美术等三个编辑专业类别;坚持德才兼备、以德为先的原则,坚持科学合理的学术评价和业绩水平评价标准,有效衔接资格管理、岗位管理,完善出版专业高级职称管理,以适应出版业高质量发展的要求。

就大学社来说,新时代对学术出版提出了新要求,要科学制定人才成长的目标规划,以编辑队伍的全面发展和出版质量的全面提升为目标,创新管理方式方法,提升高级职称管理效率,让编辑人员有获得感、安全感和成就感,调动各方积极性,为学术精品的高品质出版和大学社的高质量发展提供人才支撑。

第四辑

图书教材出版与大学出版社治理

新时代地方高校出版社图书质量建设的困局与纾解

近年来,我国图书出版事业迅速发展,2018年全国出版图书达51.93万种,居世界首位,比1978年增长了37.9倍。① 随着我国图书出版规模的快速扩张,图书质量问题凸显,高品质图书占比较低。地方高校出版社是我国地方高校所属出版社,因其社会影响力弱,经济实力不强,优秀作者资源匮乏,编辑力量薄弱,单本图书发行量少等制约因素,导致图书出版质量不高,品牌图书打造困难,自费出版、合作出版问题突出。在新时代背景下,如何破解图书出版质量难题,提升地方高校出版社发展质量和可持续发展能力,是一个重要的学术命题、时代话题和现实问题,深入研究该命题,有很好的理论意义和实践价值。

一、新时代对图书出版质量提出了更高要求

新时代,人们对高品质文化产品产生更高追求,国家对图书出版强化质量监管,对出版社考核更加注重社会效益评价,智能出版成"新常态",出版融合呈"新生态",这些出版环境的变化对地方高校出版社的图书质量建设提出了更高要求。

(一)人们对高品质文化产品的追求对图书质量提出了更高要求

党的十九大报告指出,进入新时代,我国社会主要矛盾已经转化为人民日益增长的美好生活需要和不平衡不充分的发展之间的矛盾。当前,我

---

① 柳斌杰,邬书林.新闻出版改革开放40年的巨大成就[M].中国出版年鉴,2019:754.

国已经进入了精神消费和品质消费时代,文化消费需求日益高涨。满足人们过上美好生活的新期待,对图书出版业来说就体现为对高质量图书的充裕供给。当前,我国国民平均阅读率还比较低,快餐式的浅阅读和碎片化阅读逐渐成为主流,而经典阅读和深度阅读越来越被忽视,这不仅与国民科学阅读素养培养不足有关,更重要的是市场上可供阅读的高质量图书匮乏。国民阅读质量关系自身文化水平和素质的提升,关系国民幸福感的提升,更关系国民素养和国民形象的提升,需要出版社为社会提供大量的以图书为载体的科学知识、文化智慧和深邃思想[①],这也是新时代出版社高质量发展的必然要求。

(二)考核评价变化和政策严格监管对图书质量提出了更高要求

当前,我国地方高校出版社都已经完成了企业化改制,成为市场经济的完全竞争主体,即成为经济人。而经济人的最显著特征是逐利性,为了达到经济效益最大化目标,部分高校出版社忽视社会效益,出版了大量内容质量不高、吸引注意力但又缺乏知识性甚至"三俗"的图书,体现出典型的拜金主义思想。这种现象严重影响了我国文化事业的发展和人们对高质量精神文化产品的追求。基于此,党的十九大以来,党和国家对新时代的出版业给予高度重视,并提出严格要求,在政策上严格监管,在评价上更加突出社会效益:相继出台了《关于加强和改进出版工作的意见》《图书出版单位社会效益评价考核试行办法》等文件,明确了"社会效益首位,实现社会效益和经济效益相统一"的评价要求,在权重设置上更加注重图书内容、编校、设计和印制等的质量建设,占比达50%;同时注重资助书、获奖书、畅销书和品牌书的建设,"'双效统一'出精品"已成为常态性的要求。在监管上,强化出版物质量检查力度,对内容、编校、设计和印制质量的要求越来越严格,惩罚力度越来越大,将质量检查的结果直接与编辑晋升、出版社评先评优、出版基金申报、书号分配等与出版社利益攸关的事项直接

---

① 于友先.高质量发展是新时代出版的必由之路[J].中国出版,2018(17):14-18.

挂钩；同时，对质量较高、表现突出的出版社给予各种政策倾斜。在书号管理越来越严格的背景下，地方高校出版社如何运用好书号资源、提高出版质量，是每家出版社都需要面对的重要课题。

（三）出版市场环境新变化和新常态对图书质量提出了更高要求

进入新时代，人们对精品图书和高质量图书产生了强烈需求，出版市场"强者越强、弱者越弱"现象更加突出，"二八法则"不仅体现在出版社之间的竞争上，也体现在图书品种的销售竞争中。从出版社的经营上来看，国家级权威出版社凭借着企业品牌优势、人才优势和技术优势，占据图书的高端市场；地方出版集团凭借着渠道优势控制着销售的终端市场。未来出版市场的头部品种所占市场份额会越来越大，出版物的品种集中度会越来越高，经典图书强者恒强。从国家对出版市场发展的引导上来看，进入新时代，守正创新已经是出版业发展的主基调和新常态，出版市场呈现出的主要特点是：主题出版全面繁荣，传统文化出版热点纷呈，科普读物出版更加注重原创性，经典出版广受欢迎，讲好中国故事题材出版持续发力，国家出版基金资助等重大项目出版更加注重学术性。[1] 新时代出版市场的这些新变化，要求地方高校出版社要时刻追求出版内容的内在价值含量，以高质量图书出版来适应出版市场的新变化和新常态。

二、新时代地方高校出版社图书质量建设的困局

我国现有图书出版单位585家，其中高校出版社108家，地方高校出版社34家。[2] 地方高校出版社一般以学术出版为中心，以"服务大学、服务地方经济社会发展"为办社宗旨。在新时代背景下，地方高校出版社拥有很多发展机遇，但也面临着多种挑战，特别是在图书质量建设方面，存在

---

[1] 何军民.当前出版业高质量发展的八个特点和五个突破：以2018年北京图书订货会为中心的考察[J].出版广角,2018(7):31-33,93.
[2] 柳斌杰,邬书林.二〇一八年全国新闻出版业基本情况[M].中国出版年鉴,2019:754.

多种发展困局,亟须认真对待和纾解。

（一）对优秀作者的强烈需求与优秀作者资源严重不足的困局

从图书对社会产生的效用上来讲,它作为一种精神文化产品,是通过内容对人的思想产生作用,进而对社会产生影响。[①] 从图书的使用价值上来看,满足读者的学习、生活、工作等各种需求是其本质属性,而图书内容质量是满足读者各类需求的最主要元素。图书内容质量取决于作者的原创能力和写作水平,高质量的图书出版需要高水平的优秀作者资源。基于地域、主管单位、行业影响力的差异,相对于影响力较大的国家级权威出版社来说,大多数地方高校出版社社会文化影响力小,特色不鲜明,品牌力弱,创新力不强。而优秀作者选择出版单位主要看其社会影响力、知名度和品牌效应。地方高校出版社要想获得优秀作者的青睐,需要在专业细分领域做出特色,在该领域有较高知名度。但是,大多数地方高校出版社处于出版产业链的中低端,经济实力薄弱,打造多个细分专业领域的出版特色和出版品牌比较困难。就学术出版来说,地方高校出版社的作者资源主要是本省高校及研究机构的普通学者,而本省的知名专家、教授一般选择国家级权威出版社;就社会出版来说,其大多数作者没有受过系统的写作训练,图书内容原创性、学术性不强,撰写格式、体例、内容等存在不科学、不规范、不正确等不同形式的问题,书稿编校难度非常大。没有高水平作者的支持和信任就没有高品质图书的内容资源,高质量图书出版就是无源之水、无本之木,这是制约地方高校出版社图书质量建设的重要因素。

（二）对优秀编辑的强烈需求与优秀编辑队伍严重不足的困局

图书的编校、设计、印制都是图书质量建设的重要组成部分,而这些环节的高质量完成需要有能力、敢担当、善创新的编辑人员来具体实施。高水平的图书编校质量对优秀的编辑队伍形成了强烈需求。结构合理、专家

---

① 林青山.社会效益优先,对图书内容质量实行全过程管理[J].科技与出版,2018(9):72-75.

领衔的编辑人才队伍是抓好精品图书出版的重要人力保障。因为地方高校出版社品牌影响力较弱,在市场拓展上受到的阻碍比较多,再加上传统出版的利润率逐渐下滑,数字出版虽然是发展方向但是投入大、见效不明显,导致大部分地方高校出版社经营环境比较恶劣,经济效益不佳。因为高校出版社主要是学术出版,其对编辑的学历、职称和能力要求高,而编辑的工作强度大、收入待遇低、职称晋升困难,所以其对高水平编辑的吸引力在逐渐下降。同时,随着融合出版的发展,受互联网公司和数字出版公司待遇高、发展空间广阔等优越条件的吸引,地方高校出版社专家型编辑出版人才大量流失,企业核心竞争力逐渐降低,给出版社的发展带来较大的负面影响。当前,很多地方高校出版社编辑队伍处于青黄不接的状态。一方面,"体制内"有事业编制的编辑人员大多年龄偏大,缺乏创新能力和开拓进取精神。另一方面,素质高、能力强、善创新的成熟的社聘骨干编辑离职率高;而当前作为主力军的社聘编辑人员大多比较年轻,资历浅、职称低、经验少,策划和编辑高质量图书的能力弱。同时,市场化的企业运营机制与"体制内"的事业单位管理方式之间的矛盾,导致地方高校出版社的编辑队伍建设一直跟不上时代发展的步伐,优秀编辑数量严重不足,这是制约其图书质量提升的主要因素。

(三)对品牌畅销书的强烈需求与自费书、合作书占主导的困局

在新时代,读者和作者都对图书质量提出了更高要求,任何一种新书的出版都应精雕细琢、精益求精。地方高校出版社要实现可持续健康发展,必须在品牌书和畅销书上下功夫。但是,地方高校出版社的社会影响力与社会认可度较低,其出版的图书很多是自费书、合作书和包销书。学术出版是地方高校出版社的主要出版方向,但其作者一般学术影响力弱、学术地位低,其出版著作的主要目的是职称评定或项目结项,所以很多著作写作水平不高,学术创新性不强。因为这类著作受众小,销量少,所以一般为自费出版。高校学生教材分为基础课和专业课教材两类,高校基础课一般选择全国通用教材,而专业课一般由任课教师推荐或指定教材。当前高校学生选购教材遵循自愿原则,很多大学生宁可复印也不愿购买新教

材,导致任课教师组织编撰的教材销量很少。地方高校出版社每年出版的教材种类很多,但单品种销量少,一般需要作者资助或包销才给予出版。对于与图书公司的合作出版,一般是图书公司提供书稿,出版社进行编校加工,出版后由图书公司负责市场推广,出版社的销售量会更少。无论是自费的学术出版还是包销的高校教材出版,抑或是合作的社会出版,其主要特点是图书出版种类多、发行少,涉及的学科领域多,对编辑的数量和能力要求高,这给图书的高质量编辑和出版都提出了严峻挑战。但是,这些图书生产过程短、见效快,基于利益考虑,编辑往往愿意策划和编辑这类图书,"有数量缺质量"的弊端很难根除。

(四)对全程质量控制的强烈需求与部分环节难以到位的困局

图书质量保障是一个复杂的系统工程,包括策划、组稿、审稿、编辑加工、设计、印制、销售等图书出版的所有环节,需要作者、编辑、审读、校对、印务等各环节的精诚合作。[①] 图书出版的全过程质量管理是指从策划到销售的一整套内容的质量保障体系。图书生产是思想、知识和文化的再生产,对社会经济发展起着举足轻重的作用,强烈要求对图书生产的全过程进行质量监控。但是,在实际操作过程中,因为各种主客观条件的制约,地方高校出版社对上述要求很难落实到位。一是市场化导向使制度执行不到位。部分出版社过于追求经济效益和短期利益,不注重原创性精品图书的选题和开发。为了抢市场,压缩出版流程,以审代编、以编代校,"三审三校"、审读及印前质检等流程形如过场。二是流程管理执行不到位。当前,很多地方高校出版社初级及中级职称人员占比高,高级职称人员比例偏低,按照有关规定,无论复审或终审都需由高级职称人员(终审需由具有高级职称的社领导负责)来完成。但是,因为学术著作等图书种类多,高级职称人员少,复审和终审往往是走马观花,重进度轻质量,不能真正发挥应有的作用。三是对图书绩效的考核制度不合理。一部分地方高校出

---

① 孔庆勇,孔庆合,黄成群.图书质量保障的"四有"和"四无"[J].科技与出版,2018(1):93-96.

版社过分强调选题策划和资源整合能力,即重视回款业绩考核,轻视质量考核,导致很多编辑重策划、轻审校,重数量、轻质量,质量控制制度执行不力。

三、纾解地方高校出版社图书质量建设困局的对策建议

近年来,图书出版业从追求规模扩张转向追求内容品质,回应了新时代广大人民对高质量精神文化产品需求的呼唤。推动图书出版的高质量发展,是出版人落实新时代使命责任和传播优秀文化、传承文明成果的必然要求。地方高校出版社要按照《关于加强和改进出版工作的意见》和《图书出版单位社会效益评价考核试行办法》的要求,依托母体学校的资源优势和专业优势,突出特色,主动策划,深入挖掘优秀作者和优质内容,培养和打造品牌编辑,扎实推进全过程质量控制体系的建设,努力打造文化品牌。

(一)策划优质选题,吸引优秀作者,为提升图书内容质量提供保障

图书内容质量的决定因素是书稿的质量,而决定书稿质量的因素是选题的质量和作者的写作水平。图书选题策划是充满创意的文化活动,是高质量图书出版的前提。选题策划和设计是编辑的创造性劳动,也是保证图书质量的重要环节。一本优秀的图书,必定是经过编辑理性思考、精心设计出来的。策划优质选题,必须确保选题的导向性、创新性、前瞻性、时效性、独特性和针对性。① 地方高校出版社要根据自身编辑和出版能力,对选题总量进行控制,使新书的出版规模控制在自身质量保障能力以内。要严格落实选题三级论证制度,将内容质量保障的关口前移。坚决杜绝平庸选题、"三俗"选题、跟风选题和重复选题,从源头上把好关。

作者是出版社的核心战略资源,谁拥有充足的一流作者资源,谁就拥有市场的主动权和话语权,就能在资助书、获奖书、畅销书等方面有可靠的

---

① 涂潇.对于新时代图书选题策划的思考[J].中国编辑,2018(6):66-67.

作品来源,从而获得社会效益和经济效益的双丰收。地方高校出版社资金实力和社会影响力不如国家级出版社,但依靠编辑人员的专业优势和某一特定领域的出版积累,依靠编辑工匠般的专业能力、全心全意为作者服务的态度,就能在某个细分市场获得优秀作者的信任和出版依赖。同时,要在细分领域打造作者的品牌优势,重视作者出版资源的立体开发。比如郑州大学出版社在创伤医学领域积累了丰富的出版经验,通过对这个领域的深耕和编辑持之以恒的努力,真正做到了吸引作者、团结作者和凝聚作者。通过信用建设、专业交流、成功出版物示范、"一对一"开发等措施,发现和吸引了一大批优秀作者队伍,比如付小兵院士、王正国院士等,依托他们的优秀学术成果,出版社获批3项创伤医学类国家出版基金资助项目,出版了一大批国家级重点图书,填补了我国在该领域的部分出版空白。

(二)注重职业发展,抓好编校队伍,为提升图书编校质量提供保障

品牌和精品图书必定有高水平的编校质量,而优秀的编校队伍是图书编校质量的重要保障。地方高校出版社要优化体制机制,打造科学的人力资源配置结构和完备的人才资源储备机制,完善薪酬体系,建立有效的激励机制,搭建员工的成长成才平台,建设一支数量充足、能力全面的编校队伍。第一,做好编校队伍建设的顶层设计,在制度层面做好规划和安排,在职称晋升、职务提升等方面为编校人员的职业成长提供足够的发展空间。第二,在绩效考核方面充分体现多劳多得、优劳优得的理念,让优秀编校人员充分体会到荣誉感、尊重感和获得感。第三,建设以人为本的企业文化,培养编校人员对出版社的认同感和归属感,减少流动率,确保优秀人才引得来、干得好、留得住。第四,强化终身学习的理念,创建学习型组织。一名优秀的编校人员不仅是某一领域的专家,还应该是博古通今、学富五车的杂家。[①] 在知识快速更新的新时代,出版社要强化编校人员的"本领恐慌症"意识,加强业务能力、专业知识和新媒体技术的学习培训。第五,健全骨干编辑、学者型编辑及行业领军人物的引进和成长机制,充分发挥

---

① 朱丹.提升图书编校质量之我见[J].中国出版,2019(21):35-37.

"头雁效应",打造全体编校人员的"工匠精神",以生产出更多有思想、有筋骨、有深度,受市场青睐、读者喜爱、专家好评的品牌图书。①

(三)强化专业建设,夯实专业能力,为提升图书质量提供专业保障

地方高校出版社主要为学术出版服务,是学术内容整理的知识服务型企业。在国家大力推进出版业供给侧改革的时代背景下,地方高校出版社要依托母体学校的专业和学科资源优势,依托自身的专业和地域优势,坚定专业自信,坚守专业定力,注重突显专长特色,加强系统规划,主动策划、深入挖掘优秀内容,提升原创出版能力,唱响文化出版品牌。同时,要严格树立边界意识,可为处大有作为,不可为处坚决不为。通过专业化的发展方向,聚焦获奖书、资助书和畅销书,提升图书的影响力、传播力、竞争力和生命力。

编辑的专业能力建设对于推动出版社高质量发展具有非常重要的基础性作用。地方高校出版社要加强规划,让每位编辑在某一个或几个专业方向上做精做深,在专长和特色上彰显实力。优秀的编辑不仅能润饰书稿内容、发现正误,而且可以在某一专业领域策划优秀选题,做到人无我有,对行业发展有超强的敏感性,并能找到最合适的作者撰写选题内容。在专业和能力发展上,出版社要强化编辑的"四力"建设:一要增强出版"脚力"。编辑是文化的守望人、知识的摆渡人和作者、读者的贴心人。② 要扩大优秀作者"朋友圈",让作者认可和点赞,培养作者出版黏性。要强化用户思维和读者思维,深入读者,精准把握读者需求,了解读者心声。只有用扎实的脚力深入作者和读者,心中永远装着作者和读者,才能策划和编辑出"作者放心、读者喜欢"的好书。二要增强出版"眼力"。编辑要增强观察和判断事物的本领,能对各类复杂的社会经济现象有客观准确和前瞻性

---

① 萧宿荣.图书出版高质量发展路径初探:以南方传媒为例[J].出版发行研究,2018(9):67—70.
② 董苏煌."五力齐定",做好新时代高质量编辑出版工作[J].出版广角,2019(8):53—55.

的判断,善于捕捉并发现优秀选题,准确判断图书内容质量。三要增强出版"脑力"。编辑要增强分析和思考问题的能力和水平,并从讲政治、讲大局的高度认识图书的编校和出版工作。四要增强出版"笔力"。编辑要提升对语言文字的驾驭能力,利用精炼准确的语言文字,把选题设计出彩,把书稿编辑出色①,赢得作者和读者的充分认可。

（四）完善制度管理,强化责任落实,为提升质量管理效能提供保障

近年来,我国先后出台或修订的《图书质量保障体系》《图书质量管理规定》《出版管理条例》和《关于加强和改进出版工作的意见》等,对图书出版质量进行了制度性约束和政策性安排。在国家相关出版管理规定和文件的框架下,地方高校出版社要根据自身实际,制定和完善图书内容、编校、设计、印制等环节的质量保障制度和办法,比如《图书出版贯彻落实意识形态工作责任制实施办法》《图书选题论证管理办法》《图书出版流程管理办法》《图书编辑加工基本规范》《关于"三审三校"的具体要求》《图书排版制作管理规范》《图书装帧设计管理规范》《图书印装质量管理办法》《图书质检管理办法》《重点图书生产管理办法》等,以规范的制度保障图书的高质量出版。

要强化责任主体,狠抓制度落实。第一,抓好选题三级论证制度,即策划编辑做好选题报告,相关分社（编辑室）深入进行选题论证,出版社选题审批委员会对选题严格审查。以三级论证强化书稿的准入管理,严格抵制低质量、低水平的书稿。第二,多重把关夯实"三审三校"制,在图书的政治性、思想性、知识性、科学性及语法文字等方面做到细致入微,同时要确保"齐清定"。第三,严格按照《图书装帧设计管理规范》的要求,在设计环节做到"有声有色",以高雅精美的设计风格,让读者有庄重和美的感受。第四,严格落实《图书印装质量管理办法》的相关规定,在印制环节充分考虑设计的印刷实现度,选择高质量的印刷工艺、印刷材料和专业规范的印

---

① 郑可.打造出版精品,推动高质量发展:关于新时代出版人践行"四力"的若干思考[J].中国编辑,2019(11):30-33,54.

刷企业,为读者呈现的是精美的图书,让读者享受的是艺术的书香。第五,依照《图书质检管理办法》,把好各类质检关,让质检成为各道工序的最后一道屏障。第六,横向到边,纵向到底,强化出版各环节的质量监管,明确责任主体,完善奖惩机制,为高质量图书的生产打造全流程质量监控防范体系。

(五)摒弃短期利益,注重长远发展,落实社会效益首位和双效统一

当前,国家级教育出版机构主导着高校教材出版市场,地方出版集团占据着地方中小学教材市场,民营图书公司占据着中小学教辅市场,权威和特色出版机构占据着畅销书和长销书市场。很多地方高校出版社在长期可持续的终端市场开发方面往往有心无力,有些出版社注重短期利益,"大干快上、广种薄收",出版图书品种多、销量少,质量堪忧。为了减少合作书和自费书依赖,地方高校出版社要拿出壮士断腕的决心,摒弃短期利益,注重长远发展,结合自身学科出版优势和地域特色,坚持社会效益首位,做到双效统一。

第一,做好地方高校特色优势学科的出版服务。比如郑州大学出版社要更好地服务母体学校的材料科学、临床医学、化学,河南工业大学的粮油食品,河南农业大学的作物学,河南理工大学的安全科学与工程等学科的出版。这些学科在全国有一定的影响力,作者学术水平高,影响力大,社会效益好,经济效益佳。第二,在地方文化出版上打造出版品牌。在地方文化出版上,地方高校出版社有着天然的优势,可以加大原创策划,提升内容水准。比如郑州大学出版社对黄河文化、豫剧文化、河洛文化、武术文化等选题的策划和出版。这些地域传统文化特色鲜明、底蕴深厚,能打造出高质量的图书出版品牌。第三,以项目制带动编辑团队的培养和图书的高质量出版。通过项目制可以深耕专业方向,培养专业人才,出版高质量的专业图书,减少碎片化生产。地方高校出版社要高度重视各类出版规划、重点工程、资助项目的申报和实施,以项目推动发展。比如郑州大学出版社开展的创伤医学领域的项目化运作,出版了在该领域有影响力的图书50余种,有近千位知名作者参与图书创作,培养了10余位优秀的医学编辑。

国家出版基金资助项目《中华战创伤学（11卷）》被国家出版基金委评为"特别优秀"项目，该丛书销售达 13 615 册，销售码洋 663 万元，实现了社会效益和经济效益的双丰收。

四、结语

图书是知识物化的重要载体，它承载着文明，凝结着作者和出版人的智慧和结晶。① 地方高校出版社承担着"服务'双一流'建设，传承文化和文明"的重大使命。图书出版质量是出版社的发展之基、强社之本，也是出版单位核心竞争力的具体体现。在新时代，面对图书质量建设的困局，地方高校出版人要以建设百年品牌出版社为长远目标，把追求图书的卓越品质作为持续发展动力，努力打造具有"强健脚力、强锐眼力、强大脑力、强劲笔力"的品牌编辑队伍，聚集有品格的优秀作者，策划有品位的优秀选题，出版有品质的精品图书，为增强人们的文化获得感和幸福感，更好地满足人们日益增长的美好生活需要做出更大的贡献。

---

① 陈晗.利益相关者视角的出版企业社会效益分析[J].中国出版,2020(9):36-38.

大学出版社高校教材建设的现实困境与纾解路径

一、高校教材建设与大学出版

教材建设是提高高等教育教学质量的重要保障,是实现立德树人的重要载体。高质量教材是我国实现从高等教育大国向高等教育强国迈进的重要"引擎"。教材建设是高校人才培养的重要依托,使用什么教材,反映并决定了想要培养什么人、怎么培养人以及能够培养什么人的问题,关系党领导的中国特色社会主义事业的巩固和发展,关系"两个一百年"奋斗目标和中华民族伟大复兴中国梦的实现,关系国家的繁荣昌盛和长治久安。① 教材建设是国家事权,体现国家意志。

近年来,党和国家高度重视教材建设工作。2017年7月,国家成立教材委员会,其主要职责是指导和统筹全国教材工作,抓好顶层设计,健全教材体系。2017年10月,习近平总书记在哲学社会科学工作座谈会上提出,要抓好教材体系建设,形成适应中国特色社会主义发展要求、立足国际学术前沿、门类齐全的哲学社会科学教材体系。2019年12月,教育部印发《普通高等学校教材管理办法》,对高校教材的管理、规划、编写、审核、选用、保障、监督等做了科学安排和系统界定,它是新中国成立后第一个系统的大学教材管理办法,明确了高校教材建设"谁来管""管什么""如何

---

① 靳晓燕.教材建设是国家事权:对话国家教材委员会委员[N].光明日报,2017-07-14(6).

管"的问题。① 2020年9月,教育部召开首届全国教材工作会议,专门强调了加强党对教材建设的领导,坚持正确的方向,加强政治把关,健全教材体系,注重改革创新等教材建设的重点事项。2020年11月29日,习近平总书记在给人民教育出版社老同志的回信中指出:"百年大计,教育为本。希望人民教育出版社紧紧围绕立德树人根本任务,坚持正确政治方向,弘扬优良传统,推进改革创新,用心打造培根铸魂、启智增慧的精品教材,为培养德智体美劳全面发展的社会主义建设者和接班人、建设教育强国作出新的更大贡献。"从而可以看出,高校教材建设已经成为高等教育领域的核心工作,也是实现立德树人和建设教育强国、科技强国的重要载体和支撑。

《中国出版年鉴2019》的统计资料显示,2018年全国共出版图书519 250种,总印数100.1亿册。其中,教材82 862种,总印数34.81亿册;大专及以上教材59 950种,总印数3.10亿册。② 从统计数据可以看出,高校教材的出版是我国教材出版的重要组成部分。当前,我国共有大学出版社108家,大学社成立的初衷是为中国高等教育人才培养和建设服务,为高等教育的教学科研服务,为高校师生提供优质教材出版保障和服务,推广优秀的教学经验和成果是其最重要的工作使命和责任。近年来,随着高等教育的迅速发展,大学社的社会影响力和品牌竞争力日益突出,已经成为高校教材出版的主力军。但是,因为各种主客观因素的影响,大学社在高校教材的建设方面遇到很多发展瓶颈,严重制约了高校教材的出版质量,进而影响到高校的人才培养质量。在高校教材建设已经成为国家事权的背景下,亟须对高校教材建设存在的问题进行认真分析,并提出具有可操作性的对策建议,以实现在高等教育领域的高品质教育出版和教材出版。

---

① 孙立会,朱雅,李芒.大学教材建设的问题与政策建议[J].黑龙江高教研究,2020(8):1-5.
② 柳斌杰,邬书林.新闻出版改革开放40年的巨大成就[J].中国出版年鉴,2019:754.

二、国家事权对大学出版社高校教材建设的要求

习近平总书记明确指出教材建设是国家事权。国家事权要求教材建设要体现国家意志,坚持党的领导,服务国家发展战略,强化政府统筹管理;要坚持马克思主义指导地位,体现马克思主义中国化要求、中国和中华民族风格、党和国家对教育的基本要求、国家和民族基本价值观、人类文化知识积累和创新成果。① 国家事权对教材建设的要求,反映到大学出版社高校教材建设方面,具体体现为把方向、守阵地、出精品、强队伍、抓保障五个方面的要求。

(一)把好政治方向,确保价值导向

高校教材是培养德智体美劳全面发展的优秀社会主义建设者和接班人的重要载体,其思想政治方向必须以习近平新时代中国特色社会主义思想为指导,价值导向必须符合社会主义核心价值观和国家、民族基本价值观的要求。大学社要加强党的领导,必须在高校教材出版的各个环节,比如选题、"三审三校"、装帧设计等,把好政治方向和价值导向关,特别是对哲学社会科学领域的教材出版,要强化审核把关,明确责任主体,决不能在方向和导向上出问题。教材出版要在坚定理想信念上下功夫,在厚植爱国主义情怀上下功夫,在加强品德修养上下功夫,在增长知识见识上下功夫,在培养奋斗精神上下功夫,在增强综合素质上下功夫,树立健康第一的教育理念,全面加强和改进学校美育,在学生中弘扬劳动精神。

(二)坚守思想阵地,防范错误思潮

当前,意识形态的争夺和斗争是中西方斗争的主阵地,以美国为首的部分西方发达国家在意识形态领域对我国发起全面挑战。当代大学生社会阅历相对不足,对意识形态的理解和看法不够全面,容易受一部分所谓

---

① 郑富芝.尺寸教材 悠悠国事:全面落实教材建设国家事权[N].光明日报,2020-01-21(13).

"公知""大V"等的影响,对西方所谓的民主、宪政等理解片面,对马克思主义的本质内涵缺乏认知,容易陷入意识形态领域的误区。因此,大学社在高校教材建设过程中,要增强把关意识,建立把关机制,提升把关能力,所有教材都要体现马克思主义的指导地位,体现马克思主义中国化的最新要求,全面防范极左、极右以及西方错误思潮对大学生世界观、人生观及价值观的影响。以正确的"三观"思想为学生强基固本,打好中国底色,厚植中国基因,培养拥有中国心、饱含中国情、充满中国味的优秀大学生。

(三)强化精品意识,确保精品出版

高校教材辐射面广,影响力大。策划编辑在策划高校教材出版时,要选择政治强、业务精、学术水平高的作者,并对作者提出国家对教材的相关要求,其内容要充分体现人类文化知识积累的创新成果。哲学社会科学领域的教材,内容要体现中国立场、中国智慧、中国价值;自然科学领域的教材要瞄准国家战略需求,围绕人工智能、大数据、区块链、网络空间安全、环境科学、海洋科学和能源科学等领域,组织出版一批多元化人才需要的高校教材。同时,为提升学生的学术实践能力、创新创业能力,要加强实验、实践性教材和创新创业教育教材的开发。在出版环节,无论编辑、校对还是设计、印制等都要以服务国家战略为使命,坚守工匠精神,在科学严谨上下功夫,做到精益求精,为莘莘学子奉献高质量教育读物,经得起历史和实践检验,经得起广大高校师生的使用和阅读评价。

(四)强化队伍建设,完善激励机制

高品质教材出版,人是第一要素。大学出版社要强化人才队伍建设,通过激励机制的制度设计和安排,建设一支能力强、素质高、能打硬仗、富有工匠精神的编校队伍。在人才队伍建设上,出版社要坚持培养和引进并重,引进时强调敬业精神和专业能力,培养过程中强调员工可持续发展能力建设,要特别强调创新能力和工匠精神的培养。同时,要完善激励机制,通过先进的企业文化培养员工的归属感,通过较丰厚的物质待遇培养员工的获得感。要在企业内部建立良性的竞争机制,通过公平竞争培养起"比赶超"的发展氛围。大学社员工整体素质比较高，通过公平的激励制度建设和积极向上的文化建设，确保做到感情留人、待遇留人和事业留人，为高质量教材出版提供高水平的人才队伍资源。

(五)抓好各类保障，形成出版合力

为了高水平建设高校教材，大学社要抓好系统保障工作，形成出版合力。要从出版社管理体制上深化改革，在经费投入、绩效引导、督促检查等多个层面构筑高校教材建设的保障体系。要改革选题策划流程，形成四级选题论证制度，即策划编辑与作者沟通论证选题、学科组论证选题、分社（编辑室）论证选题、出版社编辑委员会论证选题；改革经费投入机制，对论证成熟的教材出版选题，要进行经费投入模拟推演，在确保社会效益首位的基础上做到双效统一；改革绩效考核机制，不完全按照经济绩效进行考核，对社会效益非常突出的创新型教材，主要考核其社会影响；改革督促检查流程，做到全过程、全方位督促检查，确保每个工作流程都做到高质量。出版工作是一个系统复杂的工作流程，在工作过程中要形成统一思想，通过合力生产，完成高水平出版的目标。

三、大学出版社高校教材建设面临的问题和挑战

高校教材是一种特殊的商品，既是高校立德树人的知识和文化载体，又具备一般商品的生产、分配、交换和消费属性。因此，大学出版社在高校教材的建设过程中，既要考虑高质量服务高校教育教学的本职责任，又要考虑出版社生存和发展的经济利益，要做到社会效益和经济效益的有机结合。但是，因为近年来高校对学生教材采取自主购买方式，对教师编写教材缺乏激励机制和硬约束，对教材缺乏科学的审核和评价机制，对创新性教材开发力度不够；同时，由于高校教材专业门类多，对专业的要求高，再加上销量有限，基于利益考量，出版社投入不足。当前，大学出版社高校教材建设面临着很多问题和挑战，给高校人才培养带来很多负面影响。

(一)销售层面:学生对教材认识存在误区,教材需求急剧下滑

当前,我国高校学生分为研究生和本专科学生两大类。研究生又分为硕士研究生和博士研究生。博士研究生招生规模小,每个专业一般不超过10人,使用教材比较少。其公共课教材由学校统一采购,专业课教材一般由授课教师通过讲义或学术著作代替。硕士研究生使用的英语、政治等公共课教材一般也由学校统一提供,学生自愿购买;专业课大多由授课教师指定教材,学生按照书单自行购买,或者使用同专业的本科生教材,或由任课教师的相关著作、讲义代替。对于研究生教材,因为销量少,大学出版社出版积极性不高。

大学本专科生招生规模大,教材销售量高,能产生很好的经济效益。但是,本科生与专科生又有所不同。大多数高职高专学生统一购买教材,因此,高职高专是相当一部分大学社教材销售的目标市场。本科高校则不然,大多数高校为本科新生统一购买的教材一般为全校公共课教材,主要向出版公共课教材的国家级出版社比如高教社、外研社等出版机构订购,只有极少数大学出版社有一定的市场份额。所以,大学出版社高校教材出版一般是专业教材。但是,因为各种主客观因素的影响,大学出版社对高校专业课教材开发困难重重,品种多,销量少。同时,部分教材开发销售被民营图书公司控制,部分编者(主编)的专业素质低,有些教材作者挂名多,主编甚至不懂专业。出版图书以极低折扣出售或者回扣比例大,造成了影响极坏的"劣币驱逐良币"现象,严重冲击着高校教材的出版市场。

当前,高校改革不断推进,给予学生很多选择自主权,在教材供应方面,体现为由原来的集中统一供应改为大学生自主购买或自行购买。自主购买指的是由学校根据任课教师或二级学院推荐教材,学校有关部门统一采购,学生自愿在学校购买,不再强制人手一册,这种方式一般指的是科目少、用量较大的公共课教材,比如英语、数学、体育、"两课"教材等。而自行购买指的是任课教师和学院通知学生教材版本、出版机构,由学生自行购买,学校不再统一组织购买教材,这种方式一般指的是科目多、用量少的专业课教材,比如财务管理、新闻采访与写作等。高校采取学生自主(自

行)购买教材的方式主要是基于两点考虑,一是给学生选择的自主权,保护学生的合法利益;二是可以做到教材的循环利用,有利于节约资源。从出发点来看,这种考虑有一定道理,但在执行过程中出现很多问题,严重影响了教材使用的效果和学生培养质量。

学生自主购买教材,教材的供应方式大致有五种:一是学校教材管理部门统一采购,学生自愿购买;二是由学校的书店或有关代理机构统一采购,学生在此购买;三是学生在京东、当当等购物平台购买;四是学生在复印店或盗版书商处购买;五是学生在二手书市场购买。通过学校教务部门、学校实体书店或正规网店购买的图书,质量比较有保障,而通过其他渠道获得的图书一般价格低、质量差。

从现实的情况来看,当前大学生通过不正当渠道获得专业课教材的比例逐步增加,甚至逐步成为主渠道。这会造成四个方面的问题:一是为大学出版社教材出版带来了很大压力,因为教材订数不能确定,所以出版社和实体书店面临着很大的出版和销售压力,造成了非常被动的局面。出版社不愿意在专业课教材出版上投入人力、物力、财力;实体书店则退出大学校园。经调查了解,有近一半的本科高校校内竟然没有一家实体书店,这不能不说是高校管理者的一种悲哀。二是学生版权和知识产权意识淡薄,影响学生诚信素质的培养。相当一部分学生通过复印店、不法书商等渠道低价购买盗版教材,这种情况严重侵犯了出版社专有出版权和作者的著作权,但很多大学生往往意识不到其危害性,即使意识到属于侵权行为,但又受"法不压众"等思想的影响,不把其作为诚信缺失或违法的事件来看待。这与培养遵法守法公民和高素质建设者的目标背道而驰。三是严重影响教学质量和人才培养效果。在当前的教材购买政策下,很大一部分学生宁愿花费三四百元过一次生日,也不愿花费同样的资金购买一个学期的专业课教材,这是高校人才培养的一种异化,也是非常不正常的现象。很多学生上课时不带教材、不记笔记,只带一部手机,有兴趣拍几张任课教师的PPT,没兴趣则低头玩手机或睡大觉,广大任课教师只能放任或无奈,严重影响了人才培养质量。四是加大教师授课难度。对于教材上的相当一部分知识点,教师指导学生阅读学习即可,教师只需要讲解关键点,但是,因为没有教材的支持,教师只能对知识点进行全面讲解,浪费了很多宝贵的课堂时间,不能把最新的知识点或创新点进行充分阐释,这为教师授课带来了很大压力。甚至有部分教师授课完全脱离教材,自由发挥,但这与本科生授课要求的知识讲解和学科创新的目标相背离,影响了教学效果和人才培养质量。

从总体上来说,学校对教材购买的放任,学生对教材的忽视,教材销量的不确定性,导致大学出版社对高校教材建设缺乏足够的热情,也带来很多问题。从小处说,是教材供应问题;从大处说,涉及人才培养、诚信建设、高等教育质量等社会问题[1],需要社会、高校、出版社等层面共同努力,以切实解决影响教材建设的痼疾和隐患。

(二)内容层面:对教材开发重视不够,导致教师缺乏编写动力

当前,受西方对高校评价指标体系的影响,我国对高校的评价也是以各类排名为重要依据,而排名的主要依据是科研成果产出,对人才质量的评价主要是定性的软约束指标。因此,高校对教师的考核和评价主要以科研产出为主要依据,对授课质量和教材编写等与人才培养质量相关的考核缺乏定量考核标准。作为激励传导,教师把主要精力放在科研上,对教学和教材编写缺乏动力。从教材出版的现状来看,当前出版社教材建设的积极性高于高校,普通教师编写教材的积极性高于知名学者。其问题主要表现在以下四个方面。

第一,高校教材编者学术水平不高,教材内容质量堪忧。因为高校考核导向的异化,高水平教师缺乏编写教材的动力,普通教师缺乏编写高水平教材的能力。从高校教材建设规律上来看,高质量高校教材应该由本专业的职称及学历高、学术水平好、教学效果优的优秀教师编写,但在实践操作层面,基于学科建设的需要,高校非常重视学术论文、高水平学术著作、省部级以上科研项目和成果奖励,而对高校教材建设不够重视。因此,高

---

[1] 伊静波.浅析当前我国高校大学生自主购买教材的途径、问题及对策[J].出版科学,2019,27(6):82-86.

校有影响力的学者一般不主编教材,对本科生授课也不重视,甚至不为本科生授课。年轻教师虽然有编写教材的积极性,但专业水平和学术水平达不到高水平编写教材的要求,所以编写的教材容易出现内容拼凑、知识陈旧、学术失范、创新不足等问题。甚至部分编者主要是为了评定职称、完成教学科研考核或教学改革项目结项,编写教材比较随意,重跟风轻原创、重热门轻冷门。同时,高校对教材的审查门槛低,教材审查注重形式、轻视内容、缺乏标准;高校虽然有教材的选用制度,但一般授课教师推荐后,学院和学校尊重教师意见,不会轻易否决,导致选用程序流于形式,选用结果则以牺牲学生利益为代价换来教师的自主性。这些都严重影响了高校教材建设的质量。

第二,教材内容老化和西化,弱化马克思主义理论指导地位。因为专业课教材销售有限,无论是编者本人还是高校出版社,都缺乏对教材进行及时修订的积极性,导致教材内容老化,不能与时俱进,比如部分新闻传播学类教材,对媒介文化批判、计算传播学、大数据新闻等缺乏教材融入;部分哲学社会科学领域的教材,不能呈现最新并具有时效性的前沿成果,与现实情境相脱节,容易对大学生造成误导。部分教材编写缺乏中国元素,比如一部分经管类教材,盲目崇拜所谓的西方经典理论,直接对西方教材进行翻译,是西方教材的搬运工,马克思主义在教材中"失踪",不能做到在借鉴中进行批判,缺乏新时代经济管理思想,欠缺中国立场,不能体现中国基因;一部分人文社会科学领域的高校教材,缺乏中华优秀传统文化、革命文化和社会主义先进文化的"身影",未做到马克思主义对教材体系的指导,在一定程度上存在西化的倾向;部分法学教材宣传权利本位理论、大力宣传"宪政民主";部分历史学教材否认唯物史观,存在历史虚无主义倾向;等等。[①]

第三,教材建设缺乏整体规划,教材内容和教材系列碎片化严重。很多高校对教师编写教材缺乏整体规划,成规模、成体系的系列教材开发不

[①] 简繁.中国特色哲学社会科学教材体系建设成就、问题与路径探析[J].思想理论教育导刊,2020(5):104-108.

足,对编写把关不严,审核监督不力,选用制度形同虚设。一方面新兴学科专业教材编写不足,另一方面部分领域教材编写饱和且同质化严重。学校对教材编写审核把关不严,教材编写门槛较低,部分编者态度不端正,在编写过程中粗制滥造、东拼西凑,与培养方案对标力度不够;部分教材虽由有影响力的专家作为主编,但在编写过程中,却是由专家自己指导的博士生或硕士生具体承担,内容质量难以保证。[①] 有的主编在不同出版社出版内容大致相同的同类教材,或在同一家出版社出版多部同一课程名称的教材,导致同类教材数量庞杂,重复出版严重,质量参差不齐。个别书商为了销售教材,对主编随意署名;为了达到销售教材的目的,一些掌握着销售渠道的非专业人士也堂而皇之地出现在主编或副主编的名单中,成为教材建设中极具讽刺性的"黑色幽默"话题。

第四,教材编写理论与实践脱节,教材内容和教学实践缺乏指导性。当前,高校教材编写和使用的一大诟病是理论与实践的脱节问题。大学生按照教材进行系统学习,对实践的指导作用不够;而大部分专业能力建设需要很强的实践知识做指导,但是我国高校教师大都是从学校到学校的学术性人才,一般具有博士学位且真正受过系统实践训练的教师比例很低,比如编写《财务会计》的教师没有从事过会计业务,编写《新闻采访与写作》的教师没有从事过新闻采访和写作,他们编写的教材大多理论性强,实践性差,与现实实践严重脱节,对学生不能起到应有的指导作用,大大降低了学生购买教材的积极性。用人单位对当前大学毕业生评价比较负面的一个重要原因是,学生所学和社会所需相脱节,理论知识和产业融合度低,实用性不强,这与高校教材理论和实践脱节有很大关系。

(三)形式层面:对教材创新性开发不足,不能满足新时代的要求

随着我国信息技术及互联网的迅速发展,"互联网+出版"也成为出版行业的重要发展方向。同时,随着慕课、网上教学、翻转课堂等新型教学模

---

① 周根红.高校教材出版现状与高质量发展路径:以新闻传播学类教材为例[J].中国出版,2019(3):18-20.

式的出现,教学实现了"实时数据交互",网络教育已经"反客为主",对基于印刷术的传统课堂教学产生了严重冲击,提出了严峻挑战。特别是受新冠肺炎疫情的影响,网课、腾讯课堂、钉钉课堂等更成为广大师生非常欢迎的教学方式。这种教学新事物、新场景的出现,需要提供与新型教学相适应的创新型和立体化教材。而现行教材作为标准化教材和重要的课堂资源,其多样性和广泛性不足,与前沿信息技术相脱节,缺少线上线下的资源链接。因为立体化教材和融媒体教材开发成本高,对编写人员和编校人员的要求高,大学出版社对此类教材开发的盈利模式不够清晰。因此,适应信息化要求的创新型教材整体开发比较滞后,不能满足新时代对高等教育教学发展的需要。

第一,教材开发力度较弱,融媒体立体化教材缺乏。立体化教材是以传统的纸质教材为基础,融合多媒体、多用途以及多层次的教学资源和多种教学服务为内容的结构性配套教学出版物,包含视、听、练等内容,能帮助学生全方位开展专业学习。[①] 建设和开发立体化教材应该是未来发展的趋势,但当前很多高校教师和出版人对立体化教材的本质认识不到位,我国对立体化教材也没有科学规范的评价体系和标准,教师编写立体化教材需要投入数倍于普通教材的时间和精力,而高校对教师开发立体化教材缺乏足够的激励和引导机制,所以教师参与的积极性不高。对于出版社来说,立体化教材编校难度大,特别涉及一些音视频内容,需要较高的新媒体技术及专门的编校技术和能力的支持。出版社前期投入比较大,假如定价较高,高校学生购买意愿就会降低,未来可预见的经济效益可能较低,所以出版社开发立体化教材的动力不足。

第二,教材与前沿信息技术脱节,广泛性和个性化不足。在传统教学中,教材是重要的课程资源,教师、学生都围绕教材开展教学、学习。随着信息化的迅速发展,当前教材的编写和出版模式已经远远不能满足信息化和学习方式网络化的需要,表现为传统教材与前沿信息技术的脱节。学生

---

① 药蓉.试论新时代大学出版社高校教材建设新思路[J].中国出版,2018(21):50–52.

需要在更广泛的领域涉猎更多元化和个性化的知识,但当前的纸质教材很少利用二维码等技术链接更多数字资源,出版社和编者还面临着很多技术门槛,如图片处理,视频拍摄、剪辑等,导致线上、线下资源整合受阻。[①] 开发的教材满足不了视频公开课、微课等的需要。

第三,出版社及作者数字出版意愿低,数字化建设滞后。数字化教材是利用多媒体技术将传统纸质内容进行数字化处理,转化为适用于各类电子终端的互动性教材,其融合了文字、音频、视频、图片以及动画等多种元素,不仅使得教学更具趣味性和开放性,也能激发学生的学习兴趣[②];同时,数字化教材便于存储、携带和传播,非常受当代大学生的欢迎。但是,受各种主客观因素的影响,当前大学出版社数字化教材出版比例较低。一是对现有教材内容资源开发和利用率比较低,真正符合数字化教材出版个性化和多元化要求的资源较少;二是基于知识产权的考虑,在出版社盈利模式不成熟的情况下,作者很难获得版税的承诺,因此作者将纸质教材进行数字化的意愿比较低;三是基于版权的考虑,在对融媒体教材专有出版权缺乏保护的情况下,数字教材盈利模式不明晰,大学出版社也缺乏对教材进行数字化的动力。数字化出版的另一种方式是教材内容与新技术和数字化的融合出版,在编写教材时就考虑数字出版方式。但是,基于数字化的不成熟,很多数字化教材只是在传统教材的基础上简单转换,比如加上二维码、转化为PPT等,并不是真正意义上的数字化教材。这使得大学出版社缺乏动力去主动思考数字化教材的创新思路。

第四,新兴和特色专业教材建设滞后,制约人才培养质量。随着我国社会经济的快速发展以及5G、大数据、区块链等信息技术实现"弯道超车",近年来高校新设立了很多新兴(特色)专业(学科),比如智能科学与技术、网络与新媒体、数字出版、采购管理等,这些专业的建设和人才培养

---

① 李玉婷,孙晗霖,胡郭勇."互联网+"时代大数据精准教学模式下教材出版的思考[J].科技与出版,2018(6):73-76.

② 余建清.媒介融合背景下教材的数字化出版现状及对策[J].编辑学科,2020(3):77-80.

需要高质量教材做保障。但是,基于教师对专业的认知和教学实践还处于摸索阶段,编写专业教材可供借鉴的教材和著作不多;同时,因为篇章结构、知识体系都需要探索和讨论,需要投入大量的精力和劳动,因此,这类教材开发困难,符合专业要求的高质量教材严重匮乏。新设的特色专业很多属于交叉学科,专业性强,招生人数少,教材出版难度大,销售量少,出版社在开发能力上和开发动力上都不足,严重制约了这类专业的人才培养质量。对于一些高校在传统专业的基础上结合社会经济发展和科技进步而开设的特色课程,同样存在教材建设的类似问题,比如新闻传播类专业开设的"VR与无人机""数据新闻""数字创意传播"等课程,教材开发很多停留在理论层面,一般由任课教师根据自己的理解和讲义进行讲解,授课缺乏高质量教材的支持。

(四)编校及出版层面:教材品种多且专业性强,出版质量堪忧

高校教材一般专业性强,涉及的品种多,学生用书量少,出版社需要投入大量的人力、物力、财力进行开发和建设,但是单本销售比较少,经济效益差,需要出版经费的支持。在大学社当前人力资源及经营的现状下,很难保证所有专业课教材的出版质量。

第一,高校专业和课程数量多,大学社编辑数量和能力不足。当前,大学社的编辑和校对人员一般以社聘为主,大学社出版图书的专业性强,对编辑的专业、学历、能力要求高,但是大学社出版的新书多、销量少、可复制性低,其经济效益相对较低,员工待遇和社会出版社相比并不突出,所以出版社招聘高素质员工比较困难。但是,高校专业多、课程多导致教材出版科目多,仅工商管理类就有会计学、财务管理、市场营销、物业管理等10个专业,而其中的会计学专业开设了20多门专业课程。每家大学社不可能有学科门类齐全的编辑队伍,所以一部分编辑需要跨学科编辑校对书稿,要达到高质量编校的目标比较困难。

第二,单本教材经济效益差,大学社对教材出版的积极性不高。当前,高校已经稳定招生规模,每个专业招生人数有限,专业课教材销售目标市场比较窄。由于高校的专业课教材销售量少,再加上很多大学生不愿意购

买教材或购买盗版教材,大学社在专业课教材建设上处于两难的境地。高质量出版专业课教材是大学社的应有之责,但出版后销售有限,经济效益低,甚至很多教材出版处于亏损的状态。各大学社对下属的分社或编辑室实行独立经济核算,而分社或编辑室一般不愿意出版经济效益相对较差的高校教材。无论我国标杆式大学社比如中国人民大学出版社、北京大学出版社、复旦大学出版社等,还是出版规模相对较小的地方高校出版社,比如郑州大学出版社、河南大学出版社等,高校教材出版占比都在逐步下降,已经背离了大学出版社成立的"初心"和目标。

第三,大学社对教材发展反应滞后,对教材建设规律研究不够。随着信息技术的发展,大学生依赖纸质教材的局面被打破,多种形式的学习方式对纸质教材的出版产生了剧烈冲击,大学生对纸质教材的需求显著下降,教材也不再是大学课程的唯一资源。但是,大学社对此变化并未给予充分重视,在开发融媒体教材及数字化教材方面动力不足、行动不力。在教材规律建设的研究方面,大学社在信息化时代对教材的形式变革前瞻性考虑不足,对新形式教材的设计和研究缺乏,不能顺应信息化发展的趋势积极求变、主动应变,出版的教材无法适应时代发展和学生的现实需要,导致大学社教材出版和大学生需求失衡,对出版社可持续发展造成很大影响,也对学生的培养产生很大的负面影响。

第四,高校教材使用缺乏反馈,使大学社不能适时改进和提升。当前,高校教材在使用的过程中,作者和出版社对教材修订缺乏动力和积极性,大学生对教材的使用缺乏反馈,使教材不能及时改进和完善。按照教材建设规律,教材出版并由师生使用后,应对教材使用效果进行科学评估和反馈,教材评价是教材质量改进的关键环节。但是,当前高校教材建设是以编写、审核、出版、使用为闭环,未对教材的反馈进行制度性安排,未建立科学的评估和评价机制,不能对教材的使用效果进行客观、及时的反馈,教材不能做到有效更新,进而影响到教材质量的提升以及后续的可持续使用,最终影响到出版社教材的销售和同类教材开发的效果。

四、大学出版社高校教材建设的思路与对策

高校教材建设,要坚持正确政治方向和价值导向,以打造精品教材为引领,全面推进教材的高质量建设。作为高校教材出版和建设的主阵地,大学社在高校教材建设过程中,首要的是引领读者、引领高校师生,通过出版物传播正能量。要协调好各种关系,遵循问题导向,在内容质量建设、创新形式建设、编校和出版质量建设、发行管理等方面做好工作,确保为广大师生提供内容精良、形式丰富多样的高品质教材。

(一)强化国家事权出版责任,坚持"立德树人"任务导向

习近平总书记明确指出,教材建设是国家事权,教材的核心功能是育人。2020年1月,教育部发布的《普通高等学校教材管理办法》中明确提出:"高校教材必须体现党和国家意志。坚持马克思主义指导地位,体现马克思主义中国化要求,体现中国和中华民族风格,体现党和国家对教育的基本要求,体现国家和民族基本价值观,体现人类文化知识积累和创新成果。"这是高校教材编写、出版、发行和选用的基本要求,也是必须遵守的规定性要求。大学出版社在教材建设过程中,要强化国家事权在教材出版中的主导地位和出版责任,把"立德树人"作为高校教材建设的一以贯之的首要任务导向,并将其规划好、落实好。

第一,深刻理解国家事权的核心要义,教材建设要充分体现国家意志。建设什么样的高校教材体系、对大学生传授什么内容、倡导什么核心价值观,是决定着国家未来建设者学什么、信什么的重大战略命题。因此,大学社必须把高校教材建设作为国家事权,从党中央重视、国家和民族长远发展、人民群众需要、高等教育发展新阶段等方面看待高校教材出版。第二,牢牢把握党对教材工作的领导权,并落实到教材建设的各方面。把好育人育才的重要关口,使教材领域成为坚持党的领导的坚强阵地。在高校层面和出版社层面,都要体现党对教材建设工作的领导,全面推进习近平新时代中国特色社会主义思想融入教材,强化中国特色社会主义话语体系在哲

学社会科学教材体系建设中的主导地位,推动思想政治工作与自然科学、工程领域的教材建设同向同行。[①] 第三,服务"立德树人"根本任务,强化马克思主义理论的指导地位。建设什么样的高校教材,大学生喜欢读什么样的教材,对大学生的人生观、世界观和价值观的培养发挥着重要作用。作为在培养社会主义事业建设者和接班人过程中发挥重要作用的高校教材,必须全面贯彻落实马克思主义中国化的指导思想和核心要义,充分体现中国特色社会主义的历史、文化和国情,以社会主义先进文化和社会主义核心价值观之"德"树德智体美劳全面发展之"人"。第四,重视教材意识形态的功能属性,落实大学社意识形态安全责任。当前,中西方在意识形态领域的斗争更加复杂,形式更加多元。在高校教材特别是人文社科类教材建设过程中,要牢牢把握意识形态主动权,对涉及意识形态比较突出的"两课"教材,法律、经管、新闻与传播、教育、公共管理、思想政治教育等学科的教材,要始终以马克思主义中国化理论和习近平新时代中国特色社会主义思想作为教材的指导思想。要严把意识形态关,确保将国家意志和中国特色社会主义主流意识形态贯彻到教材建设全过程;在教材编写、出版以及引进翻译的教材建设过程中,时刻保持政治清醒和思想自觉,坚决预防和抵制西方所谓"民主""宪政""自由"等有害价值观的影响。

(二)积极配合高校有关部门,共同打造教材的内容质量

高校教材建设是一项系统工程,具有复杂性和长期性等特点,其过程包括规划、编写、审查、出版、选用、评价、修订等多项流程,每项流程相互衔接,在教材建设过程中缺一不可,需要大学社总体策划和统筹。针对教材建设中内容质量存在的问题,大学社应积极配合高校提升各方面的积极性,共同打造高质量内容高校教材。教材编写出版是各高校的主体责任,特别是重点院校在特色专业出版的主体责任。

[①] 王媛,楼程富.新时代高等教育教材出版的深度思考:基于出版社区域影响力的分析[J].中国出版,2018(17):38-41.

第一，做好教材规划和研究，提出教材编写的具体规范和要求。高校要成立教材建设领导小组，对教材的编写、审核、遴选、使用等统筹安排。当前，中宣部、教育部组织专家编写和遴选思想政治课教材、"马克思主义理论研究和建设工程"教材，这类教材意识形态较强，主要是哲学社会科学领域的教材，包括高校思想政治理论课和马克思主义理论、哲学、政治学、法学、社会学、经济学、文学、历史学、新闻传播学、教育学、管理学、艺术学等主要学科专业的基础理论课程和专业主干课程教材。校本专业课教材一般是由高校自主组织编写，高校应按照上级有关规划要求，制定符合本校实际的教材规划实施方案，并根据不同类型和专业的实际，大力开发多样化、多层次的教材。学校下属学院，应根据学院师资力量情况和专业发展需要，规划本学院的教材开发方案。除了做好规划外，学校要制定全校层面的教材编写规范，每个学院根据学科、专业特点形成教材编写的具体要求，并编撰下发《教材编写须知》，教师要按照《教材编写须知》要求开展编写工作。从总体上来说，每一门教材都要由该专业的骨干教师组织编写；教材要充分反映国家事权对教材建设的制度性要求，反映本专业发展的最新成果，同时对元典文化和理论有深度理解和把握；教材内容要充实、丰富，结构要严谨；要做到理论紧密联系实际，对学生开展实践有较强的指导意义；等等。学校要做好教材编写的研究工作和培训工作，建议在教务处成立教材研究中心，对教材的建设开展系统研究；组织专班对教师编写教材进行系统培训，主要培训学校教材发展规划、激励机制，教材编写有关要求、规范、方法等，让参加教材编写的教师有章可循，编出的教材体例统一，形成教材体系和教材品牌。

第二，完善教材编写激励制度，提升高水平教师编写教材的积极性。当前高校教材编写乱象频发，其主要原因是教材编写激励机制的缺失。应加大激励机制的改革力度，让编写高质量教材成为高水平教师的主动追求和重要的工作目标。一是在教师考核中，改革"重科研、轻教学"的异化导向，回归"立德树人""教书育人"教师本位。二是在职称评定、学术评价、工作量计算等涉及教师的具体利益上，要把编写教材与撰写学术专著同等对待；认真审核课程设置和课程内容，把教材编写和使用纳入教师考核目标。三是实施教材编写奖励制度,对编写质量高、师生评价好的教材,要给予相应的物质奖励。四是作为一种制度性安排,根据学校编写教材的具体情况,每年评选优秀教材。同时,建议国家教材奖和省市级教材奖每年评选一次,并把它与同级别科研奖励同等对待;把编写高质量优秀教材作为评优评先、高水平人才认定的重要依据,提高教师编写教材的积极性。五是要在学校形成一种舆论氛围,高水平教师编写高水平教材是应有之责,并作为教学成果的代表作在职称晋升和人才认定上发挥重要作用。六是要安排足额的专项经费,以满足教材编写和出版的费用要求。高校教材编写出版特别是专业课教材出版,一般科目多、销量少,比如传统的考古专业、近几年兴起的网络与新媒体专业等,招生规模小,教材需求量少,无论从编写来看还是从出版来说,经济效益都比较低,不足以调动编写者和出版者的积极性。因此,高校要设立教材建设专项资金,通过科学的评估方式,确定支持教材出版的经费额度。对各级各类重点规划教材,要进行资金配套支持。"双一流"建设高校,要成立"双一流"教材建设基金,支持重点教材的开发建设。通过制度性安排,解除高水平教师编写教材的后顾之忧,提升其编写教材的积极性。

第三,严格教材编写标准,充分体现思想性、科学性和先进性。在教材编写过程中,要求编写组成员以对学生、对高等教育高度负责的编写态度,以好的教材标准规范编写流程,提升编写质量和效率。编写出的教材要做到六个"好":一是编写队伍要好,编写人员政治上要过硬,师德要优,学风要实。二是编写理念要好,教材编写要对标人才培养目标,坚持立德树人,着重体现学生能力培养和价值观教育;教材编写要符合高等教育发展规律、学生成长成才规律、专业发展规律和社会发展规律。三是设计形式要好,编、章、节的设计要科学合理,力求做到结构平衡;图文版式设计要灵活多样,与内容高度匹配,给人以美的阅读享受。四是内容可读性要好,使大学生愿意并乐于使用教材,从书中感受到阅读的价值。五是书稿系统性要好,能全面反映该门课程的知识体系,结构要科学,具有较强逻辑性;同专业各门课程教材之间既紧密联系,又自成体系,形成有机的统一体。六是教材符合性要好,教材既要符合国情、省情、校情,又要符合师生使用特点和理论联系实际的现实需要。①

要提升教材编写质量,充分体现思想性、科学性和先进性,具体表现如下:一是要充分体现思想性,即教材编写必须坚持"立德树人"的基本立场,把习近平新时代中国特色社会主义思想和社会主义核心价值观通过润物细无声的方式融入教材。教材不同于著作,教材具有很大程度的标准性,反映着国家意志和阶级立场,在高校教材编写中不能夹杂编者个人的好恶和观点。二是要充分体现科学性。教材编排要科学,充分考虑学生的知识水平、年级特点、接受能力等因素,内容要涵盖本专业的核心概念、基本思想和主要方法,充分体现学科的基本逻辑体系。三是要充分体现先进性。教材编写要紧跟学科和专业发展前沿,引导学生主动了解和探索本专业的新问题、新方法和新趋势。② 思想性、科学性和先进性是辩证的统一,也是高校高质量教材建设的必要前提,需要高校教材相关管理部门和教材编写团队达成共识,确保体现在教材建设的全过程。

第四,对教材编写要严格审查,确保专业水平高、知识体系全。组织教师编写教材,要坚持"凡编必审"的原则,把好教材质量关、政治关,严把教材出口关。要强化高校教材编写的审定程序,解决"谁来审核""审核什么""如何审核"等问题;要细化审核标准,提高审核的科学化和规范化。审核包括两个过程:事前审核,即对教材编写标准进行审核,主要审核编写标准是否科学合理,对人才培养的价值性如何,教材编写的指导思想、框架体系及适用范围是否适宜,审查教材编写团队是否具有编写高质量教材的能力,职称、学历和教学实践是否达到相关要求,等等。事后审核,包括六个方面:一要审查教材内容是否符合意识形态的要求,是否贯彻了习近平新时代中国特色社会主义思想的有关要求,是否是马克思主义中国化的最新成果;二要审查教材的先进性和原创性,教材是否具有较高学术水平,是

---

① 马明辉.打造精品教材的关键:团队+内容——兼谈教育出版的使命[J].出版科学,2017,25(3):48-51.
② 李叶峰.高校教材治理的价值诉求、现实困境与实践对策[J].黑龙江高教研究,2020(8):6-10.

否代表该专业学术发展的前沿水平,是否为作者原创;三要审查教材科学性,其结构、知识体系是否符合教学大纲的要求,内容能否充分反映专业发展的创新成果;四要审查教材中的理论是否紧密联系实践,是否能给予学生很好的实践指导;五要审查教材编写的形式是否新颖,是否符合当代大学生对教材的阅读和需求偏好;六要审查编写的教材是否接地气,是否突出鲜活性和可读性。学校和学院在组织教材审查的过程中,一定不能走过场、流于形式,要以对学生高度负责、对专业发展高度负责的态度,细化审查指标,提升审查标准,确保教材编写质量过硬。

第五,严格执行教材的选用制度,做好教材使用的评价和反馈。在西方发达国家比如美国,高校选用教材必须经过有关教育主管部门审定。而当前我国高校教材的选用主要由任课教师负责,教材使用后也缺乏必要的评价和反馈。作为教材使用者的广大学生基本没有话语权,教材对学生的吸引力不够。要改变教材使用的现状,高校应严格教材选用制度,及时开展教材使用的评价和反馈,提升教材使用质量和效果。一是建立教材选用组织,严格教材选用流程。要建立教材选用组织机构,广泛吸收课程专家、一线教师及广大学生的意见和建议,通过集体决策讨论教材使用目录,并进行公示,接受广大师生监督。同时,高校应硬性要求教师选用的教材必须是最新版本,即最新出版或最新修订版本。二是建立健全教材使用的监测和评价机制,跟踪和评价教材使用效果。要细化教材质量和使用的监测标准,建立教材质量监测和师生使用教材情况数据库,对教材质量和使用效果进行周期性监测。当前学生缺乏使用教材的意愿,不愿意购买教材,其中一个重要原因是教师不按教材章节体例进行讲授,未对教材进行深入研究、使用和解读,建议学校通过量化考核指标,来监测教师依据教材授课和学生使用教材情况,并进行及时反馈。三是制定教材评价标准,明确评价导向。要根据不同学科、不同类型的教材,有针对性地制定评价标准,标准要具有可操作性,确实能评价出同类教材的好坏优劣;教材评价应常态化和制度化,要注重学生对教材使用的评价意见。四是通过开设专门的反馈渠道,注重对教材使用意见和建议的收集,跟踪教材使用效果评价。大学社要和学校有关部门一起,对教材使用前、中、后进行动态测评,广泛调查教材的使用频率、使用效果、不足和意见等,形成跟踪报告,为教材的修订提供建设性意见。五是完善教材修订和退出机制,确保教材的前沿性和时新性。对自然学科类教材,要紧跟科技发展前沿,对教材定期进行修订;对哲学社会科学类教材,应制定严格的修订和退出机制,一般3年要修订一次,中央精神、最新研究成果一定要体现在教材中。内容陈旧,缺乏思想性、科学性和先进性的教材必须退出课堂,给学生提供的教材必须代表学科的先进理念和前沿水平,以确保学生所学知识的创新性和时代性。

(三)加大高校教材的创新开发力度,提升融合和数字出版效能

在高校教材建设成为国家事权的时代背景下,党和国家对大学出版社提出了新要求。作为高校教材出版的主阵地,大学社要加大对高校教材的创新开发力度,狠抓内涵发展能力和质量建设能力,真正做到政治上、学术上、专业上过硬;提升融合和数字出版效能,把高校教材建设作为一项重大战略工程抓实抓好,打造出受高校广大师生欢迎并无愧于时代的系列精品教材。

第一,成立高校教材建设领导小组,统筹安排高校教材建设工作。大学社的主要服务对象是高校师生,高校教材出版是其中心工作。

一是要成立出版社高校教材工作领导小组,出版社党政一把手任组长,并明确一名副社长或副总编辑分管该项工作。领导小组下设办公室,具体管理高校教材建设工作。要明确领导小组和下设办公室的工作职责、工作流程和监督管理办法。二是成立意识形态工作领导小组和重大选题把关小组,把牢教材出版方向、严守教材出版阵地。出版社要制定《意识形态工作手册》,并根据社会发展需要每年进行一次系统更新,出版社员工人手一册。要细化责任编辑和责任校对责任,牢牢把握高校教材出版的政治方向和价值导向,确保服务学校的教材完全符合习近平新时代中国特色社会主义思想的要求。三是抓好出版规划工作,做好统筹安排。出版社要根据自身出版特色和编辑能力,制订科学长远的高校教材建设战略规划,比如五年规划和年度计划,确定重点选题、年度选题开发,切忌全面发力、面面俱到。要深入高校师生做好深度调研工作,了解学生真实需求。

要设立高校教材出版基金,为社会效益好、经济效益差的教材出版提供支持和帮助。对于招生少、教材销量低的特色学科和前沿学科,出版社需要拿出专项资金予以支持,并在出版规划中体现出来。四是组织开展教材出版研究工作。对于教材的编写和出版、教学规律、教材呈现方式和形式等的研究非常重要,出版社应会同学校一起向国家有关部门建议,在各级各类教育研究课题立项方面,专门设立教材建设研究专题,提升相关专家开展研究的积极性。同时,出版社要与高校教务部门及有关专家一起,深入研究高校教材建设的共同规律、基本规范、基本知识、基本技能,教材开发如何体现创新性、实用性、原创性和针对性,等等,以高质量的研究成果指导高水平的教材开发。五是组织开展教材建设的培训工作。无论从作者的编写层面还是从出版社的编校层面,都要对参与者进行系统培训,让他们了解国家对高校教材建设的有关法规和政策、高校教材撰写规范要求,熟练掌握教材编写、编校规律和方法。六是积极配合母体学校教材采购工作,助力学校优质教材建设。大学社要充分利用在教材出版领域的信息优势和在教材流通领域的渠道优势,为母体学校的高质量教材供应提供保障。

第二,强化教材出版队伍建设,健全教材出版保障体系。出版社要加强教材出版的策划、编辑、校对、设计等人才队伍建设,并在管理体制、政策机制、经费投入、绩效引导等多层面构筑教材出版的保障体系,全力服务高校教材出版。

一是抓好作者团队建设,提升教材编写质量。高水平作者团队是高质量教材的重要保证,编写团队既可以是某一所高校的教学骨干,也可以是不同高校教师联合,实现资源整合。作者团队成员要求素质高、能力强,熟悉国家法律法规、教材出版规律、大学生成长规律、学科建设规律、教材编写规律等;特别是教材的主编,必须是该领域的权威专家,人品好、作风正、学术水平高,同时要具有较强的组织协调能力,在本专业领域具有很强的号召力。二是抓好编辑团队建设,提升选题和编校质量。编辑是引导出版社研发符合出版社发展方向、出版理念,并与市场和高校师生需求相契合的高水平教材的主要推动者和引领者。要提升编辑的政治素养,发挥出版战线把关人的作用,强化对编辑的专业能力建设,确保"专业的事情归专业的人来做"。要强化编辑的融合出版能力建设,融合编辑是指有成熟的教材出版经验,熟练掌握计算机技术和数字出版技术,具有强烈的互联网思维意识。出版社应出台有关办法,对教材开发坚持有所为有所不为的方针,在自身优势出版方向上下功夫,通过激励机制的制度安排,提升编辑队伍策划出版高品质高校教材的积极性。同时,完善对高校教材出版编辑的考核办法,对小众专业教材的考核,要以社会效益考核为主、经济效益考核为辅,并积极与高校有关部门沟通,通过专项资金的支持,激发编辑对小众专业教材开发的积极性,填补该专业的出版空白。三是抓好审核队伍建设,把好监督审核关。从对书稿内容的审核到对编校质量、设计质量、印制质量的审核,做到步步有监督,道道有检查,确保教材每一环节的质量把控,而审核队伍的建设是提升审核质量的关键所在。四是抓好营销团队建设,提升教材的宣传推广力度。对营销人员按功能不同进行分类,分为研究型、推介型和服务型,对他们分别进行培训和考核,提升其营销技能,增强服务意识和能力,以高水平营销能力提升出版社教材的社会影响力,扩大社会认可度,增强品牌效应。五是抓好设计、印制团队建设。在整个出版流程中,这两支队伍虽然不是核心力量,但同样不可或缺,他们的工作能力和工作成效决定着教材的形式、印制质量等。因此,出版社要强化他们的责任感,提升工作能力,创新工作形式,以高质量设计和印制提升教材的附加价值。要使出版社全体干部职工树立一种"没出好教材就是失职,出了坏教材就是犯罪"的责任心和羞耻感,以精品和人品赢得社会对大学出版人的尊重。

第三,抓好教材的全流程工作,确保教材的创新出版。出版工作是一项系统工程,每个环节都是出版的重要组成部分,需要各环节的分工合作,共同完成。

一是策划环节一定要体现前沿性。高校教材出版领域的激烈竞争,以及大学生阅读方式的碎片化、网络化趋势的加强,对策划编辑的业务能力提出了很高要求,需要对出版社辐射到的并与自身策划学科领域相一致的各高校的学科专业设置、招生计划、教材使用、任课教师等情况了如指掌,要及时收集相关信息,进行系统分析,以使教材的策划研发更有针对性,做到有的放矢。策划的教材要紧跟学科前沿,体现专业特色。要分析出版社的编校力量和研发能力,以及出版社已经出版的该专业领域的教材品种和销售情况,做好产品线的系统规划,打造该学科教材出版的核心竞争力和社会影响力。二是做好教材的高质量编校工作。教材的出版不同于一般学术著作,其使用面广、社会影响力大,对质量要求高,需要编校人员以"坚持导向、忠于使命的政治素养,精益求精、追求卓越的品质追求,敬业乐业、甘于奉献的职业情怀,严谨专注、一丝不苟的工作态度,追求至善、道技合一的精神境界"的新时代学术出版人的工匠精神打造精品教材。三是做好教材的设计工作。教材设计包括两个方面,即内容设计和形式设计。从内容设计来看,需要注重个性化、社交化、综合化、校本化。[①] 个性化是指教材要兼具"客观化教材""开放性索引""研究性资料"的功能,使其从"作为教学用的教材"转化为"作为学习用的教材";社交化是指教材开发要融入更多需要合作开展的教学活动以及新形态教材的互动功能开发;综合化是指教材要成为培养大学生全面发展和创新精神的综合读物,做到"通""专"结合和"纵""横"结合;校本化是指教材要体现学校特色,突出学校个性,比如清华大学的教材突出"自强不息、厚德载物"的特色,中国人民大学的教材彰显"实事求是"的特点,等等,从形式设计上来看,教材设计要做到"有声有色",以高雅精美的设计风格,让广大师生有庄重和美的感受。四是做好教材的印装工作,抓住教材印装的关键环节,同时要充分考虑设计的印刷实现度,为师生呈现的是印制质量可靠、印装精美的教材,他们享受的是艺术的书香和知识的盛宴。五是把好各类审核关和质检关,让审核和质检成为各道工序的最后一道屏障。对于重点教材和意识形态属性较强的教材,除严格执行"三审三校"制度外,要适当增加审次和校次,同时建立同行专家外审制度,以确保教材的高质量出版。[②] 在质

---

① 王军.新时代大学教材出版与高校人才培养[J].出版广角,2019(20):21-24.
② 李永强,王磊.大学出版社教材建设的使命和责任[J].中国出版,2019(23):5-9.

检上要严格执行教材出版的有关规定,发挥好最后一道防火墙的屏障作用。

第四,加强教材供给侧结构性改革,提升融合出版能力。当前,多媒体教学已经成为高校的标准化课堂教学方式,慕课、翻转课堂等也对传统课堂提出了正面挑战,教与学方式的颠覆式转变倒逼教材编写和出版的改革。基于此,互联网思维下的融合出版已经成为当前高校教材出版的新常态,要牢牢树立从固态教材到动态可更新教材的"活教材观"。多媒体融合教材正是信息技术与教材融合创新的物化成果,它完全具备教材的一切特点和属性,是融合纸媒和数字媒体的有机体,体现了规范性与创新性、普适性与个性化、简洁性与丰富性等有机融合的典型特点。[①] 进行融媒体高校教材出版,要充分体现"以教师为主导,以学生为中心"的出版原则,突出教材出版理念的时新性、结构的多元化、形式的多样化、载体的平台化、内容的权威性等特点,强化培养目标的适配性、学生使用的适宜性、教学实施的可行性等任务导向,以打造教师易教、学生易学、内容丰富、形式灵活的立体化创新型品牌教材。

一是要充分利用大数据、二维码等技术,充分体现融媒体教材的"数字性"。当代大学生是在互联网和数字化快速发展中成长起来的一代人,是互联网和数字化的原住民,对数字和网络充分敏感和适应。因此,高校教材开发要充分利用二维码和大数据等技术,把静态的平面化的专业知识与在线资源充分融合,打造线上线下互通的"智慧教材",提升教材内容的宽度和厚度,体现教材形式的灵活性和时新性。二是把短视频融入高校教材出版,提升教材的传播和使用效果。短视频能有效优化知识的增值服务,实现垂直领域的深度学习和探究,提升知识和场景的匹配与深层嵌入,构建良性互动的知识分享和创造社群,极大丰富了个性化的内容产品,再现教学互动场景,很好地满足了网络化场景下大学生的知识获取偏好,非常

---

① 汪立亮.基于课程出版理念的多媒体融合教材出版实践[J].科技与出版,2019(3):65-69.

受广大师生欢迎。① 三是基于场景服务开发融合教材,提升大学生教材使用的体验感和参与度。出版社要围绕教学的场景,将二维码嵌入纸质教材,并与手机终端、PC端平台相配套,实现教材、课堂及教学资源的深度融合,创新教材产品功能,打造成广受师生欢迎的"立方书",提升教材使用的体验感。② 在二维码技术非常成熟,附加于纸质图书并成为标配的情况下,图书的呈现形式不再是枯燥单一的文字图表,音频视频、3D动画、AR、VR等数字内容资源都可以在书中呈现,链接了时空,再现了场景,真正实现了立体化的出版。四是做好设计和制作,实现高质量出版。要对学生需求、专业特色、教材要求、媒体特点等进行系统分析,做好内容策划、资源开发、审读加工、平台操作、资源整合等工作。在内容选择上主要供学生预习的微课、微视频,供学生学习新知识、新技能的主体内容,供学生实践操作的仿真练习等;在内容呈现方式上主要是少而精的文字内容,丰富的图片、音视频、动画、仿真软件、教学游戏等;在内容制作上要由策划编辑和责任编辑统筹安排,在内容上做好把关工作,确保内容的思想性、科学性、先进性和数字技术的安全性。五是做好更新和维护工作,保证内容的同步更新和技术的领先性。融合教材形式多样,同步更新,适合高校广大学生阅读和学习,但其后期更新和维护的任务比较艰巨,需要确保内容的新颖性和时代性。③ 因此,需要编者和出版社加大投入,将新知识、新方法、新技术广泛应用到融合教材的出版和更新过程,保证技术的时时领先和内容的及时更新;以提升学生的使用体验,满足个性化的需求和使用效果。同时,要做好融合出版的知识产权保护工作,维护好出版社和编者的合法权益。数字出版涉及出版单位、编者、平台运营商等多方的权益,为使融合出版可持续性发展,必须充分保障各方权益,确保投入得到合理公平的回报。

---

① 刘坚."短视频+高校教材"融合出版:动因、机制和表现[J].中国编辑,2020(8):76-80.
② 雷鸣,韩烨.场景视阈下高校教材出版转型策略研究[J].现代出版,2018(5):35-37.
③ 姚贵平.融合媒体教材的基本内涵、主要特点与出版策略[J].中国编辑,2018(3):51-55.

(四)做好教材的立体营销工作,提升大学生选用教材的积极性

大学出版社是为大学的教学和科研服务的出版机构,应具有强烈的社会责任感并突出公益性,应坚持把社会效益放在首位,通过提高教材质量、丰富教材品种、打造教材品牌,以实现社会效益和经济效益相统一。高校教材具有使用者和决策者不一致、用户群体相对明确、教材编写者相对稳定等特点。因此,要结合教材的编写和使用特点,创新教材营销方式,提升立体化营销效果,努力提高市场占有率,提升教材的影响力和传播力。

第一,创新营销思维方式,形成良性销售循环。当前,我国高校教材销售市场竞争非常激烈,基本上不存在进入门槛,社会民营出版商、图书公司、馆配商、社会出版社、大学出版社都涉足高校教材市场,可以说进入了超市场竞争的环境状态。大学社在此领域的发展环境正处于急剧变化之中,因此,需要创新营销思维方式,形成良性出版发行循环。

一是要创新高校教材营销的市场思维,围绕市场和客户开展有效的推广活动。出版社营销人员要把主要精力放在客户服务上,要准确定位客户、系统分析客户、精心维护客户,对其衍生需求进行深度挖掘,拓宽教材发行的深度和广度。这里的客户包括学校客户、教师客户和学生客户。要加强与高校教材管理部门的联系,推广与高校专业相配套的特色教材,争取签订教材使用战略合作协议,成为教材供应的战略合作伙伴;要加强与任课教师的沟通与合作,为教师提供高质量服务,精准推广并积极鼓励教师选用专业课教材;要加强与大学生的良性互动,举办"悦享读书"等校园系列读书活动,增强他们对出版社教材的使用黏性。二是要创新高校教材营销的产品思维,以高品质的教材产品赢得客户的信任。出版社营销人员要按照学科进行分工,他们需要具备较强的专业素养和影响能力,对所推广的教材了如指掌;对学科、专业的发展及教材的使用,课程的框架结构,同类教材的优缺点等情况都要非常熟悉;能够根据销售数据变动及时调整策划和出版方向。同时,要让营销人员参与教材的策划和出版,能从学科发展的角度审视竞争激烈的教材市场。三是要创新高校教材营销的整合思维,通盘考虑出版社高校教材市场发展。这里的整合营销指的是对于产

品和市场的充分整合,实现产品负责人和市场负责人的无缝对接、良性互动,所有的营销技巧和方法都要围绕产品和客户展开。① 这三种思维方式的培养,是为了以最优质的教材和有效的途径满足高校师生对教材的需求,实现营销和策划的良性循环。

第二,加大营销推广力度,做好教材出版增值服务。高校教材的推广是一项系统工程,需要在推广技巧和方法上找出科学路径,同时要做好教材的增值服务,实现教材较高的性价比。

一是要瞄准顾客,回归客户导向。要提升营销推广的效果,必须在客户导向上发力,要建立客户数据库,完善与客户的信息沟通系统;对客户进行精准分类管理,科学配置营销资源,提高营销效率和客户忠诚度。二是要在线上和线下两个推广销售渠道同时发力,实现全面开花。在线下,销售推广人员要经常参加教材订货会,以差异化的营销手段增加教材的竞争性和销售量;要经常举办校园推广会,让广大师生了解出版社的特色教材;要参加高校举办的学术会议、论坛,了解学科发展动态,沟通教材使用情况,提升教师对教材的使用意愿。线上渠道包括通过微信、微博、公众号、网店等形式,以实现社群营销、网上促销、事件营销,提升教材的传播力,扩大出版社的影响力。② 三是做好增值服务,提升教材的性价比。比如为教师配备教材教学的 PPT,减少教师备课和制作 PPT 的工作压力;通过二维码形式增加音视频内容,延展教材知识和内容;开发慕课,为学生提供课外学习的途径;等等,以此增加教材的含金量和竞争力,赢得广大师生的喜爱。

第三,引导购买正版教材,提升学生教材选用的积极性。当前,大学出版社高校教材建设的一个痛点就是大学生对教材的忽视。教育主管部门对大学生教材选用统一采取自主、自愿购买的政策。在不可能改变政策的

---

① 李文重.论营销在高校教材出版中的角色定位[J].科技与出版,2018(5):82-85.
② 曹雄彬.从高校教材选用困境看出版社教材出版的改进路径[J].现代出版,2018(4):31-32.

情况下,出版社应联合高校一起努力,除了编校出版高质量教材、充分满足师生对教材内容和形式的需求之外,还需在完善大学生购书方式、提升学生对教材选用偏好上下功夫。

一是通过教育引导,积极鼓励广大学生购买新版、正版教材。与西方发达国家相比,我国高校教材定价偏低,比如美国等发达国家的高校教材定价基本在70美元至100美元之间,而我国高校教材基本在30元至80元之间,明显低于发达国家。从教材支出占大学生总支出的比例来看也比较低,大致仅为十五分之一左右。要教育引导大学生,教材是他们课程预习、听课、复习、期末考试、考研等的重要抓手,也是他们掌握课程知识框架、结构、核心概念和理论的主要依据,购买和使用新版和正版教材是大学生对自己学业负责的一种表现。通过客观分析、讲清道理、正确引导,以激发广大学生购买教材的积极性。二是对大学生开展版权知识教育,培养诚信守法意识。高校学生从盗版书商或复印机构低价购买"盗版教材",看似节省了部分资金,但严重违反了"诚信"的社会主义核心价值观的要求,更是一种违法行为,侵犯了作者的著作权和出版社的专有出版权,与培养优秀社会主义建设者的目标背道而驰。因此,出版社要配合学校对广大学生开展著作权和专有出版权等法律知识的教育,鼓励引导他们购买正版高质量教材。三是会同有关部门和高校一起,建议和呼吁国家对大学生进行教材补贴。教材建设既然是国家事权,就要充分体现国家事权的严肃性和规范性,出版社要会同有关部门一起,建议国家教育主管部门对高校教材出版和使用进行补贴。在各高校实施招标采购的前提下,国家对教材给予一定比例(比如50%)的资金补贴,以提高大学生使用教材的积极性,提升人才培养质量。四是出版社要会同高校教务管理部门,对教师授课使用教材情况进行严格考核。当前,很多教师在专业课授课过程中严重依赖PPT,所讲授的课程内容、章节体例等与所选用教材严重偏离,期末考试内容也与教材内容相距甚远。这些现象大大弱化了教材的使用效果,降低了学生选用教材的意愿。因此,在确保教材高质量的前提下,出版社应会同高校教务管理部门,对教师授课、期末考试等方面使用教材情况进行制度性约束,以确保课程的知识框架、知识体系、权威理论和观点能得到系统讲解,学生对课程中的知识和能力能得到全面学习和提升。

第四,清理无序不法销售,建立清朗的高校教材市场。高校教材出版和销售市场的混乱无序,制约了大学社教材出版的积极性。因此,从根本上扭转这种局面,需要多方共同发力。

一是出版社要会同市场监管部门,对盗印盗版等不法行为进行严厉打击,打造清朗的高校教材出版和销售市场。二是定期开展高校教材出版和销售的专项检查,对扰乱正常图书竞争市场的出版单位、图书商、代理商等进行清理整顿,加重其违规成本。个别出版单位和书商滥编滥印高校教材,以东拼西凑的方式进行组编,以低劣的纸张印刷,有时以规划教材的名义,低价格、低折扣销售,这种行为和现象严重扰乱了高校教材市场秩序,也使高校教材质量受到质疑。因此,大学社在确保合法合规经营的前提下,要敢于"亮剑",与不法分子和不法行为做坚决斗争,以保护自身的合法权益,营造风清气正、公平竞争的教材出版和发行环境。

五、结语

在教材建设成为国家事权、党和国家对教材建设给予高度重视的时代背景下,在广大人民对高质量教材供给充满期待的现实要求下,高校教材建设既对国家高层次人才培养发挥着重要的支撑作用,也直接影响着我国高校学科建设水平和高等教育发展质量。作为承担高校教材建设的主力军和主阵地,大学出版社要以崇高的责任感和使命感,以对广大高校师生负责,对民族未来负责的担当精神,抢抓机遇,勇于改革,敢于创新,把握新时代高校教材出版工作的新趋势和新特征,把社会效益和追求品质放在首要位置;准确研判高校教材出版面临的新形势和新任务,主动迎接、敢于面对融合出版快速发展带来的新困难、新挑战,尽快摆脱高校教材出版的困境;从教材的供给侧结构性改革出发,做好市场调研,遵从客观规律,打造产品特色,树立品牌形象;加大对数字化融媒体教材出版的投入力度,提升融合出版能力;做好从教育出版商、内容提供商向教育教材高质量服务商的转变;强化精品意识、坚持守正创新,坚守本位、守好阵地、把好关口,不断为高校师生提供充分反映党和国家意志，聚焦中国和当代，政治导向正确，文化品质优良，学术含量丰富，思想性、科学性和先进性完美结合的精品教材，奋力谱写高校教材出版的新篇章，为高等教育事业发展提供更强大的智力支持和精神动力，为文化强国、出版强国和教育强国的建设做出大学出版人应有的贡献。

新媒介视域下大学出版社图书精准营销模式建构

一、新媒介与图书精准营销

近年来,随着5G、大数据、人工智能的迅速发展,我国互联网技术及应用取得了"弯道超车"的巨大成就,在世界已属第一方阵。第47次《中国互联网络发展状况统计报告》显示,截至2020年12月,我国网民规模达到9.89亿,网民中的手机网民规模为9.86亿,即时通信用户规模为9.81亿,网络购物用户规模为7.82亿,网络视频(含短视频)用户规模为9.27亿,网络直播用户规模为6.17亿,在线教育用户规模为3.42亿。[①] 这些数据表明,我国的网络覆盖率及对国民的网络渗透率已经达到世界先进水平,网络正在深刻影响着国民的学习、工作和生活。

从我国图书销售情况来看,2015至2019年,我国图书零售市场都保持在10%以上的增长。因为疫情的影响,2020年我国图书零售市场码洋规模为970.8亿元,同比下降5.08%;而线上渠道销售达767.2亿元,增幅为7.27%,销售占比达79%;实体书店为203.6亿元,降幅为33.8%,销售占比降至21%。整体网店渠道售价折扣降到六折,打折力度进一步加大;而对标实体书店,其售价折扣为九折,两个渠道的差异较大。在网店高增速的背后,折扣依然起到了很大作用。在2020年兴起的短视频营销、直播带货等网店渠道中,低价促销更是重要手段,在"爆款驱动""算法推

[①] 中国互联网络信息中心. 第47次中国互联网络发展状况统计报告[R/OL]. (2021-02-03) [2021-02-20]. http://www.cac.gov.cn/2021-02/03/c_1613923423079314.htm.

荐"销售导向和引流模式下,部分图书甚至低至三五折,与出版的知识密集性行业属性产生很大偏离。从新书生产上来看,2020年新书品种规模为17万种,同比下降12%;新书码洋贡献率从2008年的30%降到2015年的20%以下,到2020年仅达到13.82%。① 出版行业是内容驱动型行业,而内容创新的优质新书不能成为爆款产品,并带动行业增长,这不能不令人担忧。

从读者的需求来看,由中国新闻出版研究院发布的《第十七次全国国民阅读调查报告》显示,2019年,我国成年国民人均每天手机接触时长为100.41分钟,同比增加18.3%,人均每天互联网接触时长为66.05分钟。调查也显示,我国成年国民网上活动行为中,以阅读新闻、社交和观看视频为主,娱乐化和碎片化特征明显,深度阅读行为占比偏低,有59.0%的网民将"阅读新闻"作为主要网上活动之一,只有20.5%的网民将"阅读网络书籍、报刊"作为主要网上活动之一②;超过半数成年国民倾向于数字化阅读,倾向纸质阅读的读者比例显著下降,而倾向手机阅读的读者比例上升明显。

从以上数据可以看出,当前我国成年国民基本是全员网民,网络化学习和生活已经成为常态化现象。国民的网络阅读、碎片化阅读、浅阅读也已成为阅读的主要方式,这对以纸质图书出版为主的出版机构特别是大学出版社产生了严重冲击,提出了严峻挑战。

大学出版社是所属高校主办的出版机构,其主要宗旨是为母体学校的人才培养、科学研究、学科建设等服务,为社会科技文化教育等事业的发展服务。自1955年中国人民大学在全国高校设立首家大学出版社以来,大学出版社对我国高等学校的建设和发展做出了突出贡献,为我国社会经济发展提供了高质量出版服务和智力支持。大学社一般以学术著作出版为

---

① 张稚丹. 图书市场的危机与变局:《2020中国图书零售市场报告》解读[N]. 人民日报(海外版),2021-01-28(7).
② 中国新闻出版研究院. 第十七次全国国民阅读调查成果发布[R/OL]. (2020-04-20)[2021-02-21]. http://www.nationalreading.gov.cn/ReadBook/contents/6271/414891.shtml.

主体,以高校教材出版和大众读物出版为两翼。学术图书出版一般具有品种多而销量少等特点,高校教材出版具有专业基础课教材销量多但竞争激烈、专业课教材需求强但销量少的特点,大众图书具有开发成本高而市场风险大的特点。由于学术出版和高校教材出版具有知识和智力密集、技术和资源密集等特点,在传统出版时代,大学社具有信息、知识资源以及渠道优势,开发和出版图书基本属于卖方市场,其营销和盈利模式较为传统和单一。但是,在新媒介环境下,伴随5G等技术的普及应用,图书阅读消费场景被彻底颠覆,因微博、微信、直播、短视频等营销模式的爆炸式传播和影响,图书销售领域的改变将会更加广泛和深刻,对大学社图书营销产生的冲击将会越来越大,无论是学术著作出版还是高校教材、大众读物出版,所呈现的头部效应越来越突出。研究大学社营销现状、存在问题,并提出可操作性的对策建议,对于大学社摆脱传统的图书营销路径依赖,自觉探索和拥抱新的图书营销形态,以精准营销之路实现可持续高质量发展,具有重要的理论和现实意义。

二、新媒介视域下大学出版社图书营销存在的突出问题

近年来,随着新媒介的广泛渗透,大学社图书的主要读者群,已经被互联网深度影响,他们的购书方式和对图书的使用方式都发生了深刻变化。读者阅读偏好、购书方式及渠道的显著变化,对大学社传统意义上的图书营销模式造成了严重冲击,而基于路径依赖的惯性和体制机制的硬约束,大学社在市场营销和客户管理方面面临很多突出问题和现实困境,主要体现在以下五个方面。

(一)用户阅读和购买偏好转变,严重影响大学社图书销售

学术出版是大学社出版的主体,而学术出版的专业性强,受众小,数字化成本高,一般以纸质的形式呈现。基于移动阅读的低成本、便捷性等特点,纸质图书销售在逐步下滑,特别是实体书店纸质图书的销售一直呈下降趋势,对以传统纸质图书生产并且以实体书店销售为主的大学出版社产

生了严重冲击。根据北京开卷信息技术有限公司发布的《2020中国图书零售市场报告》统计数据分析,网店渠道与实体店渠道销售规模达到创纪录的5∶1,实体书店经营业绩严重下滑,甚至纷纷歇业倒闭。在出版销售的图书品种中,除主题出版、教辅教材、少儿图书保持正增长外,其余门类均出现不同程度的同比下滑。大学社在这些增长的门类中均不占优势。用户阅读偏好已经发生转变,功利化阅读和快餐式阅读成为广受推崇的阅读方式①,比如年轻读者和大学生倾向于网络阅读和移动阅读。大学社的网络出版占比较低,融合出版也发展滞后,未及时在电子图书市场取得竞争优势。用户购书方式的转变,使得以传统销售渠道占优势的大学社市场空间被进一步压缩,给大学社的图书营销带来了很大影响。

(二)出版图书品种结构不合理,缺乏适应市场的畅销产品

大学社成立之初就以服务母体学校的教学科研、人才培养为中心任务,因此,学术出版和教材出版是其主要业务内容。大学社学术出版的特色方向一般与母体学校的特色学科相一致,其教材出版的专业方向也与母体学校的特色专业相统一。比如中国人民大学出版社是中国最重要的高校教材和学术著作出版基地之一,法学、新闻传播学、经济学是其重要的优秀精品图书、文库和教材的特色出版方向,而中国人民大学这些学科在全国高校排名中处于领先地位;郑州大学出版社临床医学、材料科学与工程等学科的特色出版方向也与母体学校的特色和优势学科相匹配。近年来,随着国家对高校基础课教材的统编统管,比如"两课"教材、各专业通识课教材等,大学社的出版和发行业务受到很大影响,相当一部分大学社开始拓展出版领域,开发大众读物和基础教材教辅,以弥补业务下降的缺口。

但是,除了部分知名大学社外,大部分大学社面临着图书品种结构不合理的问题,缺乏在图书市场上有竞争力的畅销产品。这主要体现在三个方面:一是学术著作出版"叫好不叫座"。很多学术图书体现出"叫好不叫

---

① 刘畅.新媒体时代图书出版跨界营销模式与创新路径[J].中国出版,2019(3):34-36.

座"的典型问题,出版社通过精心打造的品牌学术图书,因为目标受众单一,销售量有限,假如没有相应的项目经费资助,往往会造成亏损。因此,当前学术出版一般是资助或自费出版,作者对图书需求量少,大部分为满足其职称评审、项目结项、科研评奖等功利性需求,这类图书可以说是定制化出版,大学社基本不存在营销问题。二是高校教材出版"竞争残酷"。当前,高校教材出版体现出明显的头部效应,高等教育出版社、人民教育出版社、人民卫生出版社、中国人民大学出版社等知名出版社占有高校教材特别是本科教材出版的绝大部分份额,大部分大学社高校教材出版存在开发品种多、单本教材销量低的问题;即使开发出含金量比较高的教材,也要面对权威出版社和民营图书公司残酷的市场竞争,高码洋、低折扣已成为新常态。三是大众读物出版"缺乏特色"。因为体制机制的制约,大学出版社在策划优秀和畅销大众读物方面明显落后于知名民营图书公司,即使策划出有一定影响力的读物,也因为营销渠道的制约不能迅速占领市场。对大学社来说,开发适应市场需求的畅销产品是其可持续发展的经济基础,但由于各种主客观因素的制约,当前很多大学社属于缺乏特色的大而全的综合性出版;同时,对资助出版、合作出版等还存在比较强的依赖性,可谓"成也大而全,败也大而全"。

(三)大学生购买教材意愿降低,大学社教材市场逐步萎缩

高校教材出版是大学社的主营业务,也是大学社销售收入的主要来源,一般靠教材出版的经济利润弥补"社会效益高而经济效益相对较低"的品牌学术图书出版的亏损。因此,高校教材出版对大学社的生存和发展发挥着至关重要的作用。但是,近年来,随着高校学生自愿购买教材政策的实施,大学社高校教材出版和销售呈现出逐步下滑的趋势,这与大学生对自身学业和教材的重视程度不够、教材购买意愿降低有直接关系。

从近年来大学生购买教材的渠道和发展趋势来看,呈现出两个趋势:一是从非正规渠道购买和获得教材的比例逐渐增加。很多学生在学校周边复印店复印教材或从不法书商处购买盗版教材,一部分学生向高年级学生借用教材,甚至部分学生在学习过程中根本不使用教材。二是随着年级

的递升大学生购买教材的比例逐步降低。从大学社教材销售实践上来看,大学一年级学生购买教材的比例最高,他们使用教材的意愿也最强烈;但是,随着年级的不断递升,教材的使用呈现断崖式下跌的趋势,到大学三年级或四年级,购买教材的比例甚至在20%以下,这种情况在地方高校表现得尤为突出。大学生购买和使用教材的这种异化现象造成了比较严重的后果:一是对大学生的专业学习造成很大负面影响。专业课教材是大学生系统预习、复习该课程知识体系、概念、理论等的重要依据,很多学生没有意识到专业课教材的重要性,对专业知识掌握不扎实、不系统。二是降低了教师编写教材的积极性。因为没有销量和使用量,高校教师缺乏编写高质量教材的动力,给教材的质量建设带来很大的负面影响,更加恶化了教材编写质量,进一步降低了学生使用的积极性,形成恶性循环。三是严重削弱大学生诚信观念和诚信意识的培养效果。大学生是国家未来建设的主力军和生力军,他们的诚信观念会影响社会诚信的建设效果。购买盗版教材和复印教材都是对著作人和出版社的侵权,大学生对此熟视无睹和群体无意识,会对大学生综合素质、法制观念、诚信意识的培养产生负面影响。大学生购买教材的无序化,导致高校教材的订数和销量不稳定。对以高校教材出版和销售作为主要经济业务和回款来源的大学社来说,面临着非常大的发展难题,也降低了教材的编撰和出版质量,进而影响到人才培养质量,这与高校教材建设被视为国家事权的要求形成鲜明反差。

(四)对传统营销形成路径依赖,新营销模式开发力度不够

大学社出版的图书主要包括五类:一是基于依托高校优势学科和特色学科而开发的专业教材,这类图书主要是母体学校师生所用教材,以及对该类教材有较高认可度的高校相关专业师生选用的教材,比如清华大学出版社开发的计算机类教材,中国人民大学出版社开发的法学类、新闻传播类教材等;二是基于出版社专业出版优势而衍生开发的市场类图书,比如郑州大学出版社开发的健康科普类图书等;三是基于出版的学科优势而出版的各类学术著作;四是各类资助出版或合作出版;五是基础教育的相关教材教辅。大学社一般依托母体学校的声誉及影响力开展各类图书出版

和发行工作,在公司化改制过程中市场化改制不彻底,在某种程度上兼具事业单位和企业的双重属性,管理层和员工的市场意识还不够强烈;在图书营销过程中,还对传统的营销方式和手段存在路径依赖,对新媒介环境下的新营销模式开发力度不够。当前,其突出问题主要表现在以下四个方面。

其一,传统营销方式的路径依赖制约着大学社图书的营销发行。对母体学校开发的教材,营销方式主要是熟人或关系式营销以及作者营销;对相关高校开发的教材主要是代理商营销或上门推销;对市场类图书主要是实体店销售以及少量的电商销售;对基础教育的教材教辅主要是第三方营销;对不以满足市场需要为目的的快餐式合作出版和资助出版,出版社基本没有销量,主要是把出版的图书交付合作方或作者。以上传统的出版方式或销售方式,已经远远不能适应当前大学社健康发展的需要,导致出版业务和经营业绩受到非常大的制约和影响。其二,选题策划与营销一体化,营销部门不能发挥应有作用。当前,很多大学社根据出版方向设立了若干分社,基于选题策划和对作者、读者的信息优势,各分社的策划编辑也负责本分社图书的营销工作。这种营销方式看似能做到精准营销,但也导致了整合营销意识缺位、营销资源未能有机融合等问题,出现碎片化营销和短期效应等问题,给全社图书的营销工作带来很大的负面影响。其三,对新媒体的认知存在局限,对图书电商平台缺乏整体规划。随着网络的快速发展,电商平台已经成为很多行业商品销售的主要平台,对具有一般商品属性的图书也不例外。但是,很多大学社对此还不够敏感,对新媒体和网络平台的重要性认识不到位,对电商销售缺乏长远及整体规划,甚至仅把它作为一个图书宣传的平台。同时,因为担心网络渠道的价格战会加大线下销售管理的难度,不愿参与线上的市场竞争。其四,大学社运用新媒体营销的普遍性强,但活跃度低。目前,各大学社都在探索通过自营店铺,如天猫、京东等第三方店铺,以及社群电商、短视频、直播等新型电商方式进行图书销售,但在运作过程中,因为高水平图书电商人才匮乏,很多大学社利用新媒体开展图书营销的能力不强、水平不高,社会影响比较小,活跃度不足,用户零散化、黏性弱,形不成规模效应。

（五）人才培养和激励机制不完善，图书营销精准能力不足

当前，大学社图书营销部门的管理体制、运行机制、激励机制基本还是沿用传统方式，对营销人才的培养也远远不能适应市场化、网络化的发展需要，导致图书营销的精准性不足，效率低下。

其一，对图书营销部门的人才引进和培养不够重视。当前，大学社在招聘人才时，针对编辑、校对及管理人员一般要求具有硕士及以上学历，有较强的文字能力和相应的专业能力；而对于图书营销人员则退而求其次，对专业能力不做硬性要求，仅仅强调沟通和营销能力，重视关系营销而忽略技术营销。在网络营销已成为主要销售渠道的市场背景下，技术和专业能力会逐步替代关系能力，内容营销将会成为主流营销方式。同时，对营销人员的继续教育与培养大多缺乏系统性和整体性规划，导致营销人员的"野蛮成长"和"粗放发展"。其二，营销模式固化，营销人员应对风险能力弱。基于传统的营销模式及营销手段，大学社的营销系统模式固化，过度依赖新华书店、民营图书商等图书发行机构，出版社缺乏定价权和话语权，甚至要依靠私人关系维系图书销售，存在很大的市场风险。[①] 其三，针对营销人员的激励机制不完善，不能充分调动营销人员的主观能动性。受学校绩效考核方法以及出版社传统绩效和分配观念的影响，大学社对营销人员的绩效考核还普遍存在"不患寡而患不均"的"平均主义"思想，远远达不到奖勤罚懒、奖优罚劣的考核目标，甚至出现了"劣币驱逐良币"的现象。随着新媒体销售成为主要渠道以及图书市场竞争的加剧，这种绩效考核方式的缺陷和问题日益突出，并已成为影响出版社发展的重要瓶颈。其四，全员营销意识不强，精准营销能力不足。大学社以学术出版为主，以服务大学的教学、科研、学科建设为根本宗旨，其出版图书的专业性强，一般为小众的学术图书。这就要求出版社全员市场观念的养成以及全员营销意识的培养，无论图书策划还是封面设计，都要有较强的市场观念和营销

---

① 郑杰，伍华进.新形势下大学出版社图书营销的问题与变革：以中南大学出版社为例[J].现代出版，2018(3):67-69.

意识,以内容精良、设计美观、客户需求为最大目标。在这里需要特别指出的是,全员营销意识不是说全员开展营销,而是指全员都要具备营销思维和市场思维,图书生产以满足市场需求为目标。但是,大学社出版图书的各个环节融合性不够,分割性明显。很多编辑认为,图书营销是营销部门的事情,自身的市场观念和营销意识不强,导致生产的图书市场适应性差。同时,当前大学社关系型营销人员占主导,技术型营销人员紧缺,图书营销人员针对不同客户群体缺乏精准营销能力,不能采取有的放矢的方式开展图书营销,营销精准度不足,营销的转化率偏低。

三、大学出版社图书精准营销模式的建构路径

在新媒体时代,各种媒介深度融合,各类信息海量呈现,出版产品存在高度同质化竞争,传统销售渠道发展受阻。大学社要认真做好产品和营销的 SWOT 分析,提升全员的市场和营销意识,调动多方积极性,强化营销团队能力建设,保证市场书和高校教材的优质出版。通过差异化的营销理念,根据图书产品线特点灵活运用各种新型营销方法,提升图书营销的综合能力,扩大大学社的品牌辨识度,培养读者的忠诚度,实现以精准营销引领大学社经济效益的持续提升。

(一)培养全社市场意识,提升全员精准素养

在充分竞争的市场经济条件下,"以读者为中心""满足读者多元化需求""提高读者黏性和忠诚度"等应是大学社的核心经营理念。① 在图书出版过程中,选题策划、作者选择、书稿撰写、编辑校对、装帧设计、排版印制、质量监管、营销推广等各个环节,虽各有分工,但又要有机统一。全社各部门、各分社(编辑室)、各环节人员都要培养市场意识,以市场和用户需求为导向开展出版工作,提升本社图书的市场占有率,扩大市场影响力。比如在选题策划和作者选择环节,策划编辑要做好市场预测并进行市场推

---

① 胡吉恒.数字转型下的科技出版社 SIVA 营销模式[J].出版科学,2019,27(2):77-80.

演,要充分考虑到策划的图书是否能得到目标读者的充分认可,图书生产的投入产出比如何,是否能做到社会效益和经济效益双丰收,选择的作者是否有足够的能力撰写高质量书稿,书稿内容是否能得到读者的欢迎,等等。在编辑校对环节,文字编辑、校对人员要以精益求精的工匠精神编校书稿,以满足读者对精品图书的更高要求。装帧设计人员要充分考虑读者的审美和阅读偏好,考虑不同读者对开本、纸张、封面设计的差异化需求。在营销推广环节,图书营销人员对不同类别图书要采取各自适应市场的方法开展推广工作,比如针对学术类图书、大众图书和大中专教材,不能采取相同的营销方式开展推广工作;针对高校师生、社会大众等不同受众,也要采取不同的营销策略。从社长、总编辑到一线员工都要培养强烈的市场观念,以市场需求为基本遵循。同时,需要培养全体员工精准营销和全程营销理念,培养全员精准营销素养,客观分析图书市场发展走向,认真研读读者阅读偏好和消费心理,策划、出版的图书要与市场和读者需求有较强的匹配度,读者对本社的图书有消费黏性和忠诚度,以实现精准营销的目标。

(二)加强营销队伍建设,精准技术能力营销

专业营销人员是大学社图书营销的主力军,加强对优秀营销人才的引进和培养,制定科学合理的绩效考核方案,对营销人才科学考核以调动他们的积极性和主动性。

其一,要重视人才引进时的专业匹配度。引进营销人员时,在重视其协调沟通能力、市场应变能力等基本营销能力的同时,还要特别重视专业知识和专业能力的考核、考察。大学社提供给社会的文化产品是知识含量和技术含量较高的学术著作、高校教材以及知识含量较高的科普或大众读物,营销人员要具备与其所从事图书销售相匹配的专业知识,在做好关系营销的同时兼顾技术营销。技术型营销人员能掌握出版物的内容特性,以内容为主开展营销工作,能做到精准营销和匹配营销,使用户产生消费信任和消费依赖。技术型营销人才是助力大学社从粗放的关系营销向质量

效益营销转型的重要力量,也是大学社未来营销人才队伍发展的方向。①

其二,要做好营销人员的继续教育和业务培训工作。在图书市场激烈竞争和读者偏好快速变化的背景下,营销人员的市场和业务能力建设尤为重要。大学社要高度重视对营销人员的培养,做好岗位业务技能和理论知识培训,全面提升适应新媒体环境下大学社图书销售的发展需要。

其三,要做好营销人员的绩效考核工作。绩效考核制度的科学性会直接影响营销人员工作的积极性和出版社营销业绩的实现度。因此,大学社应废除平均主义和大锅饭的考核分配办法,建立科学的具有激励性的绩效考核分配制度。对营销人员考核既要考虑经济和回款因素,又要考虑社会效益评价。在经济效益方面,可以首先进行定量考核,根据不同产品线特点和区域市场特点规定回款任务,基本任务完成后,即取得平均薪酬;对于超额部分实施级差超额奖励,超额越多奖励比例越大。同时,要实施相应的处罚措施,比如未完成核定任务、退货超出行业比例、有比较差的客户反馈等要给予相应处罚,以达到奖优罚劣的目的。在社会效益评价方面,主要考核所开展的营销创意活动是否产生积极的社会效应、公益或读书沙龙活动是否受到大众或读者的好评、网络平台销售是否取得较好的社会反馈和影响、微信公众号文章是否得到良好的宣传和推广效果等。这种具有激励性的考核机制能极大调动营销人员的积极性和创新性,提高图书销售效率和出版社的美誉度。

其四,做好营销人员的五种能力建设。在新媒介视域下,纸质图书销售的网络化,数字和信息出版的常态化已经成为大学社面临的现实课题,对营销人员来说,要适应这种新常态,培养和打造基于精准技术的综合营销能力,以实现精准营销。精准技术是指在掌握专业知识的基础上,通过营销人员的专业沟通实现图书与读者的精准匹配。综合营销能力包括营销规划力、品牌建设力、产品认知力、竞品分析力、市场公关力。② 大学社

---

① 吴亚杰.试论技术型销售理论在出版社发行队伍建设中的应用[J].科技与出版,2019(7):154-156.

② 张新新.数字出版营销能力、策略及渠道[J].中国出版,2020(16):33-38.

应强化营销人员这五种能力的提升,即制订科学的营销规划并通过系统的营销思维和可行的营销方案顺利实施规划的营销规划力,创建、维护、增强图书品牌影响力和美誉度的品牌建设力,认知、理解、掌握图书内容价值并通过精准营销赢得用户认可和赞誉的产品认知力,分析、鉴别、比较同类图书产品并能客观反馈提出建设性意见的竞品分析力,通过巧妙的营销策略赢得和说服读者做出购买行为并产生消费黏性的市场公关力。这五种能力是对大学社营销人员的较高要求,也是营销人员的努力方向。

(三)开发社会适销图书,精准大众阅读营销

服务社会是大学社的重要使命,其主要着力点是大众图书的编辑出版和销售。与社会出版机构相比,大学社在大众出版方面存在一些短板和不足,比如针对性不强、社会性不足等,例如郑州大学出版社在文艺类图书出版方面的专业性不如河南文艺出版社,在服务"三农"出版方面不如中原农民出版社。但是,大学社依托母体学校的专业优势和学科特色,在科普、文化建设等方面的出版更有优势。比如郑州大学出版社的医学出版具有鲜明的特色,曾承担7项国家出版基金资助项目,出版的"肾脏病科普丛书"(临床医学学科)荣获2017年度国家科学技术进步二等奖。因此,医学科普类图书的开发已成为郑大社服务社会的重要内容。大学社在开发社会图书时要重视适销性,既要避免大众图书的重复出版,比如中国古代四大名著的出版,又要避免跟风出版,比如在名人、古人身上做文章的少儿出版等。开发的图书要符合大学社优势出版方向、符合区域特色和特点,比如郑大社策划出版的"叩问疾病 解密健康科普丛书",打造的黄河文化系列读本之"自古英雄出少年系列",策划的河南红色文化读本(焦裕禄、红旗渠、大别山英雄人物等)和地方文化读本等。这些图书既具有区域文化特色,彰显时代和历史价值,又能解决现实问题,传播正能量,深受广大读者喜爱。

在精准大众阅读营销方面,首先要做好策划选题的调研工作,切忌闭门造车。要充分了解大众想读什么、爱读什么、以什么方式读、愿意通过哪种渠道购买图书,以及不同年龄、性别、职业、学历以及城乡之间大众的阅

读偏好分别是什么,如何满足这些偏好,大学社如何根据自身优势在细分市场满足大众阅读需求等,这些都是精准营销的必要前提。大学社对大众图书的出版要坚持"少而精"的理念,在营销上做到线上线下相结合,实现以量取胜。同时,要做好大众图书的精准馆配营销和农家书屋的精准推广。大众图书一般符合馆配的要求,做好区域内的市场馆配是扩大大众图书销售的重要渠道。大学社要与馆配商开展多层次的深度合作,以实现市场做细、渠道做活、精准馆配的目标。① 农家书屋是农村公益性文化服务设施,也是新时代农村精神文明建设的文化项目,为农家书屋提供适合农村居民阅读的科普及文化读物是大学社应承担的社会责任,也是扩大大学社图书影响力的重要抓手。因此,大学社应在图书产品的策划和选择上下功夫,图书品种应精准对接农民需求,销售人员精准对接农家书屋项目,实现经济效益和社会效益相统一。

(四)瞄准师生现实需求,精准高校图书营销

服务高校师生的教学和科研是大学社的应有之义,应在瞄准师生现实需求、精准高校图书营销方面下功夫、见实效。

其一,瞄准高校教师的科研需求,出版和推介高品质学术著作。学术著作的出版不仅要体现社会效益,还应体现经济效益。在出版过程中应尽可能减少销量少的作者纯资助出版,加大对在专业学术领域有一定影响、能形成销售规模并能推动社会进步发展的学术成果的出版支持力度。技术型营销人员应优化学术资源,提升在相关学术领域的影响力,通过科学的宣传和推介来提升该类学术著作的影响力,以达到在该领域内精准营销的目的。其二,瞄准高校教师教材需求,出版和推介高水平高校教材。高校教材特别是高校校本教材一般应由学校高职称、高学历、教学水平高的教师编写,这样的教材也会受学生欢迎。但是,基于当前高校对教材编写和评价的偏见,高水平教师编写教材的意愿偏低。因此,大学社在开发教材时,既要考虑教师的编写水平,又要考虑教材推广的需要,通过整合相关

---

① 娄冰.出版社对区域馆配商营销政策的策略研究[J].编辑之友,2017(10):17-21.

同类高校教师资源,精准选择教材编者,并精准对接所在高校专业的学生使用,既保证了教材编写质量,又能获得较好的经济效益。其三,精准对接大学生教材需求,激发大学生使用教材积极性。当前,大学社开发高校教材市场遇到的最大障碍是大学生对教材的忽视。要解决这一问题,需要了解大学生对教材的真实需要,并把需要转化为需求或现实购买力。在网络使用和手机依赖已成为大学生学习、生活新常态的背景下,规劝和说教使其使用教材的效果并不明显,需要在其真实需求上下功夫。要利用大数据技术对大学生教材使用数据建模分析,实现精准识别,并通过对大学生用户画像勾勒他们的教材使用特征,掌握其需求心理和消费行为规律,提高教材营销的针对性和精准性。[①] 大学社开发的教材要做到融合出版,从内容到形式、从编校到装帧都要做到精益求精,争取做到不可替代和不可复制,大大降低不法盗版和复制的可能性。同时,这类教材要符合教师的多媒体教学特点和学生学习的网络化特点。开发这类大学教材虽然成本高,但是内容丰富,可读性强,修订方便,大学社后续复制加工成本低,便于精准推广。营销人员要深入广大学生,通过多种形式了解学生对教材的诉求,力争在第一时间解决他们的疑问,打消他们的顾虑,激发他们持续使用教材的意愿。其四,精准对接高校图书馆需求,扩大学术图书的市场空间。高校图书馆对图书采购每年都有专项经费支持,主要是适合广大师生阅读的经典书、畅销书或学术图书,这也是大学社的主要出版领域。大学社要瞄准这一市场,针对每所高校图书馆的藏书特点和购买意愿,开展精准营销,以扩大大学社品牌图书在高校师生中的影响力和美誉度。

(五)利用网络平台渠道,精准网络用户营销

在信息爆炸的网络时代,人们的阅读和审美偏好由图片文字过渡到动态视频,单纯的文字宣传和营销很难吸引受众的注意力。大学社长期深耕内容生产,积累了丰富的内容资源和作者资源,受众黏性强,具有天然的流

---

① 杜方伟.论出版企业智能化营销管理系统的建构[J].科技与出版,2020(4):84-89.

量基础,可以为网络营销提供有力支持。[①] 在数字化时代和粉丝经济时代,网络营销能实现与用户的无缝对接,并达到精准销售的目标,已成为图书销售的主攻方向。网络营销可以分为三个类别:第一类是传统的电子商务平台,包括大学社开设的天猫旗舰店、京东自营店等自营渠道和渠道商开设的天猫店等常规渠道;第二类是传统的互动网络营销,如论坛、博客、微博、微信营销等;第三类是新兴的互动网络营销,如网络直播、短视频、社群营销等。每家大学社都有一所学科特色突出的母体学校做后盾,有很多深谙网络理论与掌握网络技术的人才,配备了多位利用新媒体营销的业务人员,在应用网络新技术和开展网络营销方面发挥着重要作用。但是,无论哪种营销方式,都需要大学社在图书的内容和形式上做到尽善尽美,形成特色品牌。在选题和内容上,应以"服务读者、用户思维"为选题和出版原则,网络销售的图书尽可能做到时代性、前沿性、创新性和热点性的完美结合[②];在表现形式上,通过二维码等形式,做到融文字、图片、音频、视频于一体的融媒体出版,通过深度服务,提升图书品牌影响力和读者的阅读体验,使大学社从图书提供商转变为知识服务提供商。

(1)做好电商平台营销的优化和协调工作。近年来,互动网络营销的迅猛发展,对传统电子商务平台的图书销售产生了一定影响和冲击。但是,电商平台图书销售在网络营销的市场份额方面还居于主导地位,大学社要继续给予充分重视,通过优化内容、服务和渠道,争取在激烈的图书市场竞争中获得主动权和话语权。

第一,做好电商平台销售图书的选择和上架工作,这是电商精准销售的前提。大学社有相当一部分图书不适宜在电商平台销售,比如基础教育的教材教辅、受众面非常小的专业图书等。在电商平台销售应选择的图书一般为文艺图书、大众科普读物和有一定受众的学术著作。第二,抓好团队建设和制度建设,这是做好电商平台销售的重要基础。团队建设包括电

---

① 刘维付.新媒介视域下出版机构淘宝直播营销策略探究[J].中国出版,2020(7):19-22.
② 雷洪勤.自媒体时代图书营销策略研究[J].科技与出版,2019(7):114-117.

商人才建设、岗位设置、技能培养、目标实施、信息共享等,制度建设包括考核机制建设、与渠道商的合作机制建设、物流机制建设等。第三,妥善处理好自营渠道与常规渠道的关系,这是促进电商业务全面发展的重要条件。要确定合理的价格体系,营造公平的竞争环境,建立良好的交流机制,在产品、价格、渠道、促销等方面开展好合作,以达到自营渠道和常规渠道顺畅沟通、信息共享、互利共赢的目标。第四,抓好电商品牌建设,确保销售量和利润率共同提升。大学社要紧紧围绕自身的核心竞争力打造品牌图书,既要考虑市场因素也要重视学术因素。通过电商销售的图书要具有学术领先性甚至唯一性,不参与无底线的价格战和折扣战,避免陷入"要销售无利润、要利润无销售"的怪圈。[①] 比如中国人民大学出版社的经管类图书、郑州大学出版社的创伤医学类图书等,都是各自的品牌图书,具有行业领先性,电商销售能做到经济效益和社会效益双丰收。

(2) 做好传统互动网络平台的精准营销和推广工作。传统互动网络营销平台包括论坛、博客、微博、微信等四类营销方式。当前,大学社开通了部分或全部这类营销平台,但各家出版社运营的状况差别较大。相对来说,论坛、博客使用率较低,微博、微信,特别是微信使用率较高。

第一类,论坛营销。论坛营销具有很强的隐蔽性,通过发布图书和服务信息宣传出版社及其品牌图书,进而激发读者的购书热情。大学社开展论坛营销要突出主业和特色,论坛管理、板块设置等要科学有效,以达到细分市场、明确目标、共享资源、分享观点的目标。第二类,博客营销。博客营销以其知识性、互动性、聚集性、不易模仿等优势,能极大提升大学社的图书竞争力。[②] 博文的撰写需要专人负责,读者对文章的要求也比较高,否则很难吸引到粉丝。但是,好的博文通过网络的裂变式传播能极大提升互动性和聚集性,这就要求大学社要主动拓展博客营销领地,通过信息提

[①] 王秀才,张扬.中小出版社自营电商营销模式的构建[J].中国出版,2020(12):51-54.

[②] 徐军华,贺咏.出版社基于新媒体开展图书营销的调研及启示[J].出版科学,2017,25(2):93-98.

炼引领销售,撰写的博文既要体现出版社的文化特色,突出产品优势,又能使读者产生共鸣,集聚粉丝,产生消费黏性。第三类,微博营销。微博营销主要是大学社通过官方微博的形式,介绍本社最新图书的内容、作者简介和图书价值,发布新书预售信息,或者链接新闻热点,提升微博关注力,等等。微博营销主要起到对新书的宣传推介作用,大学社要充分利用这一平台,建立微博生态圈,根据新书推出特点和规律及时更新微博,增加微博吸引力和粉丝关注度。第四类,微信营销。微信已成为当前移动客户最重要的社交媒体,具有广泛的普及性和消费依赖性,作者、出版社和知名网上书店微信公众号发布的图书信息是影响消费者购书的首要因素。因此,大学社都把微信营销作为重要的营销手段,开展图书的推广和销售工作。读者关注微信公众号的主要目的是获取资讯,微信公众号文章最应该体现出价值性、趣味性和情感性。大学社开展微信营销时,要坚持"网络整合营销理论"的四原则,即趣味原则、利益原则、互动原则和个性原则。发布的文章应具有富有吸引力的标题、提升阅读体验的排版方式和生动的叙事方式;图书推广文案尽量减少图书简介内容,增加图书知识和情感价值分量;要增加互动手段,突出用户的话题讨论和情感交流;文章要注重品牌文化的个性化建设,突出品牌故事的丰满性和品牌形象的鲜明性。① 同时,大学社要按照出版特色和方向,按照重点产品线分类,精准定位客户群,形成微信公众号矩阵。比如中国人民大学出版社除了同名官微外,还根据其在人文社科领域的出版优势,运营着若干垂直类微信公众号,比如人大出版社明德书店、创意写作坊、人大社大家好书、中国人民大学出版社人文书托邦、人大社外语资讯等,这些公众号面向不同的读者群体,可以精准有效传播相关图书信息。

(3)做好新兴互动网络营销的创新和推广工作。近年来,随着虎牙、映客等直播平台和抖音、快手等短视频平台在网民中的迅速兴起,以及罗辑思维、吴晓波频道等大V社群营销影响力的不断增强,直播营销、短视

---

① 钟蕾.基于4I理论的出版社微信平台营销分析[J].出版科学,2017,25(3):94-98.

频营销、社群营销已成为图书营销的新宠,并成为大学社竞相发展的重要图书营销渠道。因为疫情对高校教学的影响,2020年可以说是大学社直播营销的爆发期,因为其具有成本低、传播广,符合年轻消费者的消费习惯和未来营销发展方向,通过对图书内容的营销赋能消费者等特点,已成为大学社的一种常态化营销方式。①

第一类,直播营销。网络直播以其快速、分享、集中的社交特点为广大社交用户所热捧。大学社的直播营销包括基于讲座、售书等的知识服务式直播和基于情境的直播营销两种情况。因为名人带货下的粉丝效应成本较高,并且是一次性和短期行为,大学社开展网络直播要另辟蹊径,比如建立自营平台、通过知名作者直播、培养优秀编辑直播等。大学社要培养专门的优秀直播人才,打造不同形式的精品直播,并通过体验式、情感式、沉浸式直播方式,将直播的专业性和趣味性相结合,将热点内容与读者利益相结合,努力把读者从销售关系转变为粉丝关系,以实现塑造仪式感、稳定粉丝群、提升购买力的目标。② 大学社要敢于拥抱直播发展潮流,结合自身特点和优势,利用好直播这一新型营销工具,服务于图书精准营销的目标。第二类,短视频营销。短视频营销具有门槛低、去中心化、题材丰富、互动性强、播出时间短、有利于用户充分利用碎片化时间等特点。短视频与图书营销具有良好的结合生态,其制作轻量、内容投放灵活、简洁生动、满足营销诉求、社交性强、便于全网渗透,越来越受到图书出版业的欢迎。③ 为提升短视频营销效果,大学社应根据产品线特点细分目标受众,视频制作时要在图书选择、脚本内容、场景构图、音乐制作和视频形式等方面下功夫,通过内容创意吸引流量,科学设置发布频率和播放时长,重视用

---

① 崔亮,黄震.打造直播产业链,出版直播营销迈入3.0时代[J].出版广角,2020(12):15-18.
② 冯馨瑶,靖鸣.出版直播营销3.0:体验、情感、沉浸[J].出版广角,2020(12):6-10.
③ 何孝容,阳正发.图书短视频营销的可行性发展路径:以磨铁图书为例[J].出版广角,2020(16):50-52.

户体验,创新互动方式等,培养用户对图书品牌的忠诚度。① 大学社要强化内容创意,突出图书短视频的表现力和传播力,提升其营销价值,在创新的渠道环境中提升变现能力和精准营销效果。第三类,社群营销。图书社群营销是基于社会化媒体参与、对话、联通等特征而形成的一种新型的营销模式。在社群营销中,场景充当了消费的契机与诱因,即"无场景不社群"。② 大学社要提升社群营销的精准度,必须做好场景构建和场景价值创建工作,定位社群核心价值,以高效的服务理念和服务精神对社群进行有效引导,让社群成员体验到场景中的活力和归属,形成图书品牌黏性,为"电商+社群"的线上精准推广提供粉丝和流量支撑。

四、结语

在新媒介环境下,人们对图书的消费形态发生了质的变化,对图书的制作和营销提出了新的要求。从营销渠道的角度来看,以读者为核心的营销思想是当代图书市场最主要的特征之一,要更加关注读者的核心地位和阅读体验。面对大学师生及广大读者对传统图书需求的持续下降,大学社在图书营销方面遇到很多发展瓶颈和困境,但在新环境下也拥有很多发展机遇。大学社要充分利用自身丰富的内容资源和人才及技术优势,将新媒体营销和传统营销手段相结合,打破旧的产品思维束缚,树立新媒体思维、创新思维和用户思维,充分利用新型营销技术,关注用户需求变化,明确用户定位和品牌战略,打造品牌、突出特色,以精准的营销思想,通过精准的体系保证和手段,注重线上线下渠道的有机结合,打造出能够积极应对市场变化,专业化、立体化的营销体系,以达到低成本可持续发展的精准营销目标,开创好精准营销的新局面,服务好大学师生、服务好社会,实现健康可持续发展。

---

① 陈矩弘.美国图书出版业短视频营销探析:以哈珀·柯林斯出版集团为例[J].出版发行研究,2019(2):46-51.
② 初云,闫举纲.激活场景 引爆社群:从华章书院看出版社自建社群营销模式[J].出版广角,2017(15):30-33.

第五辑

国家出版基金项目建设与大学出版社治理

以承担基金项目助推地方高校出版社特色化发展

在新时代背景下,随着数字出版的迅速崛起,传统出版逐渐萎缩。在国家级权威出版社和地方出版集团的双重压力下,地方高校出版社面临的生存和发展环境越来越恶劣。在对图书出版体现"社会效益首位,社会效益和经济效益相统一"的政策背景下,如何破解地方高校出版社发展难题,突出其发展特色,提升其可持续发展能力,是一个重要的学术命题和现实问题。而国家出版基金项目的申报和实施,为地方高校出版社专业化、特色化发展提供了重要契机和路径引领。

一、出版基金及其对地方高校出版社特色化发展的意义阐释

(一)国家出版基金的宗旨定位及运营效果

国家出版基金是继国家自然科学基金、国家社会科学基金之后我国设立的第三个有影响力的基金,其设立宗旨是"体现国家意志,传承优秀文化,推动繁荣发展,增强文化软实力"。该基金于2008年设立,2009年正式立项资助,截至2020年,共立项资助4 781个出版项目,资助总经费52.95亿元,平均每项资助110.75万元。[①] 它已经成为我国新闻出版业影响最大、资助金额最多、绩效发挥最好的财政专项扶持资金之一。其资助项目所代表的国家水准,已经成为我国出版行业发展的重要风向标,具有重大的战略指导意义,有力支持了我国出版事业的创新发展和优秀文化的

---

① 祁德树,吴明华.国家出版基金引领中国出版业高质量发展[J].中国出版,2020(8):20-26.

传播推广。

国家出版基金主要资助那些不能通过市场资源完全解决出版环节的资金需求,符合国家需求和人民需要,能推动经济发展、社会进步、科技创新,增强文化软实力,并且公益性较强的优秀出版项目。通过国家出版基金的资助,一批规模大、周期长、价值大,代表国家水平、填补学术空白的国家重大出版工程得以实施,反映我国自然科学和工程技术的最新研究成果得以面世,一批聚焦新理念、新形势、新要求的学术著作,反映哲学社会科学最新研究成果的学术图书得以出版,为我国出版业高质量发展发挥了积极的引领和示范作用。

(二)地方高校出版社的困境倒逼其特色化转型

我国出版社(出版集团)大致可分为四类:第一类是国家级权威出版社,主要是中央级出版社和部委所属的行业出版社,比如人民出版社、人民交通出版社等,这类出版社在全国或垂直行业内部有较大影响力和权威性;第二类是教育部直属高校出版社,比如清华大学出版社、中国人民大学出版社等,这类出版社在全国高等教育领域具有品牌效应和较高知名度;第三类是地方出版集团,比如凤凰出版传媒集团、中原出版传媒集团等,它们在地方教材及教辅发行方面具有垄断性,市场基础好;第四类是地方高校出版社,这类出版社有区域出版特色,但其社会影响力与社会认可度较低。

因各种主客观因素的制约,很多地方高校出版社近年来遇到多种发展困境,比如:内部治理体系不够完善,治理能力有待提升;对优秀作者吸引力不强,优秀选题资源不足;自费书和合作书占主导,受市场欢迎的畅销书、品牌书和大众读物偏少;人才队伍建设相对滞后,优秀人才流失严重;数字化出版比例偏低,跟不上"互联网+"的时代要求;经营能力比较弱,缺乏核心市场竞争力;等等。进入新时代,人们对精品图书和高质量图书产生了强烈需求,出版市场"强者越强、弱者越弱"现象更加突出,出版物的品种集中度越来越高。"二八法则"在出版行业表现明显:国家级权威出版社凭借企业品牌优势、人才优势和技术优势,占据图书的高端市场;地方出版集团凭借渠道优势控制着基础教育图书销售的终端市场。新时代图书市场的特点和对图书高质量的要求,与地方高校出版社发展困境之间形成了巨大反差,亟须地方高校出版社放弃传统的发展思路,另辟蹊径,寻求特色化和专业化发展的新路子。

（三）承担国家出版基金项目对地方高校出版社特色化发展的意义

国家出版基金对出版行业打造精品、引领方向、繁荣文化等发挥着重要的引领作用,在出版行业有"精品力作助推器"的美誉。[①] 国家出版基金项目的实施,为地方高校出版社品牌特色的打造、人才队伍建设的提升、管理能力的提高、核心竞争力的增强等都具有重要的意义和作用,能够有效带动地方高校出版社实现社会效益和经济效益相统一。[②]

第一,对于地方高校出版社凝练特色化发展方向提供资源引领。地方高校出版社承担国家出版基金项目,可以引导其更好地凝练发展方向,突出发展特色。通过基金项目的助力,有利于出版社在某一细分和特色领域形成自己的出版优势和特色出版品牌,甚至形成对细分市场出版资源的垄断性优势,为特色化发展提供出版资源支持。第二,为地方高校出版社特色化发展提供治理遵循。治理能力和治理体系的科学化、现代化,是地方高校出版社高质量发展的重要支撑。国家出版基金项目极其严格的流程管理和质量要求,对提升出版社科学化管理水平提供了遵照和示范。第三,为地方高校出版社特色化发展培养了专业化人才。能承担国家出版基金项目,是出版社在某一出版领域水平和实力的象征;能有机会参与国家出版基金项目,是策划、编校、设计、印务、财务等岗位员工职业生涯中非常荣幸的经历,其素质和能力会得到全方位提升,进而为出版社特色化发展培养和造就了各岗位的专业化人才。

---

① 王兆国.申报国家出版基金资助项目的几点体会[J].中国出版,2017(4):34-36.
② 徐义雄.加强项目实施与管理 力争打造精品力作:以国家出版基金项目为例[J].中国编辑,2019(6):65-69.

下面以郑州大学出版社为例,谈谈承担国家出版基金项目对提升地方高校出版社特色化发展的意义及影响。

二、国家出版基金项目提升出版社特色化发展的实践及经验

郑州大学出版社是一家综合性大学出版社,文史哲、经管法、理工医等出版学科门类齐全,年出版新书800余种。在26年的发展历程中,出版社曾遇到过很多发展瓶颈和问题,但随着承担国家出版基金项目专业化建设的不断推进,逐步探索出以项目专业化带动出版社发展特色化的新路子,取得了良好的社会效益和经济效益。

(一)出版社承担国家出版基金项目情况及专业特色

自2013年"图说组织动力学"获批首个项目以来,郑大社已获批12项国家出版基金资助项目,分别为:"图说组织动力学(10卷)"(2013)、"中国现代文化世家丛书(第一辑)"(4册)(2013)、"中国现代文化世家丛书(第二辑)"(10册)(2015)、《动物组织器官再生的比较蛋白质组学研究(上、中、下卷)》(2015)、《中华战创伤学(11卷)》(2015)、《现代英汉药物名词规范词典》(2册)(2018)、《玉器与王权的诞生——二里头时代玉器研究》(3册)(2018)、《阅读天地》(2018)、"中国现代文化世家丛书(第三辑)"(6册)(2018)、"创面治疗新技术的研发与转化应用系列丛书"(26册)(2019)、"'一带一路'背景下国际化临床医学丛书(第一辑)"(17册)(2020)、《中华创伤重症医学(上、中、下卷)》(2020)。在受资助出版项目中,9项为丛书。资助金额50万元以下3种,50万元至100万元2种,100万元至200万元3种,200万元至300万元1种,300万元以上3种,平均资助金额161.4万元。截至2021年4月底,已有10个项目顺利结项。

从承担国家出版基金项目情况来看,郑大社重点打造的专业出版方向为医学类图书,项目达7项,受资助金额1 734万元,平均每项资助247.71万元。郑大社以医学出版为重点发展领域,为打造医学特色出版起到了非

常重要的支撑作用。因为郑大社在医学出版领域的精耕细作,承担的国家出版基金项目获得了良好评价,在2018、2019年度国家出版基金资助项目绩效考评中,郑大社有2个项目先后被评为"特别优秀"项目,在全国585家出版社中仅有7家获此荣誉,体现了郑大社在医学出版领域的专业优势和突出特色。

(二)以出版基金项目带动特色化发展的经验分析

为破解地方高校出版社发展瓶颈,找出一条特色化、专业化可持续的发展道路,郑大社经过认真分析、科学论证,提出要在差异化的优势方向上下功夫。郑大社所依托的母体学校郑州大学医学学科特色鲜明,有临床医学等3个一级学科博士点和10家附属医院,临床医学ESI排名进入全球前1.65‰,聚集了一大批国内顶尖医学专家。医学学科是出版社的特色和优势出版方向,除了学校丰富的医学出版资源外,还得到了全国医学领域很多院士、知名专家和学者的大力支持。在医学类国家出版基金项目申报和实施过程中,实施"一把手"工程,并倾全社之力,争取把每一项基金项目都打造为精品工程。以医学出版作为学科示范,引领出版社走出一条专业化、特色化的高质量发展之路。

第一,整合特色优势出版资源,提升项目获批率。基于集聚的出版资源和专业编辑优势,郑大社在医学出版特别是创伤医学领域出版优势突出。2014年,经过认真分析论证,在国家出版基金资助方面,创伤医学领域还有很多出版空白;同时,郑大社也有较强的创伤医学学科出版优势。出版社在该领域加大投入力度,在做好顶层设计的基础上,深入进行选题内容的分析,注重内容和形式的创新,科学、清晰、翔实地填写基金申报书,在项目的社会效益、出版价值、作者队伍学术水平、项目实施方案的可行性和经费预算的合理性上下功夫。同时做到与出版社的工作重点紧密结合,与国家发展战略规划紧密结合,与出版社的优势出版领域和重点发展方向紧密结合,取得了显著成效。① 郑大社在创伤医学方向的作者资源、选题资源、编辑队伍资源和外审专家资源都得到了很好的凝聚,具有非常明显的优势,5年内获批3项创伤医学类国家出版基金资助项目,平均每项资助金额近300万元,申报成功率达60%。

第二,凝聚优秀作者团队资源,确保内容质量。聚集和吸引国内相关领域的高水平专家学者团队,是项目获批和图书内容质量的重要保证。对于较大规模的项目,要选择有学术整体影响力的作者,其在该领域有学术的权威性和影响力,可以配置和调动相关资源。② 郑大社承担的《中华战创伤学(11卷)》基金项目,总主编是国家"973"创伤和组织修复与再生项目首席科学家,我国著名的战创伤学专家付小兵院士;同时,王正国、卢世璧、程天民、盛志勇等院士担任名誉主编和学术顾问,编写团队由我国战创伤学领域近500位著名专家教授和中青年骨干组成。高水平的作者团队和编审委员会,对内容质量的精益求精,对学术观点的准确把握,对创新领域的前瞻性分析,确保了该项目及图书出版的内容质量。

第三,重视过程及制度管理,力求推出精品。为了高质量完成出版基金项目,出版社非常重视过程管理和制度建设。以承担"创面治疗新技术的研发与转化应用系列丛书"(26册)基金项目为例,在坚决执行国家出版基金办有关规定的前提下,出版社专门制定了《"创面治疗新技术的研发与转化应用系列丛书"质量保障措施》等相关措施、制度和办法11项,确保从严管理,严格把关。成立由出版社社长、医药卫生分社、总编室、财务部、出版部、质检部等相关负责人组成的领导小组;由项目负责人、策划编辑、责任编辑、责任校对等相关工作人员组成的工作小组。严格把握时间进度,掌控出版流程,保障图书出版各环节的高质量有效运行。同时,抓好审读编校和设计印制,确保各环节的质量;严格落实"三审三校一通读"制

---

① 范庆奎.国家出版基金项目选题策划与申报浅谈[J].出版广角,2020(10):28-30.
② 陈然.国家出版基金科技类出版项目申报的几点经验:以临床医学类项目申报为例[J].现代出版,2016(2):50-52.

度,增加校次,邀请外审,确保内容、编校、装帧设计、质检、印制等各个环节的高水平生产;最后由总编辑总把关,稳妥推进项目图书的品牌和精品出版。

第四,明确经费使用范围,确保资金安全使用。国家出版基金仅用于支持图书出版的直接成本,资金的使用有严格的标准和程序。因此,出版社制定了严格的资金管理制度,确保专人管理、专门核算、专款专用,确保项目安全、资金安全和廉政安全[①],用好国家资助的每一分财政资金。

第五,规范各类材料管理,做好年检和结项工作。出版基金项目的年检和验收一般由专家对出版社的相关材料、成果质量和经费管理等三方面进行评审打分。出版社严格规范各个环节单据和稿件的归档工作,对与出版流程相关的书的原稿、编辑加工记录单等,与财务相关的稿费支付单等,与印制费相关的印刷费、装订费等,与间接费用相关的出差费、会议费等,做到材料完整无误,一书一归档。[②] 通过规范材料管理,可以高效提升结项工作,提高结项成绩和同行评价,为下一次项目的申报奠定良好的基础。

第六,注重宣传推广,扩大社会效益。优秀文化需要不断传播才能得以传承。国家出版基金资助项目具有很强的公益性,应充分体现社会效益优先原则。郑大社通过多种渠道加大对项目成果的宣传力度,取得了很好的效果,比如《中华战创伤学(11卷)》出版及结项后,中央电视台、《解放军报》、人民网、新华网、《人民军医》等媒体进行了广泛报道;召开了由500多名专家学者参加的新书发布会,产生了很好的宣传效果,扩大了该项目的影响力,提升了业界对郑大社高质量出版医学学科图书的认识。《中华战创伤学(11卷)》填补了国内在该领域的空白,2018年结项时被国家出版基金委评为"特别优秀"项目,并得到国家出版基金办有关负责同志的高度评价;截至目前共销售13 463册,销售码洋657万元,实现了社会效益和经济效益的双丰收。

[①] 韩姗姗.国家出版基金项目全程管理初探[J].科技与出版,2017(6):37-40.
[②] 刘洋.助力国家科技创新 铸就精品出版工程:浅谈国家出版基金项目的全流程运作思路[J].科技与出版,2016(5):59-62.

三、以项目专业化推进地方高校出版社特色化发展的路径分析

地方高校出版社虽然有一定的区域优势,但与国家级出版机构和地方出版集团相比,出版资源相对贫乏,市场开发能力弱,在作者、读者群体中的品牌影响力不够,对优秀编辑等人才缺乏吸引力。因此,要高质量发展,必须在自己的优势领域重点突破,走出一条"人无我有,人有我强,人强我优,人优我新,人新我特"的特色化发展之路。通过国家出版基金等项目的专业化建设,可以在人才队伍培养、作者资源优化、出版质量提升、管理科学规范、出版品牌塑造等方面为地方高校出版社的特色化发展提供路径支持。

(一)为特色化发展的高水平作者资源提供路径支持

地方高校出版社要走出一条特色化发展之路,需要在特色学科出版领域拥有一大批优秀的作者资源。在出版社资源的优势领域承担国家出版基金项目,可以为特色化发展需要的高水平作者资源提供路径支持。近8年来,郑大社承担的7项医学类国家出版基金项目,有1 700余位医学领域的知名专家参与编著,其中院士20余位。比如《中华创伤重症医学(上、中、下卷)》,总主编为王正国院士,编委共85人。每卷主编都是我国创伤医学领域的领军人物,编委都是我国该领域的知名专家和中青年骨干。比如上卷主编为国家重点基础研究发展计划创伤项目首席科学家、亚洲创伤学会秘书长蒋建新教授,该卷编委共41人,分布在浙江大学、上海交通大学、华中科技大学等15家教学、医疗或研究机构。再比如"'一带一路'背景下国际化临床医学丛书(第一辑)"(17册),作者有教育部医学类及药学类教指委委员姜志胜、陈旭等,参编创作单位150余家,涵盖了我国绝大多数省份,聚集了全国近500位医学教育界的专家学者。"创面治疗新技术的研发与转化应用系列丛书"(26册)的作者更是达517位。出版社对国家出版基金项目高度重视,出版了大量的高品质图书,赢得了广大作者的充分信任和大力支持。近5年来,仅创伤医学领域就有200余位

知名作者在郑大社出版高水平著作,出版社在该领域的图书出版走在了全国的前列,填补了多项出版空白,为出版社的特色化发展集聚了丰富的优秀作者资源。

(二)为特色化发展的高水平人才队伍提供路径支持

出版社要走特色发展之路,必须拥有一批能力强、素质优、善创新的策划编辑及编校队伍。郑大社通过深耕医学特别是创伤医学国家出版基金项目,为出版社的特色化发展提供了人才支撑。医学基金项目的实施需要总编辑、分管副总编辑、医药卫生分社社长、策划编辑、"三审三校"人员、美编、财务、印制等各流程人员的全力配合和共同努力。基金项目实施难度大、标准高,对所有参与人员的业务能力、专业素养、敬业精神、沟通能力、协调能力、团队协作意识、遵纪守法意识等都有极高的要求,为郑大社深耕医学领域的出版培养了一大批学习型、研究型、创新型人才。策划编辑更善于创造性地策划医学选题,并选择优秀的作者;责任编辑能更高水平提升图书编校质量;等等。通过承担出版基金项目,出版社培养了国家出版基金评审专家3人,全国新闻出版行业领军人才2人,全国和河南省"四个一批"人才3人,金牌编辑、优秀编辑等人才脱颖而出;并培养了一批懂经营、善管理、精技术的管理人才。高水平人才队伍的培养和成长,有力地扩大了郑大社在全国医学出版领域的影响力和知名度。

(三)为特色化发展的高水平图书质量提供路径支持

图书质量反映着出版社的发展水平和出版能力,出版社品牌的塑造也通过图书质量得以呈现。地方高校出版社经济实力薄弱,编辑数量有限,不可能在各类学科出版上面面俱到,必须在"特"字上做文章,体现学科特色和出版特色。精品力作是国家出版基金资助项目对图书出版的根本要求,也是出版社彰显自信的主要抓手。郑大社在国家出版基金医学类项目的图书出版上,以工匠精神要求各环节流程的工作,保证选题策划质量、内容质量、编校质量、装帧设计质量、印制质量都做到精益求精,确保高品质出版。基于在医学专业领域承担国家出版基金项目的丰富经验,郑大社形成了精品出版的龙头效应,创新力、传播力、影响力进一步扩大,得到上级有关部门和业内专家学者的充分肯定,以及作者和读者的广泛好评。比如"创面治疗新技术的研发与转化应用系列丛书"(26册)等5个医学出版项目入选"十三五"国家重点图书出版规划项目并全部获批国家出版基金资助项目。高水平医学类图书的出版也体现在获奖方面,"肾脏病科普丛书"(临床医学学科)获国家科技进步二等奖,《小儿内科学》等4类医学图书获多项国家级图书奖,其他图书获省级奖100余项,取得了良好的社会效益和经济效益。

(四)为特色化发展的高水平治理能力提供路径支持

部分地方高校出版社治理能力和治理体系落后,片面追求经济效益,降低出版门槛,编校质量低劣,在社会上造成了严重的负面影响,进而削弱了企业的可持续发展能力。[①] 郑大社以申请和实施国家出版基金项目为抓手,强化内涵建设,依托基金项目的专业化特色出版,狠抓治理能力提升,为出版社的高质量发展提供了科学治理的路径支持。

在特色出版上,郑大社确立长期发展的企业愿景和发展思路,以"出医学特色书、建医学特色社、培育医学特色编辑"为着力点,在强化"特"字上做文章,做好顶层设计,发挥资源优势,深挖精准市场,努力打造医学出版"人有我优、人优我特"的特色化发展之路。

国家出版基金项目要经过申报、年检、结项、经费使用等操作环节,需要严格的流程步骤和层层把关。基金项目的实施实行严格的质量控制、进度控制、成本控制和财务控制,要求高、难度大,这对出版社资质、经验以及组织管理都有严格要求。郑大社通过承担国家出版基金项目特别是医学出版项目,使出版社积累了经验,提升了编辑能力、协同攻关能力和团队的合作意识;强化精细管理、实施精准治理,提高了员工的精品意识、质量意识和管理意识,提升了财务管理意识和成本预算意识;完善了出版社的制

---

① 娄建勇.国家出版基金:精品出版的重要推动力量——从第四届中国出版政府奖获奖名单谈起[J].科技与出版,2018(4):41-46.

度建设,坚决有力织牢制度体系、增强执行意识,提升了制度建设的水平和能力,职工的规则意识和制度意识显著增强。出版社治理体系更加科学规范,大大提升了出版社特色发展的管理能力和治理能力。

四、结语

在新时代,融合出版、数字出版等对以传统图书出版为核心业务的地方高校出版社的人才队伍建设、图书质量建设、管理能力建设等都提出了严峻挑战,亟须找到突破挑战的对策和方法。地方高校出版社通过自身资源优势而承担国家出版基金项目,提升了出版社的专业度、品牌度和核心竞争力,培养了管理人员和编校人员的大局观、全局观以及综合素质、业务能力[1],为地方高校出版社特色发展和专业化发展提供了重要支撑;为出版社高质量可持续发展提供了示范、搭建了平台、奠定了基础,带动了出版社对品质的更高追求和对文化责任、社会责任的承担,有效带动了学术专著和专业图书的策划及出版,为出版社更好地服务大学、服务社会,出版更多精品力作提供了路径支持。

---

① 卢宇.深耕细作,着力打造国家出版基金项目精品[J].出版广角,2019(13):19-22.

医学类国家出版基金项目的策划与实施

一、国家出版基金及其对出版社的影响

国家出版基金是我国文化体制改革创新的产物,也是新闻出版公共服务体系的重要组成部分,旨在繁荣发展我国新闻出版事业,以资助的方式鼓励支持优秀公益性出版物出版。从国务院批准设立国家出版基金以来,以"体现国家意志,传承优秀文化,推动繁荣发展,增强文化软实力"为发展宗旨,重点资助代表我国出版业发展水平,代表我国哲学社会科学、文学艺术、自然科学和工程技术发展水平的优秀出版项目。国家出版基金在打造精品、引领方向、繁荣文化、促进发展、提升文化软实力等方面发挥了重要的政策导向和示范引领作用,为推动我国出版业高质量发展、促进社会主义文化繁荣兴盛等做出了突出贡献。国家出版基金的影响力越来越大,成效越来越显著,已成为继国家自然科学基金、国家社会科学基金之后的我国第三大有影响力的文化基金。[1]

获得国家出版基金资助,对出版社有三个方面的显著作用和影响:一是能承担优秀出版选题的直接成本,解除社会效益好、经济效益不明显的重要选题出版资金短缺的后顾之忧;二是能培养优秀编辑团队,提升出版社高品质出版的能力;三是能打造出版品牌,提升出版社社会声誉和影响力。因此,积极申报并高质量完成国家出版基金项目已成为各出版单位的一项重要工作。本研究结合郑州大学出版社成功申报并具体实施出版的

---

[1] 戚德树,吴明华.国家出版基金引领中国出版业高质量发展[J].中国出版,2020(8):20-26.

国家出版基金项目"创面治疗新技术的研发与转化应用系列丛书"(26册)展开分析。该项目也是"十三五"国家重点图书出版规划项目,丛书共26册、667万字、6 400余幅插图,是大型医学图书出版项目。它系统总结了创面治疗专业领域近年来的发展经验和技术成果,具有很强的学科权威性,能够促进该领域的医学事业发展,提高我国国民的健康水平[①],因此,有很强的代表性。针对该项目的具体实施谈一些经验和体会,对于策划和实施医学学科国家出版基金项目的出版人和出版机构来说,会有较好的借鉴和启示意义。

二、项目选题要充分体现出版社专业特色和实施能力

国家出版基金项目评审坚持"自愿申请,公平竞争,专家评审,择优立项"的原则,对申报数量一直严格控制,确保优中选精。因此,各出版机构在选题申报方面要根据自身的出版优势,并充分考虑自身的实施能力,以提高申报获批的成功率,同时能顺利推进项目图书的出版工作。

郑州大学出版社依托母体学校郑州大学的医学人才和学科优势,医学出版领域在全国有一定影响力,在临床医学特别是创伤医学领域的出版特色突出,具有较高的承担医学学科大型项目的出版能力。自2013年以来,已承担"图说组织动力学(10卷)"、《中华战创伤学(11卷)》、《动物组织器官再生的比较蛋白质组学研究(上、中、下卷)》、"创面治疗新技术的研发与转化应用系列丛书"(26册)、"'一带一路'背景下国际化临床医学丛书(第一辑)"(17册)、《中华创伤重症医学(上、中、下卷)》、《现代英汉药物名词规范词典》(2册)等7项医学学科国家出版基金项目,且都是大型出版基金项目。[②] 其中《中华战创伤学(11卷)》《动物组织器官再生的比较蛋白质组学研究(上、中、下卷)》在2018、2019年国家出版基金管理办公室

---

① 陈奋,许立.大型精品医学图书的策划和出版:以国家出版基金项目"中华临床医学影像学丛书"为例[J].出版广角,2021(2):57-59.
② 孙保营.新时代大学出版社助推母体学校"双一流"建设的内在要求与实现路径[J].科技与出版,2020(12):81-87.

进行的结项综合绩效考评中连续获评"特别优秀"项目,取得了良好的社会效益和经济效益。通过申报获批并顺利实施国家出版基金项目,提高了郑大社重大原创图书的出版能力,提升了郑大社的知名度和社会影响力,并从中积累了经验,锻炼了出版队伍,提高了参与项目编审校人员的业务能力。

郑大社在实施国家出版基金项目《中华战创伤学(11卷)》的出版过程中,与中国工程院院士付小兵进行了良好的合作。付小兵院士是我国著名的创伤医学专家,是我国创伤和组织修复与再生医学首席科学家,是创伤和组织修复与再生医学学术领域的领军人物,以第一完成人获国家科技进步奖一等奖1项,二等奖3项,于2021年2月当选为美国国家工程院外籍院士,其在国际创伤医学领域具有较高知名度。通过对《中华战创伤学(11卷)》的精品和品牌出版,郑大社医学编辑团队与付小兵院士学术团队建立了充分的信任。同时又取得我国创伤医学泰斗王正国院士的信任和支持,承担了其任总主编并获批国家出版基金项目的《中华创伤重症医学(上、中、下卷)》(500余万字)。随后,郑大社又相继策划了《中华创伤休克学》(约160万字)、"中华皮肤软组织损伤修复学系列丛书"(12卷,约1 600万字)等。这些图书的出版充分展示了我国创伤和创面修复医学领域取得的最新成果,为我国创伤和创面修复医学的学科建设提供了理论支撑,也对创伤医学专业人才培养起到了积极的推动作用。同时,打造了郑大社在我国创伤医学领域的出版品牌,奠定了在该领域的出版地位。

三、项目申报要紧跟学科发展,充分体现国家和社会需求

申报和实施国家出版基金项目,一定要紧跟学科发展前沿,充分体现国家和社会现实需求,对我国文化传承、社会进步及科技发展起到一定的推动作用。

创面(俗称溃疡)治疗是古老的医学问题之一。随着科技的发展、社会的进步、人民生活水平的日益提高及生活方式的改变,当代的创伤和创面治疗与以往相比发生了很大改变。我国体表创面发生的病因学出现了由"创伤型"向"疾病型"的改变,由此导致以糖尿病足、压疮、放射性难愈

合创面及医源性创面等为主的治疗需求不断增加。这些体表难愈合创面具有种类繁多、发病机制复杂、治疗难度大以及康复效果差等特点,是新时代医疗卫生需要解决的难题之一。在中国医疗机构传统的临床科室设置中没有专门针对这一大类创面治疗的专科,缺乏该领域的专业人才,因而使得创面临床治愈率低,严重影响患者的生活与工作。经过付小兵院士等专家不懈的努力,创面修复学科体系应运而生,实现了中国创面治疗在国际上从默默无闻到西方国家提出"向东方看"的历史性跨越。这也是人民群众对高质量创面治疗新需求的具体体现,是中国社会经济发展和疾病谱改变对新的医学学科建立提出的更高要求。

创伤特别是创面治疗,除了外科处理外,各种治疗技术、方法、药物和材料的应用对缩短创面愈合时间、提高愈合质量和减轻医疗负担起到了重要作用。近年来,各种新技术、新方法、新材料在临床上的广泛应用,对加快创面愈合速度和提高愈合质量起到了重要作用。与此同时,由于部分医护人员对新治疗技术和方法的基本原理缺乏了解,加之临床使用不规范等,这些新治疗技术和方法没有取得应有的治疗效果;同时,部分医院和医生对新治疗技术和方法的不科学使用也给创面治疗带来一些不良后果。为此,部分专家强烈建议对这些新技术和方法在临床上的应用进行规范和指导。

郑大社经过与创面治疗领域多位著名专家长时间的交流和探讨,认为创伤和创面修复学的新理论、新思维、新观念和新技术需要进行系统总结,非常有必要也迫切需要编著出版"创面治疗新技术的研发与转化应用系列丛书",以指导广大创面治疗医护人员的临床实践,并由此达到规范临床治疗行为,提高治疗技术和效果,提升产品使用效率的目的。该项目的申报和实施是新时代医学事业发展的要求,也是国家和社会的现实需要。作为本项目的申报机构和策划单位,郑大社始终以服务于人民群众身心健康为宗旨,以强烈的政治责任感和使命感将这套丛书策划好、出版好。

四、丛书编撰要精选作者,确保丛书内容体系科学合理

为了保证丛书编写的内容质量,深入挖掘优秀作者资源是其重要保障。国家出版基金项目代表国家图书出版最高水平,对作者的要求比较高,一般是所在领域有较高影响力的专家,比如院士、教授、博导等。[①] 为编撰"创面治疗新技术的研发与转化应用系列丛书",成立了由付小兵院士担任总主编,国内创伤和创面修复学领域具有重要影响力的专家担任相关分册主编,以及黄跃生、吕国忠、陆树良、吴军、程飚、韩春茂、胡大海、李学拥、贾赤宇、刘毅、许樟荣、郭光华、谭谦、王深明、史春梦、朱家源、魏在荣、李宗瑜等国内著名创伤和创面修复学专家、学科带头人组成的丛书编委会,统筹组织和领导本丛书书稿的编撰工作;丛书作者包括国内500余位具有扎实理论功底和丰富创面治疗经验的专家和中青年技术骨干,由此组成了强大的专家型作者团队,从而确保了作者的权威性和内容的科学性、前沿性、创新性。

为深入论证本选题申报国家出版基金的可行性,我们邀请了国内创伤和创面修复学领域的部分著名专家学者参与论证。专家们一致认为,写作和出版该丛书的目的非常明确,要进一步推广经过临床验证,在创面治疗中具有实际临床治疗效果的新技术、新方法和新产品,同时提高治疗效果,减少并发症,降低医疗费用。丛书的定位是一套实用性、教材性和普及性的著作,丛书中介绍的治疗技术和方法主要基于专家共识和临床经验,而并非强制性的治疗标准,故仅供临床使用时参考。在内容上,既传承国内外创面治疗已经形成的优秀成果,同时重点介绍近30年来在创伤和创面治疗中的宝贵经验,做到了传承与发展并重。在选材上,既体现不同原因所致创面的特点及其对创面治疗的特殊要求,又介绍各种新技术、新方法、新材料在创面治疗中的应用。在撰写内容的安排上,丛书采用统一的写作范式(个别分册也可以根据实际情况进行调整)。每个分册基本包括四部分内容:第一部分介绍某项技术、方法或产品(不涉及具体公司及其产品,仅是对技术、方法或产品发展的介绍)的发展历史;第二部分介绍该技术、方法或产品治疗创面的基本原理;第三部分重点介绍该技术、方法或产品

---

① 徐建红.针对国家出版基金项目申报的选题策划经验要点[J].编辑学刊,2020(4):102-107.

治疗各种创面的实际病例,包括使用方法、典型病例治疗前后对比等,让读者通过这些典型病例,基本了解该技术、方法或产品的临床应用等;第四部分介绍该技术、方法或产品在临床应用中的注意事项,包括适应证、禁忌证及并发症防治等。

在 26 个分册的结构和内容安排上,按照病理和学理进行科学设计,确保内容完整、结构体系科学合理。具体包括:第 1 册《创面治疗新技术总论》,主编付小兵、陆树良、吴军;第 2 册《酶与生物清创技术在创面治疗中的应用》,主编王爱萍;第 3 册《超声与水刀清创技术在创面治疗中的应用》,主编李宗瑜、刘锐;第 4 册《光、电及磁在创面治疗中的应用》,主编程飚、黄跃生、付小兵;第 5 册《生长因子/细胞因子在创面治疗中的应用》,主编程飚、付小兵、韩春茂;第 6 册《细胞治疗在创面修复中的应用》,主编史春梦、王达利、周建大;第 7 册《组织工程在创面治疗中的应用》,主编韩春茂、姜笃银、付小兵;第 8 册《氧疗在创面修复中的应用》,主编刘宏伟、付小兵、肖丽玲;第 9 册《负压封闭引流技术在创面治疗中的应用》,主编胡大海、郇京宁、官浩;第 10 册《生物敷料在创面治疗中的应用》,主编吕国忠;第 11 册《先进敷料在创面治疗中的应用》,主编李学拥;第 12 册《传统医药在创面治疗中的应用》,主编姜玉峰、曹烨民、付小兵;第 13 册《创面的外科治疗》,主编刘毅、黄晓元、沈余明;第 14 册《穿支皮瓣移植技术在创面修复中的应用(上、下)》,主编魏在荣、章一新;第 15 册《创面的内科治疗》,主编杨彩哲;第 16 册《糖尿病创面的内科诊治》,主编许樟荣、冉兴无;第 17 册《血管疾病所致创面的诊治》,主编徐欣、刘暴、赵珺;第 18 册《静脉性溃疡的诊治》,主编王深明、胡宏鸯、祁少海;第 19 册《糖尿病足相关特殊诊疗技术》,主编温冰、荣新洲、李炳辉;第 20 册《压力性损伤创面管理与治疗》,主编谭谦;第 21 册《特殊原因创面管理与新技术应用》,主编郭光华、史春梦;第 22 册《特殊人群创面管理与新技术应用》,主编姜笃银、胡大海;第 23 册《创面的康复》,主编吴军、朱家源;第 24 册《创面愈合的管理》,主编贾赤宇;第 25 册《创面的护理》,主编阮瑞霞;第 26 册《医源性创面管理与新技术应用》,主编程飚、付小兵。这 26 册学术著作之间既具有内在的学术联系和分工,又相对独立,体现了丛书内容体系的科学、系统、完整。

为了在申报国家出版基金时能提供高质量的图书样稿,在丛书的编写过程中,我们明确了丛书总主编和各分册主编的职责,并明确各分册内容的准确分布,避免内容重复;做好体例规范说明,并把样章分发至每个编者,确保体例、格式等统一规范;明确撰写进度和时间节点,确保进度一致,推进顺畅。在为本选题申报国家出版基金项目过程中,我们特别邀请中国工程院张英泽院士、李松院士撰写推荐信。著名专家的认可和大力推荐,也为该项目的成功获批创造了良好的外部条件。

五、丛书出版要强化过程控制,确保编校排印等各环节精益求精

国家出版基金仅限于出版物的编校费、稿酬、版权费、设计排版印制费、复制费、原辅材料及资料购置等直接成本费用的支出。为保证项目顺利完成,并确保出版基金使用科学有效,郑大社按照国家出版基金规划管理办公室的要求,制定了《"创面治疗新技术的研发与转化应用系列丛书"项目经费使用管理办法》,明确资金使用范围、标准和程序,并将项目资助经费纳入单位会计核算体系一核算并单独设账管理,会计凭证及相关资料完整、真实、合理、有效,严格管理及规范使用资助经费,确保资金安全有效使用。制定了项目进度和质量保障措施、廉政管理制度、绩效管理办法等,并监督落实。为保证按计划并优质完成国家出版基金项目,郑大社专门组建了项目组,项目负责人多次主持召开由责任编辑、复审、终审、校对、质检、设计、印制等人员参加的协调会,就各环节的质量要求、工作程序、进度计划等进行重点部署和落实。定期召开碰头会,及时协调解决在项目实施过程中存在的问题。确保在国家出版基金办的具体要求和出版社的制度框架下开展各项出版活动,并保证项目的顺利进展。

本丛书专业性强、图表多、质量要求高,编、审、校耗时长且难度较大,仅医学专业名词、单位符号的统一规范和内容修改就十分耗时费力。因此,编、审、校人员的责任压力较大。为此,郑大社安排参与本丛书初审、编辑加工的人员均为从事编辑业务多年、经验丰富并对工作认真负责的医学

专业人员,通过敬业、敏感、专业的职业本领和精益求精、追求卓越的工匠精神,把好书稿的思想关、学术关、知识关、技术关、语言文字关和编校体例关。① 对书稿中发现的疑问,及时与作者商讨后妥善处理。专门建立微信群、QQ 群,经常在线交流,信息共享,取长补短,大大提高了工作效率。为确保编校质量,在"三审三校"的基础上又增加了一个校次,校对环节责任到人,安排业务能力强的校对人员担任责任校对。复、终审人员对每册书稿进行认真把关,并对内容的编排等提出合理化建议。书稿校样达到付印条件和成书后,项目负责人安排有丰富经验的质检专家对丛书进行全书印前质检和成书质检,差错率均低于万分之一,符合图书合格质量标准。为保证设计印制质量,出版社专门招标技术水平高、诚信可靠的专业公司,按照项目排版体例、版式设计,以及印制材料和印装制作等要求,保质保量完成设计、排版、印装等工作。

本基金项目图书出版的一个显著特点是,充分利用互联网和信息技术,每个分册根据编写和出版需要,在正文中印制多个二维码,通过扫描二维码可以欣赏和学习到与书中知识相关的幻灯片、视频、图片等原创数字资源,增加了图书的附加价值,拓展了文字不易描述的内容,使图书知识量更加丰富,阅读更加立体,有利于读者获取更多的知识和信息。本丛书可为创伤和创面修复基础研究人员、创伤和创面修复科及相关临床科室各级医护人员提供重要的学习和实践参考;同时,各分册又独立成书,可作为创伤和创面修复等专业的培训教材。丛书内容原创性强、观点新颖权威,充分展示了我国创面修复学领域基础研究和临床治疗理论、技术和发展的最新成果;该丛书也是一套科学、先进、实用的大型标志性系列学术专著,代表了我国目前创面修复学领域的国家级水平,具有很高的学术价值、社会价值和实用价值。

---

① 孙保营.新时代学术图书责任编辑之责任的八个维度[J].中国编辑,2021(2):87-90.

六、结语

"创面治疗新技术的研发与转化应用系列丛书"(26册)的顺利出版,主要得益于我国科学技术发展的强力支撑,得益于国家对文化科技事业的大力扶持,得益于以付小兵院士为代表的我国创伤和创面修复学领域的学术造诣深厚的专家型作者团队的辛勤劳动和大力支持。本丛书的出版,对开启我国创伤和创面修复学教育、培训和科学研究的新局面可起到引领与推动作用,对于促进我国创伤和创面修复学的学科发展、专业人才培养,提高创伤及创面的整体诊疗和康复水平将发挥重要的支持作用。对于应对当前创面治疗的重大社会需求,提高创面治疗效果,减少并发症,降低医疗费用等具有重要的现实意义。本丛书的出版也必将引起国际、国内创伤和创面修复学领域的广泛关注,产生良好的社会效益。

通过本项目的顺利实施,郑大社团结和凝聚了一大批我国创伤医学领域的一流专家学者,并建立了良好的合作关系,充实了郑大社的优秀作者队伍,为郑大社打造创伤医学出版品牌奠定了坚实的基础。该项目的顺利完成,增强了郑大社对国家出版基金项目申报、实施的实力,提高了郑大社精品和重大原创出版的能力,提升了为社会创造更多优秀学术精品的能力。

第六辑

精品力作与延伸思考

中国现代文化世家精神传承和文化传播的典范之作

习近平总书记指出:"中华优秀传统文化是中华民族的精神命脉,是涵养社会主义核心价值观的重要源泉,也是我们在世界文化激荡中站稳脚跟的坚实根基。"传承和弘扬中华优秀传统文化,是实现中华民族伟大复兴中国梦的应有之义和必然要求,作为新时代的文化工作者和出版人,要认清"坚定文化自信、传播中华优秀传统文化"的重要性,自觉承担起深入挖掘和广泛传播中华优秀传统文化的重要责任和使命担当。由郑州大学出版社2019年正式出版并公开发行的"中国现代文化世家丛书",就是对我国现代文化世家精神传承和文化传播的典范之作。

一、作者权威,传播广泛

"中国现代文化世家丛书"分为第一辑、第二辑、第三辑,包括20种,共计545万字,为国内首套对中国现代文化世家进行评传的精品力作。丛书由国家图书馆原党委书记、常务副馆长詹福瑞,中国社会科学院外国文学研究所党委书记、副所长党圣元等担任主编;20余位作者也都是在文学界及学术界具有一定影响力的中青年专家,如全国新闻出版行业领军人才、郑州大学编辑出版研究中心主任骆玉安编审,上海师范大学博士生导师黄轶教授等,他们都具有较强的书稿撰写能力、文化品位把握能力和文化传播能力。该丛书的编写是一项任务艰巨、内容丰富的系统工程,因具有较好的社会效益和较强的公益性,连续三辑都获批国家出版基金资助项目,第一辑还荣获中华优秀出版物奖图书提名奖。该丛书推出后,很快在文学界、社会学界和出版界引起特别关注和高度评价,并得到广泛传播。

二、文化传承，激励后人

中国现代社会转型以来，那些在文化、思想领域的领军人物，在推动社会变革和学术创新等方面贡献巨大。研究发现，这些专家、学者和精英人物大都出身于文化世家，有着良好的家庭文化背景和丰厚的学养。文化世家所呈现出的人才辈出现象，成为中国近现代史上一道亮丽的风景线。本丛书对20个在中国近现代史上文化渊源比较深厚、影响力巨大的家族进行评传，包括《风雨饮冰室——新会梁氏家族文化评传》（代表人物梁启超、梁思成等）、《倚树听流泉——唐河冯氏家族文化评传》（代表人物冯友兰等）、《丹桂满庭芳——无锡钱氏家族文化评传》（代表人物钱锺书等）、《花落春仍在——德清俞氏家族文化评传》（代表人物俞平伯等）、《春梦水流痕——合肥张氏家族文化评传》（代表人物张允和、张兆和、张宗和等）、《世运之枢轴——义宁陈氏家族文化评传》（代表人物陈寅恪等）、《斯文的回响——苏州叶氏家族文化评传》（代表人物叶圣陶、叶至善等）、《翠羽映丹霞——弥勒熊庆来家族文化评传》（代表人物熊庆来、熊秉明等）、《缤纷满地落花红——项城袁氏家族文化评传》（代表人物袁家骝等）、《世代儒风绵延久——东至周氏家族文化评传》（代表人物周叔弢等）、《克绍箕裘续家声——吴兴钱氏家族文化评传》（代表人物钱三强等）、《百年梨园第一家——泰州梅氏家族文化评传》（代表人物梅兰芳、梅葆玖等）、《千年世家传书香——无锡七房桥钱氏家族文化评传》（代表人物钱穆、钱伟长等）、《天下文章出桐城——桐城方氏家族文化评传》（代表人物舒芜等）、《衣披天下冀功成——广东番禺叶氏家族文化评传》（代表人物叶公绰等）、《龙山凤水毓锦绣——安徽怀宁邓氏家族文化评传》（代表人物邓稼先等）、《笔耕世业传家风——湖北浠水闻氏家族文化评传》（代表人物闻一多等）、《大雅千秋一脉延——南通范氏家族文化评传》（代表人物范曾等）、《满门风雅钟东山——苏州东山莫釐王氏家族文化评传》（代表人物王季烈、王季同等）、《风雨如晦松茂堂——泰州黄桥丁氏家族文化评传》（代表人物丁文江、丁西林等）。

该丛书将影响中国近现代历史进程并有代表性的20个文化世家集中整理并大规模展示，从史学和传记文学的视角进行研究，以家庭作为社会细胞进行文化解剖，通过家族杰出代表人物的成长历程，揭示其家族文化发展轨迹、特色及成因，显示其家庭教育、成才之路、成就业绩、生活情趣等，呈现其文化传承的成功原因与特色，形成中国现代不同文化家族的系列风景，构成中国文化在家族单元的独特风貌。这些家族中优秀人物的荣辱沉浮以及家族的兴衰变迁，从一个侧面展示了中国近现代社会发展的轨迹，透视了中国知识分子忧国忧民的心路历程。我们可以通过中国现代文化世家的发展史，通过比较典型的文化世家的发展轨迹和文化传承的优秀范本，去了解中国社会生态发展演变的脉络，发现文化世家得以成功继承和发扬的深层规律和诱因，为更好地在当代社会传播这些家族的优秀文化、学习他们的励志精神提供借鉴和参考。

比如第一辑中文化世家的典型代表河南唐河冯氏家族，其祖上以诗书传世，历代注重教育，重视对后代人才的培养，冯氏子弟中人才辈出。冯氏家族对中国现代文化、科技做出了突出贡献，在中国近现代化进程中发挥了重要作用，尤其是冯友兰兄妹三人。长兄冯友兰曾任职西南联大（抗战期间）哲学系教授兼文学院院长，出版了多本哲学著作，创立了新理学思想体系，其哲学思想融中西哲学而自成体系，为中华民族哲学理论的发展做出了重要贡献；弟弟冯景兰曾任中国科学院学部委员，是中国近代矿床学的奠基者，全面参与了新中国的地质勘查工作，并为此做出了巨大贡献；小妹冯沅君是我国新文学史上第一代有影响力的女作家之一，她是著名的文学史家、教育家，也是新中国首位女性一级教授。其他如宗璞、钟璞、钟芸、钟越等，也在各自的领域做出了骄人的成绩。该家族之所以人才辈出、成就卓然，是因为这个家族世代都是以中国传统文化为主要特征的书香门第，有着良好的家风和深厚的家学渊源。

比如第二辑中对合肥张氏家族充满传奇色彩的娓娓讲述，从光禄大夫张荫谷、封疆大吏张树生、清流名士张华奎，到有着极高文学和艺术修养的四姐妹张元和、张允和、张兆和、张充和，以及四位才女的夫婿——昆曲名家周传玠、语言学家周有光、文学大师沈从文和德裔汉学家傅汉思，再到毫不弱于四个姐姐的六个弟弟张宁和、张宇和、张寅和、张宗和、张定和、张寰和。这是一个家庭成员各有所长、各有所成的家族,也是一个将全部家产和几代人的精力都献给国家和民族教育、科技及文艺事业的家族。张家的历史几乎可以串起半部中国近现代史,其呈现出的是群英荟萃、相映生辉的典型特点,主要是受耕读传家、立身立学、以身作则、顺其自然等中国优秀传统文化和家庭文化的延绵和滋养。

再比如第三辑中苏州东山莫釐王氏家族,是中国历史上屈指可数的文化世家之一,特别是在中国近现代史上,这个家族以人才众多、俊彦辈出而著称。早期有明代双元大学士王鏊、风雅状元王世琛,清代吴中名宿王芑孙、才子名士王颂蔚;近现代有季字辈多位名流,如文理兼通王季烈、实业救国王季点、艺术巨匠王季迁、著名学者王季绪;现当代名流更是有守字辈的多位科学家或文化名家,如物理先驱王守竞、翻译名家王守璨、仪器专家王守融,中科院院士王守武、王守觉,等等。王氏家族后裔除了继承老一代或以经商致富成为巨族,或以科举进阶成为高门等优秀家族传统文化以外,更是与时俱进,积极追求先进文明,重视教育、科技兴家,成为全国屈指可数的科技世家,甚至与王家有姻亲关系的何泽慧、钱三强等都是我国的科技巨擘。他们将家族发展与历史发展、民族振兴紧密结合在一起,在为国家和民族做出巨大贡献的同时,家族自身发展与地位也得以提高和升华,从而成为令人景仰的家族范式。王氏家族在发展过程中所凝聚的家风家训、家规家教、文化特色、艺术传承等,也通过家族成长的轨迹表现出来,给世人以借鉴和启迪。

三、填补空白,繁荣文化

该丛书的出版具有重要的学术意义、借鉴价值和文化传播价值,主要表现在四个方面:其一,特殊的研究视角。在中华民族五千年的文明史上,"家"与"国"总是作为一个不可分割的社会有机体相伴而存。我国历来都有重视家庭、重视亲情、重视家教等传统家庭美德,这些美德铭记在中国人的心灵中,融入中国人的血脉中,是支撑中华民族生生不息、薪火相传的重要精神力量。然而，单独以家族文化作为切入点，以真实人物及其文化背景展示鲜活的家族历史，探究不同家族文化特色及其成因的著作可谓凤毛麟角，本丛书即填补了该领域的空白。其二，特殊的借鉴意义。相比于行为心理研究、学习方法推介、智力潜质挖掘等教育方法，成功的家族文化精神和文化环境培育在人才教育方面则更具借鉴意义。"中国现代文化世家丛书"的推出，给万千家庭提供了成功范例和方法指引，也必将为我国教育理论和实践开辟新的研究空间。其三，特殊的理论资源。要正确理解优秀传统文化对家族及其人才成长的影响，就必须全面了解家族文化在过去一个多世纪的历史，了解不同家族文化及其成因。中国近现代优秀文化家族的兴衰沉浮，其代表人物对中国近现代文化的影响，其背后隐含的社会因由和文化启示，每一个节点都值得我们反思和探究，也足以成为我们全面审视当代人类重大理论问题可供借鉴的重要理论资源。其四，特殊的文化出版价值。习近平总书记曾明确指出，历史是一面镜子，从历史中，我们能够更好看清世界、参透生活、认识自己；历史也是一位智者，同历史对话，我们能够更好认识过去、把握当下、面向未来。每一个文化世家的发展史就是一部文化史，每一个文化家族的家教、家风和文化特色，都具有重要的思想价值、重大的文化积累价值和文化传播价值。遴选出20个在中国现当代具有代表性的文化家族群体，挖掘中华民族传统文化中的精髓要义，厘清中国优秀传统文化血液流淌和分布的脉络，有利于凝聚民族精神，促进中华文化繁荣、交流和传播，提升中华优秀传统文化的影响力，可以为新时代中国特色社会主义文化事业的发展和繁荣提供有益的借鉴，为中华民族伟大复兴中国梦的实现发挥好文化引领作用。

一部世界文化巨匠启迪心智的读书札记

《阅读天地》是世界文化巨匠、俄国著名批判现实主义作家列夫·托尔斯泰晚年的重要著作。该书的中译本是安国梁教授花费近7年时间的心血之作,于2019年12月由郑州大学出版社出版发行。本书是纪念托尔斯泰逝世百年的重要著作,因具有很好的阅读价值和社会意义而获批2018年度国家出版基金资助项目。

列夫·托尔斯泰是19世纪后半叶俄国的思想家、语言艺术大师,是站在当时欧洲批判现实主义顶峰的巨人。他以丰富的不朽创作为世界文学宝库增添了光辉,是最受中国读者喜爱和推崇的外国作家之一。2010年11月7日,是托尔斯泰忌辰100周年纪念日。是年,全国相继举行学术讨论会,以纪念这位伟大的人道主义作家。会上有学者提出,托尔斯泰有一部重要著作尚无翻译,而这部作品对了解他的思想发展、研究他的作品以及对国民的人格修养都具有不可替代的重要意义。

这就是《阅读天地》。它具有"材料宏富、直抒胸臆,启迪心智、感人至深,翻译流畅、明白自然"等显著特点。

一、日记体读书札记,材料宏富,直抒胸臆

与托尔斯泰其他皇皇巨著不同,这是一部日记体的读书札记,且不为大多数人所知。日记体札记是每日一记,日积成周,周积成月,月累为年。每日的正文前有类似提要的小引,正文后有小结。每周则殿以长篇阅读材料,名为"每周阅读"。

全书材料宏富。正文引文2 360余条,署名者1 600余条,未注明出

处者 750 余条。据托翁序言可知,这些佚名引文,有一些是佚失姓名的他人之作,有一些则出自他本人的手笔。根据内容推测,出自他手笔的引文数量可能更可观。此外,正文前后绝大多数出自他手的"小引"和"小结"720 余条,与佚名引文相加,约占全书五分之二,这些文字大多为托翁本人的直抒己见、坦陈胸臆。署名引文约占全书正文的三分之二。所引人物和作品,就地域而言,涉及欧美与东方;就时间而言,从古到托翁生前的时代。所引均为足以引人思考、给人启迪的文字。

二、内容博古通今,启迪心智,感人至深

翻阅全书,大有置身山间野径之中美不胜收的观感。然而,通过近百万文字的表象,作品以其痛苦而深沉的内省,以及对人生终极价值永不停息的追问,形成感人至深的力量。

书中所引观点都曾引起托尔斯泰本人的强烈共鸣和充分肯定。从托翁本人言论和小引小结来看,所引观点,实则也是托翁的主张,托翁是"借他人酒杯,浇自己块垒"。从这一意义上来讲,托翁只是把他人的观点当作思想材料加以熔铸,来构建自己的思想体系,表达自己对人、对人类未来的思考。

全书既是托翁的世界观,也是他的人生观的告白。

正如托尔斯泰在该书前言中所说:"本书的目的并不在于给读者提供众多作家的文字忠实可靠的译文,而在于通过重温不同作家伟大而卓有成效的思想信念,给广大读者提供一个他们能够接受的天天坚持阅读的广阔天地,以便激起他们更高尚的思想感情。"在当今"全民阅读"时代,阅读经典的意义已经不仅仅在于开启心智——经典作品带着以前的解释的特殊气氛走向我们,背后拖着它们经过多种文化(或只是多种语言和风俗习惯)留下的足迹。而循着这些足迹,我们定会厘清来路,坚定去路。

托尔斯泰是最受国人欢迎的外国作家之一,他的文学作品在国内得到了广泛传播。在这一背景上,该书确实有其在中国流传的思想基础。托尔斯泰是第一个把中国古代经典《论语》《中庸》用英、德两种语言翻译到西方的外国人,他是一位中国文学研究的专家。他说中国是世界上最爱好和

平的民族,他在中俄文化交流史上写下浓墨重彩的一笔。

此书是托翁晚年的重要著作,而国内尚未存译文。此次把这部重要著作翻译成书,并公开出版,介绍给广大读者,也是中国学者对西方先贤伟人的一种文化致敬。

三、提升国人修身养性的境界,促进对托翁研究的深化

托尔斯泰的写作犹如灯塔,照亮了后人每一次不肯屈服的跋涉。

托尔斯泰思想的核心是内省,精神第一,灵魂第一。因而在人际关系中,他强调谦虚自律,书中这类言论比比皆是。在当今功利盛行、繁杂喧闹的世界,托翁的这些金玉良言会起到很好的警世作用,对国人的思想修养具有一定的启迪意义。

在某种意义上讲,《阅读天地》是一部道德修养书。

《阅读天地》虽说是一部阅读笔记,但托尔斯泰通过这些看似简单的笔记体形式,表达了自己对世界、对人生的看法,可谓托尔斯泰思想的总结。国内目前鲜有学者对托尔斯泰晚年思想作过全面而深入的介绍,此书可以说是对他晚年思想全面又深入的说明,对学术界必将产生有益的影响。

在托翁留给后人的精神财富中,至少有四个方面值得肯定。

第一,他对未来充满了光明的期待。他认为幸福在人间,希望在现实,人生的意义在现实。他主张人应当立足于此时此地而作出自己的努力。这种奋发图强的入世思想给人以向上的动力,值得人深思。

第二,托翁认为在物欲横流的时代,人尤其要关注自己的精神世界。在他看来,物质不可避免会消亡,它的存在是短暂的,瞬息即逝的;精神则超越时空,是不受时空控制的,因而是永恒的,不可摧毁的。人要不断求得精神的精进,不断完善自我。这对当代的我们定会有良好的启发。

第三,托尔斯泰的生死观很值得借鉴。托翁认为,人的一生始终处于变化之中,死亡不过是人生变化中的一个阶段,是人的最终归宿,不必惊慌,无须恐惧。如果说,生是幸福,那么作为生的必要条件的死也应是一种

幸福。死并不是一切不复存在，人的精神将永存人间。这种死亡观促使人更积极地对待生命。这就是知死而知生。

第四，在为人处世方面，他以哲理性的语言表达了自己的真切感受，也更多地引证了世界哲人的一些金玉良言，至今不失其现实意义。如："对财富的强烈渴望不可能缓解和满足。拥有财富的人不仅为拥有更多财富的愿望而苦恼，而且为失去现有财富而恐惧。""贫困的并不是那些财富不多的人，而是那些渴望更多财富的人。""知识使伟人服从，使普通人惊奇，使渺小者头脑膨胀。"这类格言在书中俯拾皆是，确是人类精神宝库中的珍珠。

当然，此书出版于百多年之前，随着时代和社会生活的巨大变化，书中的所有观点不可能都为当代读者所认同，但其中不乏真知灼见，蕴含着极为宝贵的合理内核。总之，无论从正面还是从反面，《阅读天地》都会给读者的思想以强烈的冲击和全新的启迪。

四、译者文化修养深厚，译文畅达流利，明白自然

译者安国梁毕生从事外国文学的教学与研究，对中西方文化有较深入的了解。20世纪80年代，曾译有《托尔斯泰文学语录》《列夫·托尔斯泰传》等，皆被业界誉为"信达雅"的典范之作。《阅读天地》为译者耗费近7年时间的心血之作，译文畅达流利，明白自然，颇得学界好评。

托尔斯泰博览群书，从东西方文化中汲取思想营养，以塑造自己的世界观、人生观和价值观。《阅读天地》正是他思想探索的结晶。此书囊括古今，纵论东西，对东西文化没有一定的了解，翻译此书更是难上加难。可以说，译者出色地完成了这一艰巨任务。

总而言之，《阅读天地》是托翁的阅读笔记，内容平实，兼容并蓄，涉猎古今，纵论文化，与宗教、哲学、伦理道德、政治经济等方方面面联系十分紧密。书中的一些观点，确能使人深思。此书的主旨在于告诫人们：在市场经济大潮中，人不应目迷五色，沉溺于物质的欲望之中，而应加强精神世界的修养，更多地关注自己的灵魂。人应以爱对待世界，谦虚谨慎，为人们谋

幸福。凡此种种,这些金玉良言永不过时,至今仍可供广大读者朋友感悟借鉴。

《阅读天地》能在"全民阅读"的背景下出版,并成功入选国家出版基金资助项目,充分说明了它的内在价值和时代意义。因此,本书的出版定会在提高民众的文化素养、引领道德价值观方面产生积极影响。

服务"一带一路"的国际化临床医学丛书

2021年3月10日，郑州大学出版社举办"'一带一路'背景下国际化临床医学丛书（第一辑）"首发式，标志着为期四年的该系列丛书的策划、编写、编校、印制等出版工作圆满完成。该丛书的顺利出版，填补了我国在国际化临床医学丛书的出版空白。因为它的巨大创新性、应用性和国际化等特点，成功入选"十三五"国家重点图书出版规划项目和2020年国家出版基金资助项目。从总体上来看，本丛书有四个方面的显著特点。

一、权威专家编撰，确保内容质量和学术水平

"'一带一路'背景下国际化临床医学丛书（第一辑）"由中国工程院院士钟世镇担任专家指导委员会主任委员；编审委员会成员包括教育部教指委委员王慧君、姜志胜、陈旭等，国家杰出青年科学基金获得者白晓春、吴军等，以及多所医学院校的领导专家如李思进、吴基良、李玉民、黄元华等。编审委员会对整套书进行顶层设计，宏观把控；每个分册的主编都是该学科领域的权威专家，多数分册邀请主审和名誉主编把关。丛书由国内160多家著名医学科研院（所）、医学院校和临床医院的600余位医学专家和临床医学科研工作者用英文撰写，大多数专家都有在国外留学或访学的经历，具有非常专业的英语文字能力。优秀的作者资源为本丛书的编写和出版提供了重要的内容质量和学术水平保障。

二、临床医学学科齐全，丛书内容系统全面

"'一带一路'背景下国际化临床医学丛书（第一辑）"共17个分册，

1 730万字,2 743幅插图,包含的临床医学学科齐全,内容厚重,系统全面。包括临床医学的基本理论与临床实践,涉及医学基础学科、临床各专科和人文社会医学学科等,反映了中国临床医学各科的诊断与治疗思路、临床技术、用药经验以及临床医学各学科最新理论成果和技术进展、国际医学前沿学术成果等。

该丛书各分册分别为:第1册《系统解剖学 Systemic Anatomy》,主编黄文华、张雁儒、陈志宏;第2册《局部解剖学 Regional Anatomy》,主编张雁儒;第3册《病理解剖学 Pathologic Anatomy》,主编陈奎生、梁莉、李敏才、潘云;第4册《医学微生物学 Medical Microbiology》,主编金成允、金清、曹虹;第5册《医学细胞生物学 Medical Cell Biology》,主编易岚、都建;第6册《医学免疫学 Medical Immunology》,主编杜英、王华民、陈广洁;第7册《精神病学 Psychiatry》,主编李幼辉;第8册《核医学 Nuclear Medicine》,主编韩星敏、王荣福、杨爱民;第9册《法医学 Forensic Medicine》,主编王慧君、董红梅、何方刚;第10册《医学统计学 Medlical Statistics》,主编郭秀花、薛付忠;第11册《医学生理学 Medical Physiology》,主编许继田、彭碧文;第12册《医学寄生虫学 Medical Parasitology》,主编彭鸿娟、夏超明、周怀瑜;第13册《急诊医学 Emergency Medicine》,主编朱长举、张茂、高艳霞;第14册《口腔科学 Stomatology》,主编何巍、王鹏;第15册《中医学 Traditional Chinese Medicine》,主编黄泳、朱荔芳;第16册《临床肿瘤学 Clinical Oncology》,主编马望、郑燕芳、王树森;第17册《预防医学 Preventive Medicine》,主编吕全军。该丛书内容原创性强、观点新颖,既是临床医学实践的专著,也是对临床医学专家宝贵经验的总结,反映了临床医学技术的最新应用与进展,具有很高的社会价值、学术价值和国际交流价值。

三、因重大需求而出版,较好服务"一带一路"国家倡议

"一带一路"是我国提出的国家级顶层合作倡议。近年来,我国积极发展与"一带一路"沿线国家和地区的经济合作伙伴关系,为共同打造政

治互信、经济融合、文化包容的利益共同体、命运共同体和责任共同体等发挥着重要作用。"一带一路"沿线国家和地区华人华侨众多,中医药文化浓厚,有很好的群众基础。这些地区与我国地缘接近、人文互通、疾病谱和医药卫生习惯相似,医学教育合作交流拥有广泛空间,"'一带一路'背景下国际化临床医学丛书(第一辑)"是因国家重大需求而出版,对推动中华医学文化走向世界具有很好的积极作用。本丛书读者对象明确,服务"一带一路"建设,配合国家"走出去"战略,展示中国医药科技的整体实力,普惠"一带一路"沿线国家,助力"一带一路"沿线民众健康。同时,本丛书全部用英文撰写,创新对外表达方式,与国际同人交流共进,融合创新,包容发展,传播中国医学科技知识。它是由我国专家撰写的"一带一路"建设需要的第一套医学工具书,是促进医学科技交流的标志性工作之一,也是"一带一路"建设中具有惠民性、公益性,并具有较高社会认同度的项目之一。

四、以工匠精神打造精品,确保丛书出版质量

郑州大学出版社前身为河南医科大学出版社,是我国大学出版社中从事医学图书出版的第四家医学专业出版社,在临床医学、创伤医学等领域形成了鲜明的优势和特色,在国内医学图书出版领域有较高知名度。出版社有两个医学类国家出版基金项目在结项综合绩效考评中获得"特别优秀"项目;有十余种图书获得国家级图书奖,其中大部分为医学类图书。这充分说明了郑州大学出版社在医学图书策划、出版方面的优势。为更好地把"'一带一路'背景下国际化临床医学丛书(第一辑)"打造成精品,出版社成立专班,安排业务能力较强、专业对口的人员承担责任编辑、复审、责任校对和质量检查等工作,确保了图书编校质量,以工匠精神打造出版精品。该丛书装帧印制精美,全文彩色印刷,整体设计美轮美奂。封面上"国家出版基金项目"标识突出醒目,深红色基调反映主题思想,视觉效果沉稳庄重,间接表现出本丛书的丰富内涵和战略定位。正文版式科学合理,字体字号恰当,色彩搭配和谐,书眉与切口用渐变色系过渡,既适合阅

读又令读者感觉舒适美观。彩色插图与内文介绍次第呈现,既弥补了文字叙述的不足,又可以激发读者的学习兴趣。

总之,本丛书从内容到形式、从编校质量到印制质量,都经过精心打磨,终成精品典范。内容权威新颖,原创性强,展示了我国当代临床医学的前沿理论研究和技术水平,是一套科学、先进、实用的大型标志性学术著作,希望能成为我国对外医学科技交流合作的一张靓丽的名片,更好地服务于"一带一路"沿线国家和地区医学人才的培养及医疗事业的发展,更好地服务于国家科技、文化走出去的发展战略。

我国创面修复科专科能力建设人才培养的基本遵循

2021年6月19日,由国家卫生健康委员会能力建设和继续教育中心主编、中华医学会组织修复与再生分会协编,并由郑州大学出版社出版的《创面修复科专科能力建设专用系列教材》,在中国卫生人才培养项目创面修复学科建设与管理国际研讨班上公开发行,标志着该套教材的编撰和出版工作圆满完成。该系列教材共分4册,即《创面修复科专科医师分册》《创面修复科专科护士分册》《创面修复科全科医师分册》《创面修复科适宜诊疗技术分册》,共397万字,955幅插图,为国内首套创面修复科标准化建设专科医护人员能力培训专用系列教材。本套教材的编写和出版具有四个方面的显著特点。

一、为适应时代新需求、解决重大现实问题而出版

随着社会的发展、科技的进步,人民群众生活水平日益提高,我国体表创面发生的病因学出现了由"创伤型"向"疾病型"的改变,由此导致以糖尿病足、压疮、放射性难愈合创面以及医源性创面等为主的治疗需求不断增加。这些体表难愈合创面具有种类繁多、发病机制复杂、治疗难度大以及康复效果差等特点,是新时代医疗卫生需要解决的重大现实问题和创面医疗难题。由于在中国医疗机构传统的临床科室设置中没有专门针对这一大类创面(俗称溃疡)治疗的专科,缺乏该领域的专业人才,因而使得该类疾病临床治愈率低,严重影响了患者的生活与工作质量,对患者本人及其家庭造成了很大负担。故亟须根据我国疾病谱的变化和人民群众日益增加的就医需求,有针对性地成立创面修复专科,打造创面修复治疗体系,

以提高创面治疗的效果和效率,减少广大创面患者的疾苦和负担,提高患者的生活和工作质量。基于此,经过长期、系统、科学论证,国家卫健委办公厅于2019年11月发布《国家卫生健康委办公厅关于加强体表慢性病难愈合创面(溃疡)诊疗管理工作的通知》,并发布《医疗机构创面修复科基本标准》《创面修复科临床医师、护士基本技能要求》等指导性文件。创面修复科作为新的临床专科被国家卫健委批准成立,标志着我国在国家层面认可的创面修复科体系建设正式开始。

为了更好地发挥创面修复科的作用,提升治疗效果,也为了推动创面修复学科的建设与发展,国家卫生健康委员会能力建设和继续教育中心联合中华医学会组织修复与再生分会,组织编撰了本套《创面修复科专科能力建设专用系列教材》,并在全国范围内实施"创面修复科专科能力建设项目",建立起一套比较完善的分级培训、考核和认证制度,以实现创面修复科专业技术人员规范化能力建设的全覆盖,显著提升该领域从业人员的能力与水平,从而更好地满足广大创面患者的治疗需求。该套教材也是我国创面修复学科体系建设的重要组成部分,它的出版和发行,必将为推动我国创面修复科学科体系建设及专科人才培养等发挥重要作用。

二、编写专家团队学术水平高,实践及编写能力强

为了该套教材高质量、高水平、高规格出版,在国家卫生健康委员会能力建设和继续教育中心的具体组织下,专门成立了队伍庞大、学术权威的编委会,总主编是中国工程院院士、美国国家工程院外籍院士、我国创伤和组织修复与再生医学首席科学家和战略医学家、中国医学科学院学部委员、《解放军医学杂志》总主编、解放军总医院生命科学院院长付小兵教授;编委会成员包括北京大学、上海交通大学、浙江大学、江南大学等高校附属医院,中国人民解放军总医院,中国人民解放军海军军医大学、陆军军医大学、空军军医大学等单位的26位知名专家。

《创面修复科专科医师分册》(第一册)主编3人,副主编3人,编者69人。主编陆树良教授系上海交通大学附属瑞金医院创面修复中心主任、上

海市烧伤研究所所长、上海市创面修复研究中心主任,曾获"中国烧伤医学终身成就奖""国之名医·卓越建树奖"等荣誉;主编程飚教授系中国人民解放军南部战区总医院烧伤整形外科主任,兼任中国康复医学会再生与康复委员会主任委员等;主编谢卫国教授系武汉大学同仁医院烧伤科主任,曾获"中国医师奖"等荣誉。《创面修复科专科护士分册》(第二册)主编3人,副主编5人,编者55人。主编李宗瑜系主任医师,现任哈尔滨市第五医院医疗副院长、黑龙江省慢性创面诊疗中心主任,并兼任《中华损伤与修复杂志》副总编;主编蒋琪霞系主任护师,现任解放军东部战区总医院烧伤整形科和伤口护理中心护士长;主编曹烨民教授系上海中医药大学附属上海市中西医结合医院脉管病科主任、上海市脉管病临床基地学科带头人。《创面修复科全科医师分册》(第三册)主编3人,副主编3人,编者26人。主编黄跃生教授系国家杰青基金获得者、教育部创新团队负责人,现任深圳人民医院创面修复科负责人;主编吕国忠教授现任江南大学附属医院烧创伤诊疗中心、国家应急医学中心主任,中华医学会烧伤外科学分会主任委员;主编姜玉峰副教授现任中国人民解放军战略支援部队特色医学中心创面修复科主任。《创面修复科适宜诊疗技术分册》(第四册)主编3人,副主编4人,编者32人。主编韩春茂教授现任浙江大学医学院附属第二医院烧伤与创面修复科主任,兼任国际创面修复技术协会副主席等;主编胡大海教授系空军军医大学第一附属医院全军烧伤中心主任,兼任全军烧伤专业技术委员会主任委员等。

从以上介绍和分析可以看出,该套教材编写团队学术水平高,实践经验丰富,编写能力强。除了主编、副主编外,各册编者也都是我国创伤医学领域优秀的中青年学者和卓越医生。编者团队的学术水平、编写能力和敬业精神确保了该套教材的内容质量。

三、教材体系科学完整,创新性和指导性强

该套教材是我国创面修复领域首套标准化系列教材,教材体例科学,学术逻辑严密,相关概念和原理介绍通俗翔实,实操技术应用性和创新

性强。

第一册《创面修复科专科医师分册》共17章,122万字,插图400幅。本书内容丰富、条理清晰、逻辑性强,具有很好的临床实践性。全书主要包括创面修复概论(基于专科医师)、创面修复专科临床两部分内容。概论部分介绍了创面修复的发展历史,中国特色创面修复学科体系建设与发展历程,中国人群体表慢性难愈合创面流行病学变化新特征,慢性难愈合创面患者诊疗过程中的风险和预防,创面修复的基本规律,中国慢性创面的诊疗思路与原则,创面床准备的理念与方法,创面治疗的方法与选择,负压创面治疗的原理与实践,创面修复科相关实践操作技能等;创面修复专科临床部分介绍了临床上常见的糖尿病合并、血管性、医源性、窦道及其他类型难愈合创面的诊治,同时介绍了慢性难愈合创面的中医药治疗方法。本书的读者对象主要是从事创面修复科工作及相关学科工作的医务人员,对他们具有系统性、科学性和实用性的指导意义。

第二册《创面修复科专科护士分册》共18章,116万字,插图298幅。全书主要包括创面修复相关理论(基于护理)、创面修复与临床护理两部分内容。理论部分主要是创伤与创伤后的组织修复与创面治疗概述,皮肤的解剖、组织胚胎与生理,慢性创面的发生机制,创面愈合的生物学规律,影响创面愈合的因素,创面修复中的护理演变与发展,体表慢性难愈合创面的诊断与分类,创面评估与信息采集等内容;创面修复与临床护理部分则包括创面治疗和护理的基本理论与技术,创面相关的治疗与护理方法,中医药学在创面治疗中的应用,常见与特殊慢性创面的治疗与护理,慢性难愈合创面患者诊疗过程中的风险与预防,慢性创面的康复治疗与护理,慢性创面的预防与专病健康指导,瘢痕防治的常用方法等。本书融专业性、基础性、权威性于一体,是一部可供创面修复科及相关科室护理等专业人员使用的专业培训教材。其兼顾了"教"与"学"的受众面,展现了组织再生与创面修复医学的最新进展,更广泛地体现了慢性创面修复的现代理论、技能与方法的专业性、系统性、逻辑性和基础性,为创面修复科专科护理人员提供了理论的系统指导和临床的基本遵循。

第三册《创面修复科全科医师分册》共20章,89万字,插图111幅。

全书主要包括创面修复概论(基于全科医师)和创面修复全科临床两部分内容。概论部分介绍了皮肤生理微环境与创面微环境的变化及营造,创面愈合过程中的细胞反应,创面愈合的生物学规律,慢性创面的发生机制,影响创面愈合的因素等内容;创面修复全科临床部分则介绍了创面非手术治疗的基本原则与方法,创面手术清创与游离皮片移植,皮瓣移植的基本原则与方法,创面修复材料与敷料的应用,传统医学在创面治疗中的应用,几项特殊的创面治疗技术,常见慢性创面的治疗,基层和社区医疗机构创面治疗的模式,体表慢性难愈合创面的防控与康复,创面修复中的多学科合作与监管等内容。本书内容丰富、体例完整、科学系统,是一部可供基层和社区全科医师及医护人员使用的有关创面修复的专业性权威培训教材。

第四册《创面修复科适宜诊疗技术分册》共 20 章,70 万字,插图 146幅。本书前两章简要介绍了创面修复的历史、相关概念、创面治疗创新技术发展与创新防控体系建设等。该书的主体部分共 18 章,对当前国内外比较成熟的创面修复诊疗技术进行了系统介绍和分析,主要包括常见慢性难愈合创面的诊断技术,扩创(清创)引流术,清创换药术,自体皮取皮植皮术,皮瓣移植术,负压封闭引流术,血管腔内手术,组织工程皮肤移植技术,细胞移植技术,超声及水刀清创技术,减压技术,压力治疗技术,生物治疗技术,光、电及磁创面治疗技术,传统医学创面治疗技术,酶与生物清创技术,氧疗技术,创面康复技术等内容。本书内容翔实,结构完整,对每一项适宜诊疗技术的概念、原理、使用方法、适应证、禁忌证及注意事项等都进行了清晰、完整的分析和介绍,对创面修复科及相关科室医护人员,如专科医师与护士、全科医师及医学技术、康复医学工作者和健康管理者等,都具有很强的理论学习和实践指导价值。

从总体上来看,本套教材建设规范,针对性强,涉及专科医师、专科护士、全科医师、医学技术等多个方面,对不同层级医护人员都能进行针对性和执业特殊性的培训;教材内容科学、完整,使从业人员不仅能掌握治疗疾病的基本方法,还能了解该类疾病发生的病理生理基础,并进行鉴别诊断。教材内容丰富,版式新颖,体例格式规范,层次清晰,是一套用于创面修复科医护专业技术人员培训的系统性、科学性、权威性和实用性教材。

四、出版社组织专班负责，确保高品质精品出版

近年来，郑州大学出版社狠抓出版品牌建设和出版质量建设，在创伤医学领域打造了系列精品图书和出版品牌，在该领域有3个出版项目获批国家出版基金资助项目，其中《中华战创伤学(11卷)》出版项目在国家出版基金办组织的项目结项中被评为"特别优秀"项目，该套丛书也被评为第五届中国出版政府奖(4年评选一次，本次全国仅有3种医药类图书获奖)图书奖；"创面治疗新技术的研发与转化应用系列丛书"(26册)出版项目是"十三五"国家重点图书出版规划项目和国家出版基金资助项目，并以"特别优秀"的成绩获批结项。以上，突显了郑州大学出版社在医学特别是创伤医学领域出版的社会影响力和认可度。

国家卫生健康委员会能力建设和继续教育中心与总主编付小兵院士把该套教材安排在郑州大学出版社出版，表示对郑大社给予了充分信任。对郑大社来说，这份信任既是荣誉也是责任。为了打造出版精品，郑大社组成了出版专班和重点图书项目组，社长、总编辑任组长，精选了具有工匠精神的优秀医学编辑承担编校工作，编校人员精益求精、追求卓越的品质追求，敬业乐业、甘于奉献的职业情怀，严谨专注、一丝不苟的工作态度，确保了该套教材的编校质量；在设计环节，充分体现了高雅、庄重、精美的设计风格；在印制环节，充分考虑设计的印刷实现度，让读者有庄重和美的感受。同时，教材充分利用互联网和信息技术，在书中编排了二维码关联的视频等原创数字资源，增加了图书的附加价值，使微观事物描述更加形象化，拓展了文字不易描述的内容。通过统筹安排，精心组织，该套教材真正实现了高质量精品出版。

一部乡村振兴的区域蓝本及人情绘卷

2021年6月,"2020年度河南省精神文明建设'五个一工程'重点创作项目"并由郑州大学出版社出版的《此水此山此地》正式首发并与广大读者见面。作品选题新颖,主题鲜明,从小切口真实反映和艺术再现了脱贫攻坚、乡村振兴、扫黑除恶等新时代农村宏大主题。它是一部多姿多彩的乡村振兴画卷,一部真实的农村发展史歌,得到文艺界和广大读者的充分认可和广泛好评。

一、乡村主题,反映典型

作者宋中锋,河南兰考人,从小在兰考农村学习和生活,对兰考乡村的发展蜕变有着深刻的理解和精准把握。其擅长写作,出版作品(集)多部,作品大多反映农村生活场景。其创作的长篇小说《月亮滩》《月亮湾》,以退役军人和大学生村官扎根农村艰苦创业为主线,生动描述了当代农民的现实生活和心灵风景,表现出当代农民在社会转型期思想和心理的裂变过程,全景式展示了我国当代农村改革发展的现状。其中,《月亮滩》获"第十四届北方十五省市文艺图书一等奖",并被中国书刊发行业协会评为"2011年度全行业优秀畅销品种"。

《此水此山此地》以兰考县张庄村的脱贫攻坚和乡村振兴为创作原型,来源于生活并高于生活,通过艺术再现,生动刻画了勇于与生活抗争、摆脱贫困、谋求振兴的一个个张庄人的形象。兰考,作为习近平总书记第二批党的群众路线教育实践活动联系点,是新时代农村发展的缩影和典型代表,也是国家新型城镇化综合试点县。2017年3月27日,兰考县正式退出贫困县,成为河南贫困退出机制建立后首个脱贫摘帽的贫困县,如期兑现了向总书记和全县人民作出的"三年脱贫"的郑重承诺。新时代的兰考,乡村振兴步伐坚定不移,产业振兴号角越吹越响,社会治理方式不断革新,率先走在了乡村振兴的康庄大道上。

黄河岸边的张庄村,从沙丘遍布、贫困凋敝的有名的大风口,蜕变为"梦里张庄",是新时代脱贫攻坚、乡村振兴的典型代表。通过农业、生态、人文、自然及民俗文化等资源的有机结合,一个人居与自然统一和谐,生态良好、环境宜人、村容整洁、生活舒适的张庄村已经成为现实场景。

作品以乡村及其振兴为主题,立足于新时代的发展背景,反映脱贫之后的兰考人和张庄人在乡村振兴道路上的奋斗故事。它是一部展现当代农民积极响应中央号召,奋力推进农业强、农村美、农民富的主旋律作品,是一部扎根时代、映照农村改革实践的精品力作,也是一部以人民为中心、讴歌当代农民的奋斗史诗。

二、构思巧妙,引人入胜

《此水此山此地》具有鲜明的时代烙印,恰似一卷当代的《清明上河图》,在读者眼前徐徐展开。本书除了带给读者愉悦之外,还能给人以深深的思考。乡亲们在脱贫攻坚、乡村振兴、扫黑除恶进程中的喜怒悲欢,在这部小说中得以真实再现。

作品从小处着眼,体现出恢宏壮阔的社会场景,开掘出人生、命运、善恶的大主题,体现出作者构思的巧妙以及深厚的文学功底。

小说安排了四条纵横交错的矛盾主线展开叙事,可谓构思精妙,别出机杼。首先,作者以高标准农田示范区建设为主线,以此为载体和抓手全面推进乡村振兴,得到了省、市领导的高度重视。在此过程中,县农业局副局长杨锐脱颖而出,被委以重任,冲破层层困难,抓住突破口,敢于和黑恶势力作斗争,善于团结群众,一步步实现了自己规划的乡村蓝图。其次,从党和政府开展的扫黑除恶专项斗争展开,为了不打草惊蛇,县委决定暗中调查取证,徐徐展开查处以刘汉为代表的农村黑恶势力的整个过程。再次，以张一枭、叶知秋、刘梦羽、李庆四个年轻人的爱情纠葛为线索，四个年轻人为了得到各自心中的美丽爱情，上演了一场场惊心动魄的争夺战。最后，以张一枭与刘汉等村中新旧势力的斗争为线索，各施其谋，合纵连横，展开了一场又一场正义与邪恶的较量。

正是由于这样反复推敲、别出心裁的构思，才将《此水此山此地》这样一部精彩的作品呈现在读者面前，它具有"构思巧妙、情感细腻、紧扣时代、朴实自然"的显著特点。小说家的使命，并不在于叙述伟大的事件，而是使细小的事件变得引人入胜。在《此水此山此地》中，正是由一件件看似不起眼的小事，将许许多多的人物形象和时代串联在了一起，烙上了拥有浓烈个人色彩的时代印记。党的十九大报告指出，农业农村农民问题是关系国计民生的根本性问题，必须始终把解决好"三农"问题作为全党工作的重中之重，全面实现乡村振兴。在小说中，为实施乡村振兴战略，县委决定以张庄乡为基础建设高标准农田示范区，以此为载体和抓手全面推动乡村振兴，此举得到了省、市领导的高度重视。县委马书记决定在全县科级干部中遴选张庄乡党委书记，最终县农业局副局长杨锐被委以重任。张庄乡乡长王刚对此心怀不满，工作中处处和杨锐作对，并充当张庄村村委会主任刘汉等黑恶势力的保护伞，给示范区建设设置重重难题。杨锐与回乡创业的有志青年张一枭等人一起，以无职党员"一编三定"为突破口，通过加强基层党组织建设来组织发动群众，很快赢得了群众的支持和拥护。在此基础上，组织群众开展土地流转，建设电商中心，发展现代农业产业园，开展基层治理创新，进行人居环境整治，等等。这些乡村干部每一天都遇到不同的问题与难题，他们逢山开路、遇水搭桥，每一步都走得艰难且坚定，一步步实施着自己规划的乡村振兴蓝图，谱写着命运的交响曲。他们与困难抗争的毅力、与黑恶势力作斗争的艰险，他们对乡村振兴的幸福追求，常常使人热泪盈眶。

毋庸置疑，农村黑恶势力是构建和谐新农村进程中的不和谐因素之一。然而其存在和滋长的原因非常复杂，包括国家对农村控制力度在一定程度上的弱化以及某些领域基层制度的缺失，农民作为弱势群体的处境以及其内在遏制系统的不完善，部分基层干部贪污腐败等。肃清农村黑恶势力必须加强基层党组织建设,完善和创新农村管理体制,加大扫黑除恶力度,推进新农村平安建设。在小说开篇不久,就介绍张庄村是基层治理软弱涣散村,村中派系林立,以刘汉为首的黑社会性质组织长期霸占村里资源、为非作歹,从而为主人公在特殊环境中开展特殊斗争进行了铺垫和环境营造。

中央部署扫黑除恶专项斗争后,县委决定把查处刘汉黑社会性质组织作为工作重点,派县委政法委干部杜文正以驻村工作队队长身份进行暗中调查取证,从而徐徐展开查处刘汉黑社会性质组织的整个过程。面对嚣张的黑恶势力,张一枭、杜文正等人,或为了不打草惊蛇对黑恶势力暂时忍耐,或对刘莽等人实施拘留,等等,均是在扫黑除恶专项斗争中采取的战术手段,着重反映了打击黑社会性质组织调查取证的艰巨性,塑造了张一枭顾全大局、不计个人荣辱、愈挫愈勇、敢于斗争的光辉形象。

除却上述两条之外,书中还有一条不容忽视的重要线索,便是张一枭、叶知秋、刘梦羽、李庆四个年轻人的爱情纠葛线,为整部作品的基调增添了一抹不可或缺的暖色调,显得更为接地气和贴近生活。叶知秋是巨丰公司董事长叶浩然的独生女儿,李庆是公司副董事长李扬的儿子,两人从小就被定下娃娃亲。然而叶知秋从小到大对李庆的感情全是羞辱和愤恨,她真正爱的是公司副总张一枭。为此,身为公司常务副总经理的李庆对张一枭充满了嫉恨,处处在公司刁难张一枭。为了避免公司高层出现分裂,继而跳出感情漩涡,张一枭决定离开公司回乡创业。张庄村村委会主任刘汉的女儿刘梦羽一直暗恋张一枭,张一枭回村创业让她看到了希望,不顾父亲反对全力支持张一枭在村里创业。叶知秋对张一枭念念不忘,决定在高标准农田示范区投资建设现代化养殖场。心术不正的李庆,为了得到叶知秋和报复张一枭,以建设安置小区之名也来到张庄村。四个人为了得到各自心目中的爱情,演绎了一场场惊心动魄的爱情争夺战。

三、逻辑严密,语言精妙

作者具有扎实的文字功底和文学修养,对农村基层干部和农民心理的刻画入木三分。作品逻辑严密,叙事环环相扣,用词精辟,语言精妙。对故事的描述和人物的刻画非常符合当代人心理特点,符合农村基层现状和农民生活常态。

具体而言,第一章"感情旋涡",通过设置公司年会冲突性场景,开门见山突出了小说主人公叶知秋和张一枭、李庆之间的感情纠葛;并交代了他们的父辈、公司创始人叶浩然、李扬之间的合作及分歧的故事背景。该章用小标题"你莫走""小心思""替代品""掌舵人""八爪鱼""服务站""小白脸"等讲述故事、反映人物。对人物描写特点突出,比如叶浩然"大刀阔斧的拼搏劲头、勇往直前的开拓精神、敢说敢干的担当气魄",叶知秋"才华美貌、稳重大气",李庆"极为自负、睚眦必报",张一枭"英俊潇洒、才华横溢、自尊心极强",等等。通过精彩生动的故事,制造冲突,引起悬念,吸引读者。第二章"临危受命",副科级干部、县农业局副局长杨锐被直接任命为张庄乡党委书记,这一看似不符合常理的人事任命,引出了悬念,制造了冲突;并通过"谁的关系""死穴与命门""针锋相对""行动起来""一代枭雄""篡权者""痛下决心"等主题故事,把张庄乡乡长王刚、张庄村村委会主任刘汉等人物形象,张一枭与李扬之间微妙的师生关系等反映得淋漓尽致。第三章"痛苦抉择",是对张一枭选择回乡建设新农村的过程描述。通过"当断不断""步步紧逼""故技重演""父女相争""登门求贤""生死相托""八大金刚"等片段故事,生动反映了张一枭痛下决心回乡创业艰难选择的心路历程。

其他章节如第四章"暗中较量"、第五章"战火开启"、第六章"痴情红颜"、第七章"正面交锋"、第八章"突出重围"、第九章"招商引资"、第十章"斗智斗勇"、第十一章"见招拆招"、第十二章"打中七寸"、第十三章"疯狂反扑"、第十四章"伺机而动"、第十五章"惹是生非"、第十六章"绝地反击"、第十七章"全面阻击"、第十八章"阳谋春秋"、第十九章"最后疯狂"、第二十章"无言结局"等,每一章标题都用词精辟,每一章内容都引人入胜。故事情节看似相对独立,实则环环相扣,逻辑性强。其故事的讲述、内容的描写,做到了用词夸张与写实相结合,突显了作者高超的文字驾驭能力和扎实的写作功底。比如"前哨战""告密者""一条妙计""谣言四起"

"争风吃醋""势均力敌""两军对垒""摆兵布阵""马首是瞻""一哭二闹三上吊""搬起石头砸了自己脚""翻脸不认人""煽风点火""最后的决斗""恩断义绝""玩火自焚""庆功大会",等等。读到这些,会使人油然而生一口气读完的欲望。

尤其值得一提的是,作者刻画人物形象特别是农民形象,真可谓力透纸背,农民的勤劳、善良与自私、狭隘、短视等都被刻画得淋漓尽致。作为张庄村黑恶势力主要头目的刘汉,被刻画得非常形象和生动,他的贪婪、自私、横行都被描述得栩栩如生。刘汉、刘莽是当前农村村霸的典型代表,他们的发家之道,以及最后的悲惨结局都具有极大的警示作用。

同时,由于作者对我国农村发展情况相当熟悉,对国家实施乡村振兴的政策和基层情况了如指掌,在写作中用词精准,并符合当前乡村振兴发展战略的要求。比如涉及乡村振兴中重要一环"建设高标准农田示范区"时谈到,要坚持生态优先、创新驱动、产业集聚、融合发展;以"绿色高效农业"为主题,以农副食品精深加工为主导,以生物医药、良种繁育、绿色种植为辅助,建设农业高质量发展示范区;等等。这些政策及目标恰是当前兰考县特别是张庄村乡村振兴中努力推进和奋力实现的发展目标。

四、题材恢宏,体裁科学

近年来,脱贫攻坚、乡村振兴、扫黑除恶、生态保护等已经成为我国农村治理的鲜明主题词,也是广大乡村干部的中心工作。经过多年努力,我们实现了第一个百年奋斗目标,在中华大地上全面建成了小康社会,历史性地解决了绝对贫困问题;"产业兴旺、生态宜居、乡风文明、治理有效、生活富裕"的乡村振兴图景已成为广大村民的追求目标;扫黑除恶工作取得了阶段性成就;生态保护也已成为广大农民的自觉遵循。这四个方面的主题是我国近年来解决"三农"问题的主要着力点。作者宋中锋在作品中紧紧围绕乡村振兴和扫黑除恶这两大主题,并通过相当篇幅反映脱贫攻坚和生态保护主题,虽然仅从小处着眼,通过对张一枭、杨锐、刘梦羽、刘汉等人物的描写,反映他们的喜怒哀乐,但体现出的是恢宏壮阔的丰富社会,开掘出的是人生、命运、善恶的大主题,这本身就体现出作者构思的巧妙以及深厚的文学功底。

长篇小说《此水此山此地》的观点是鲜明的,主题是恢宏的,反映的时代背景是宏大的。作者以其洞幽烛微的时代目光,观察着豫东兰考的新农村建设,置身于本土自觉地书写着时代主题,展现了他对近年来脱贫攻坚、乡村振兴和扫黑除恶的热情关切与独立思考。作者将爱情、亲情与友情的故事放置于乡村振兴等时代大背景之下,发出乡村振兴的时代之声,并借时代之声指出了精准脱贫、乡村振兴、扫黑除恶工作中的各种矛盾和问题,由此也写出了在现实具体工作中各类相关人物的迷茫与求索,拼搏与进步。

面对当前碎片化、快节奏的阅读趋势,人们注意力和情感被不断摊薄的时代背景,小故事、短段子更容易吸引眼球,长篇小说创作则更加艰难。但是,反映重大社会题材的作品必须通过长篇小说这一体裁来呈现,带给读者的才是完整的生活画卷;它有足够空间跨度的历史图景,有厚度的人生经历和情感波澜,以丰富读者的精神世界,以及对乡村振兴、扫黑除恶等重大历史题材完整性、结构性、立体性和延展性的认知,真正贴近现实、贴近生活,真实反映和艺术呈现我国农村发展史上的这些重大事件。

"文章合为时而著",这部记录农村时代变迁、展现乡村振兴风貌的"史诗性"长篇小说,不仅会成为我国农村发展过程中一段特定历史进程的记录,而且通过对生活的呈现、深刻的人性描写、开放的意义表达,让我们在一个个有血有肉的故事中感受到张庄乡及张庄村的发展历程,感受到在社会嬗变过程中个人的成长与发展、挣扎与奋斗,充分体现了现实主义的美学魅力。

纵观整部作品,无论从选材还是结构、语言、故事情节来看,《此水此山此地》都是一部非常优秀的小说。该小说作为乡村发展中的乡土文学有着很高的欣赏价值,可为乡村振兴给予文化引领,为乡村基层治理贡献宝贵范例,令人深思。

主要参考文献

1. 图书、报纸

[1] 蔡元培. 中国人的修养[M]. 上海:上海教育出版社,2018.

[2] 国家新闻出版署出版专业资格考试办公室. 出版专业基础:中级[M]. 北京:商务印书馆,2020.

[3] 蒋东明. 什么才真正是大学出版的精神?:从哈佛大学社百年史看大学出版的道路选择[N]. 中华读书报,2020-09-30(6).

[4] 靳晓燕. 教材建设是国家事权:对话国家教材委员会委员[N]. 光明日报,2017-07-14(6).

[5] 吴培华. 使命与担当:大学出版应该走什么样的路?[N]. 中华读书报,2019-09-18(6).

[6] 习近平:坚定文化自信把握时代脉搏聆听时代声音 坚持以精品奉献人民用明德引领风尚[N]. 人民日报,2019-03-05(1).

[7] 袁舒婕. 2021年度国家出版基金项目评审工作完成:张建春出席评审会并讲话[N]. 中国新闻出版广电报,2020-12-23(1).

[8] 张稚丹. 图书市场的危机与变局:《2020中国图书零售市场报告》解读[N]. 人民日报(海外版),2021-01-28(7).

[9] 郑富芝. 尺寸教材 悠悠国事:全面落实教材建设国家事权[N]. 光明日报,2020-01-21(13).

2. 期刊

[10] 本刊评论员. 积极稳妥地开展评定编辑业务职称工作[J]. 出版工作,1983(1):33-37.

[11] 别必亮."互联网+"形态下传统出版的蝶变转型思考[J].现代出版,2017(6):36-38.

[12] 宾长初.新时代优秀编辑的内涵与基本素质[J].编辑学刊,2019(3):63-67.

[13] 蔡红生,杨琴.大学文化:"双一流"建设的灵魂[J].思想教育研究,2017(1):80-84.

[14] 曹雄彬.从高校教材选用困境看出版社教材出版的改进路径[J].现代出版,2018(4):31-32.

[15] 陈奋,许立.大型精品医学图书的策划和出版:以国家出版基金项目"中华临床医学影像学丛书"为例[J].出版广角,2021(2):57-59.

[16] 陈晗.利益相关者视角的出版企业社会效益分析[J].中国出版,2020(9):36-38.

[17] 陈矩弘.美国图书出版业短视频营销探析:以哈珀·柯林斯出版集团为例[J].出版发行研究,2019(2):46-51.

[18] 陈然.国家出版基金科技类出版项目申报的几点经验:以临床医学类项目申报为例[J].现代出版,2016(2):50-52.

[19] 陈少志,祁艳红,姚圆.新时代编辑职业素养的现状调查与提升策略研究[J].出版科学,2020,28(4):5-14.

[20] 初云,闫举纲.激活场景 引爆社群:从华章书院看出版社自建社群营销模式[J].出版广角,2017(15):30-33.

[21] 崔亮,黄震.打造直播产业链,出版直播营销迈入3.0时代[J].出版广角,2020(12):15-18.

[22] 崔青峰.中小型高校出版社公司治理:现状、问题与建议[J].现代出版,2015(4):37-40.

[23] 董苏煌."五力齐定",做好新时代高质量编辑出版工作[J].出版广角,2019(8):53-55.

[24] 董雅华,蒋楚楚,刘铁英,等.工匠精神的当代价值及其实现路径[J].现代教育管理,2020(3):85-90.

[25] 杜方伟.论出版企业智能化营销管理系统的建构[J].科技与出版,

2020(4):84-89.

[26] 杜贤."后疫情"时代的总编辑出版战略[J].中国编辑,2020(10):34-38.

[27] 杜贤.新时期出版社总编辑的地位和作用[J].科技与出版,2015(2):35-39.

[28] 段从宇,沈毅,李增华.文化引领:大学职能的时代溢出与应然回归[J].现代教育管理,2012(3):20-24.

[29] 范庆奎.国家出版基金项目选题策划与申报浅谈[J].出版广角,2020(10):28-30.

[30] 方革秀.出版融合背景下编辑的产品策划创新能力[J].出版科学,2018,26(4):36-38.

[31] 冯馨瑶,靖鸣.出版直播营销3.0:体验、情感、沉浸[J].出版广角,2020(12):6-10.

[32] 符玉波.浅谈图书编辑的必备能力[J].编辑学刊,2018(2):111-115.

[33] 高生文.话语基调下学术期刊编辑之学术引领性研究[J].科技与出版,2018(1):102-106.

[34] 高振宇.新时代大学出版社队伍建设的困境与机遇[J].科技与出版,2020(5):103-107.

[35] 邰云飞.现代编辑更需要发扬"工匠精神"[J].科技与出版,2016(9):37-40.

[36] 葛洪.论责任编辑的主体责任[J].出版发行研究,2019(12):74-77.

[37] 郭义强.切实把提高质量、多出精品作为做好新时代出版工作的关键[J].现代出版,2020(4):12-15.

[38] 韩姗姗.国家出版基金项目全程管理初探[J].科技与出版,2017(6):37-40.

[39] 郝振省.倡导工匠精神 做学者型编辑[J].出版发行研究,2016(11):1.

[40] 何军民.当前出版业高质量发展的八个特点和五个突破:以2018年

北京图书订货会为中心的考察[J].出版广角,2018(7):31-33,93.

[41] 何军民.论新时代出版单位总编辑职业功能的四大支点[J].出版发行研究,2019(6):68-72.

[42] 何孝容,阳正发.图书短视频营销的可行性发展路径:以磨铁图书为例[J].出版广角,2020(16):50-52.

[43] 贺小桐,刘雨萌.融合发展背景下出版企业人力资源管理的创新对策研究[J].出版科学,2017,25(5):5-8.

[44] 贺正举.新形势下出版人的责任与担当[J].湘潭大学学报(哲学社会科学版),2016,40(1):154-157.

[45] 胡吉恒.数字转型下的科技出版社SIVA营销模式[J].出版科学,2019,27(2):77-80.

[46] 胡静.基于财务管理视角的高校出版社法人治理问题与对策探讨[J].商业会计,2019(13):85-87.

[47] 胡文龙.智能化时代的工匠精神:价值、意蕴与培育路径[J].中国职业技术教育,2019(4):58-63.

[48] 换晓明,赖雄麟.论编辑"工匠精神"与中国学派话语体系构建[J].中国出版,2019(17):42-46.

[49] 黄乐.浅谈责任编辑在出版项目管理中的作用[J].编辑学刊,2016(6):17-22.

[50] 黄圣英.发挥自身特色与优势 助推高校出版高质量发展:以暨南大学出版社为例[J].出版广角,2021(6):35-37.

[51] 简繁.中国特色哲学社会科学教材体系建设成就、问题与路径探析[J].思想理论教育导刊,2020(5):104-108.

[52] 江桂珍.学术期刊编辑专业化发展策略探讨[J].编辑学刊,2020(3):66-70.

[53] 金平.编辑的工匠精神与出版物的编辑含量[J].编辑之友,2018(10):74-77.

[54] 靳诺.世界一流大学一流学科建设的"形"与"魂"[J].国家教育行政学院学报,2016(6):3-8.

[55] 孔庆勇,孔庆合,黄成群.图书质量保障的"四有"和"四无"[J].科技与出版,2018(1):93-96.

[56] 蓝翔.国企党组织在企业法人治理中的政治核心作用:以地大出版社为例[J].学习月刊,2015(16):15-17.

[57] 雷洪勤.自媒体时代图书营销策略研究[J].科技与出版,2019(7):114-117.

[58] 雷鸣,韩烨.场景视阈下高校教材出版转型策略研究[J].现代出版,2018(5):35-37.

[59] 雷永利.论大学出版社对彰显大学四大基本功能的作用[J].出版发行研究,2013(6):19-22.

[60] 李海中,左健.编辑工匠精神的当代阐释[J].出版科学,2018,26(1):38-42.

[61] 李金正,陈晓阳.论编辑"工匠精神"的历史源流及其当代启示[J].出版发行研究,2019(4):18-23.

[62] 李静.论"互联网+"时代编辑活动中的工匠精神[J].出版科学,2017,25(2):52-55.

[63] 李淼.以学术出版为职志 为文化繁荣担使命:访南京大学出版社社长金鑫荣[J].中国出版,2021(3):21-25.

[64] 李蓬.高校出版社的使命、困境与发展路径[J].采写编,2018(2):134-136.

[65] 李瑞琳,COATES H.我国大学社会服务职能发展:国际经验、现实问题与政策建议[J].高校教育管理,2020,14(4):96-106.

[66] 李文娟,张红霞."双一流"建设契机下高校学术期刊编辑人才的发展之路[J].中国科技期刊研究,2019,30(1):64-69.

[67] 李文重.论营销在高校教材出版中的角色定位[J].科技与出版,2018(5):82-85.

[68] 李叶峰.高校教材治理的价值诉求、现实困境与实践对策[J].黑龙江高教研究,2020(8):6-10.

[69] 李永强,王磊.大学出版社教材建设的使命和责任[J].中国出版,

2019(23):5-9.

[70] 李勇,马艺文.大数据变革下出版社的管理战略应对[J].重庆大学学报(社会科学版),2015,21(4):109-114.

[71] 李玉婷,孙晗霖,胡郭勇."互联网+"时代大数据精准教学模式下教材出版的思考[J].科技与出版,2018(6):73-76.

[72] 梁超.论编辑人员的意识形态安全责任与素质[J].编辑之友,2018(6):73-76.

[73] 林青山.社会效益优先,对图书内容质量实行全过程管理[J].科技与出版,2018(9):72-75.

[74] 刘畅.新媒体时代图书出版跨界营销模式与创新路径[J].中国出版,2019(3):34-36.

[75] 刘坚."短视频+高校教材"融合出版:动因、机制和表现[J].中国编辑,2020(8):76-80.

[76] 刘维付.新媒介视域下出版机构淘宝直播营销策略探究[J].中国出版,2020(7):19-22.

[77] 刘洋.助力国家科技创新 铸就精品出版工程:浅谈国家出版基金项目的全流程运作思路[J].科技与出版,2016(5):59-62.

[78] 刘永红.学术著作出版应遵循三种出版导向[J].科技与出版,2020(2):26-30.

[79] 柳斌杰.坚定自信,走进出版强国新时代[J].现代出版,2018(1):5-10.

[80] 柳斌杰,邬书林.二〇一八年全国新闻出版业基本情况[J].中国出版年鉴,2019:754.

[81] 柳斌杰,邬书林.新闻出版改革开放40年的巨大成就[J].中国出版年鉴,2019:卷首语2.

[82] 娄冰.出版社对区域馆配商营销政策的策略研究[J].编辑之友,2017(10):17-21.

[83] 娄建勇.国家出版基金:精品出版的重要推动力量——从第四届中国出版政府奖获奖名单谈起[J].科技与出版,2018(4):41-46.

[84] 卢宇.深耕细作,着力打造国家出版基金项目精品[J].出版广角,2019(13):19-22.

[85] 栾学东,赵玉山.新时代呼唤编辑工匠精神的回归[J].中国编辑,2017(12):18-21.

[86] 骆萍.大学出版社可持续发展路径探索[J].科技与出版,2020(2):38-42.

[87] 吕建生.新时代大学出版社的使命与担当[J].现代出版,2018(1):63-64.

[88] 马明辉.打造精品教材的关键:团队+内容——兼谈教育出版的使命[J].出版科学,2017,25(3):48-51.

[89] 马伊颀.新时代应全面提高编辑队伍的学术和理论素养:专访中国编辑学会会长郝振省[J].中国编辑,2018(11):4-10.

[90] 牛志娟.完善出版物印前质检工作应注意的几个问题:以高等教育出版社为例[J].科技与出版,2020(5):74-78.

[91] 裴旭.大学出版社助力"双一流"建设的思考与探索[J].中国编辑,2020(5):28-32.

[92] 戚德祥.国际化视域下出版企业品牌建设与管理[J].出版发行研究,2019(9):16-20.

[93] 祁德树,吴明华.国家出版基金引领中国出版业高质量发展[J].中国出版,2020(8):20-26.

[94] 曲会,高超.基于编辑视角的"后转制时期"出版社绩效管理[J].编辑之友,2017(5):17-20.

[95] 全国评定编辑业务职称工作座谈会在京召开[J].出版工作,1982(13):60.

[96] 沈艳波.论新时代出版人的工匠精神[J].科技与出版,2020(3):118-121.

[97] 施娜,王瑜.地方教育出版企业融合发展SWOT定量性研究:以宁夏人民教育出版社为例[J].宁夏大学学报(人文社会科学版),2017,39(4):164-169.

[98] 宋永刚. 新时代如何加强编辑队伍建设[J]. 中国编辑, 2018(6): 4-9.

[99] 孙保营. 国家事权视域下大学社高校教材建设现实困境与纾解路径[J]. 中国出版, 2021(4): 27-32.

[100] 孙保营. 新媒介视域下大学出版社图书营销探讨[J]. 出版广角, 2021(9): 36-39.

[101] 孙保营. 新时代大学出版社助推母体学校"双一流"建设的内在要求与实现路径[J]. 科技与出版, 2020(12): 81-87.

[102] 孙保营. 新时代高校出版社编辑的学术能力: 内涵、问题与提升路径[J]. 出版广角, 2020(18): 28-31.

[103] 孙保营. 新时代学术图书责任编辑之责任的八个维度[J]. 中国编辑, 2021(2): 87-90.

[104] 孙华明. 浅谈出版社品牌图书的打造与维护: 以《新语文读本》为例[J]. 出版广角, 2019(12): 30-32.

[105] 孙立会, 朱雅, 李芒. 大学教材建设的问题与政策建议[J]. 黑龙江高教研究, 2020(8): 1-5.

[106] 孙伟. 创新人才培养模式　架构企业管理新框架: 以人民卫生出版社为例[J]. 中国出版, 2015(3): 56-59.

[107] 孙晔. 责任编辑关于书稿审读加工的八项基本原则及其实践[J]. 科技与出版, 2017(3): 39-42.

[108] 孙颙. 关于上海出版专业职称改革变化进程的若干回忆[J]. 编辑学刊, 2017(6): 6-7.

[109] 所静, 冯蓉, 权燕子. 大学出版单位编辑的学术能力及培养策略: 以天津大学出版单位为例[J]. 科技与出版, 2016(3): 15-18.

[110] 涂潇. 对于新时代图书选题策划的思考[J]. 中国编辑, 2018(6): 66-67.

[111] 万安伦, 刘浩冰. 新中国出版70年: 阶段历程和经验启示[J]. 中国出版史研究, 2019(4): 7-16.

[112] 汪立亮. 基于课程出版理念的多媒体融合教材出版实践[J]. 科技

与出版,2019(3):65-69.

[113] 王冠一.以"工匠精神"推动新闻出版产业价值重塑[J].中国出版,2017(15):14-17.

[114] 王军.新时代大学教材出版与高校人才培养[J].出版广角,2019(20):21-24.

[115] 王秀才,张扬.中小出版社自营电商营销模式的构建[J].中国出版,2020(12):51-54.

[116] 王媛,楼程富.新时代高等教育教材出版的深度思考:基于出版社区域影响力的分析[J].中国出版,2018(17):38-41.

[117] 王兆国.申报国家出版基金资助项目的几点体会[J].中国出版,2017(4):34-36.

[118] 魏春玲,雷鸿昌.试探中小型大学出版社编辑导师制培养:以兰州大学出版社为例[J].科技与出版,2019(10):92-97.

[119] 温建龙,马爱梅.出版社如何从管理体制和运营机制上保障图书整体质量[J].科技与出版,2016(12):98-100.

[120] 邬书林.坚持高质量发展 服务创新型国家战略 加快推进出版强国建设[J].中国出版,2021(1):5-9.

[121] 吴培华.总编辑必须要有思想:论新时期对总编辑工作的要求[J].科技与出版,2020(12):5-9.

[122] 吴亚杰.试论技术型销售理论在出版社发行队伍建设中的应用[J].科技与出版,2019(7):154-156.

[123] 肖贵飞.新时代学术图书出版的本质与实践路径[J].中国编辑,2019(11):44-48.

[124] 萧宿荣.图书出版高质量发展路径初探:以南方传媒为例[J].出版发行研究,2018(9):67-70.

[125] 谢誉元,冯炜."互联网+"对出版行业发展的影响及对策[J].编辑之友,2015(10):26-30.

[126] 徐波.浅谈建国以来我国职称制度的演变[J].黑龙江史志,2014(1):70,76.

[127] 徐建红. 针对国家出版基金项目申报的选题策划经验要点[J]. 编辑学刊,2020(4):102-107.

[128] 徐军华,贺咏. 出版社基于新媒体开展图书营销的调研及启示[J]. 出版科学,2017,25(2):93-98.

[129] 徐义雄. 加强项目实施与管理 力争打造精品力作:以国家出版基金项目为例[J]. 中国编辑,2019(6):65-69.

[130] 严学军. 编辑能力刍议[J]. 出版科学,2017,25(2):47-51.

[131] 杨军,房慧,郭斌,等. 大学出版社在提升学校发展竞争力中的作用[J]. 科技与出版,2014(3):78-81.

[132] 杨石华,陈卓. 出版项目制:图书质量保障的有效实践方式[J]. 出版广角,2019(15):20-23.

[133] 杨贻军. 全媒体时代学术期刊编辑力的提升[J]. 中国编辑,2020(6):82-85.

[134] 杨迎春. 编辑出版的工匠精神是这样练就的[J]. 出版发行研究,2017(12):98-100.

[135] 姚贵平. 融合媒体教材的基本内涵、主要特点与出版策略[J]. 中国编辑,2018(3):51-55.

[136] 姚玲. 新时代学术期刊编辑如何提升学术能力[J]. 传媒,2019(8):25-27.

[137] 姚宗桥. 论中小出版社发展的顶层设计和发展战略[J]. 出版发行研究,2018(11):26-28.

[138] 药蓉. 试论新时代大学出版社高校教材建设新思路[J]. 中国出版,2018(21):50-52.

[139] 伊静波. 浅析当前我国高校大学生自主购买教材的途径、问题及对策[J]. 出版科学,2019,27(6):82-86.

[140] 于友先. 高质量发展是新时代出版的必由之路[J]. 中国出版,2018(17):14-18.

[141] 余建清. 媒介融合背景下教材的数字化出版现状及对策[J]. 编辑学科,2020(3):77-80.

[142] 余兴发,杨晓平,宋海玲.新时代大学出版的使命[J].现代出版,2018(6):35-37.

[143] 袁玲,余人.融媒体时代出版企业人才培养机制探析[J].编辑学刊,2020(1):103-106.

[144] 袁璐,折青霞,张立科.新时代编辑实现出版核心价值的新路径[J].出版发行研究,2020(7):71-77.

[145] 恽薇.培养学者型编辑人才,提升学术原创图书品质[J].出版广角,2019(17):48-50.

[146] 查朱和.新时代编辑素质"六要"新要求[J].中国出版,2020(7):31-35.

[147] 张海丽.数字时代学术图书出版的思考[J].出版广角,2020(10):57-59.

[148] 张俊.浅议新时代编辑能力建设[J].中国编辑,2018(5):52-54,67.

[149] 张科.论新时代出版人才的工匠精神[J].科技与出版,2019(3):104-107.

[150] 张立科.新时代做好总编辑工作的思考与实践[J].出版发行研究,2021(1):5-10.

[151] 张新新.数字出版营销能力、策略及渠道[J].中国出版,2020(16):33-38.

[152] 张岩.传统文化图书出版中的问题与编辑责任刍议[J].出版发行研究,2018(7):62-64,46.

[153] 张宗勤,窦延玲,韩燕,等.新时期科技期刊编辑工匠精神的内涵与能力培养[J].中国科技期刊研究,2017,28(3):235-240.

[154] 赵剑波,史丹,邓洲.高质量发展的内涵研究[J].经济与管理研究,2019,40(11):15-31.

[155] 赵玉山,程晶晶.出版人职业生存现状调查样本报告(2017—2018年度)[J].科技与出版,2018(10):6-13.

[156] 郑持军.后改制时代大学出版社人才队伍建设探索:以西南师范大

学出版社为例[J].出版发行研究,2015(4):38-40.

[157] 郑杰,雷浩,唐立红.大学出版社财务成本管理对策研究[J].科技与出版,2019(5):70-73.

[158] 郑杰,伍华进.新形势下大学出版社图书营销的问题与变革:以中南大学出版社为例[J].现代出版,2018(3):67-69.

[159] 郑杰,谢谐,舒文杰.新时期高校出版社人才队伍建设问题与对策研究[J].科技与出版,2019(7):123-126.

[160] 郑可.打造出版精品,推动高质量发展:关于新时代出版人践行"四力"的若干思考[J].中国编辑,2019(11):30-33,54.

[161] 钟边.以创新推动学术出版发展:访中国社会科学出版社社长兼总编辑赵剑英[J].中国编辑,2016(6):15-18.

[162] 钟蕾.基于4I理论的出版社微信平台营销分析[J].出版科学,2017,25(3):94-98.

[163] 周根红.高校教材出版现状与高质量发展路径:以新闻传播学类教材为例[J].中国出版,2019(3):18-20.

[164] 周国清,朱美琳.新时代编辑主体的核心素养与使命担当[J].中国编辑,2018(4):4-8.

[165] 周建华.关于大学出版社编辑职称晋升评价体系的思考[J].现代出版,2013(5):29-31.

[166] 周永斌.新时代学术出版编辑培养的若干思考与实践[J].科技与出版,2019(3):126-129.

[167] 朱丹.提升图书编校质量之我见[J].中国出版,2019(21):35-37.

[168] 庄智象.新时代大学出版社的坚守与创新[J].现代出版,2018(1):58-62.

[169] 宗俊峰.坚守使命 融合发展 重在实践:谈"互联网+"时代的出版人才培养[J].科技与出版,2016(3):4-7.

[170] 宗祖盼.深刻理解文化产业高质量发展的内涵与要求[J].学习与探索,2020(10):131-137.

3. 网络等其他资料

[171] 河南省教育厅.2018年河南省具有普通高等学历教育招生资格的高等学校名单[R/OL].(2018-06-26)[2020-05-07]. http://www.haedu.gov.cn/2018/06/26/1530003146758.html.

[172] 中国新闻出版研究院.第十七次全国国民阅读调查成果发布[R/OL].(2020-04-20)[2021-02-21]. http://www.nationalreading.gov.cn/ReadBook/contents/6271/414891.shtml.

[173] 中国互联网络信息中心.第47次中国互联网络发展状况统计报告[R/OL].(2021-02-03)[2021-04-27]. http://www.cac.gov.cn/2021-02/03/c_1613923423079314.htm.

[174] 党报评论君."四个坚持",习近平对文艺创作、学术研究提出新要求[EB/OL].(2019-03-04)[2020-07-10]. http://opinion.people.com.cn/n1/2019/0304/c1003-30957117.html.

[175] 商务君.亚马逊中国发布"2020全民阅读报告" 解读中国读者阅读特征与趋势[EB/OL].(2020-04-21)[2021-04-27]. http://www.cptoday.cn/news/detail/9530.

[176] 熊丙奇."虚构国外作者":这次论文造假"脑洞"开得有点大[EB/OL].(2020-07-01)[2020-09-10]. http://k.sina.com.cn/article_6319213967_178a78d8f01900sves.html.

[177] 周玉波.在新时代,出版业如何实现高质量发展[EB/OL].(2020-09-18)[2021-04-10]. http://theory.people.com.cn/n1/2020/0918/c40531-31867027.html.

后 记

2019年8月,我被调至郑州大学出版社工作,任社长、总编辑。当时,我的心情是高兴的,但也是惶恐的。高兴的是,组织对我充分信任,安排我到一个知识含量密集的行业和岗位工作,能最大可能地提升自己的组织能力、管理能力和编辑出版专业技术能力;能通过自己的不懈努力,为大学的教学、科研、学科建设、社会服务、文化传承与创新等做出更大贡献,为社会经济发展提供更多前沿知识、先进技术和文化精品。惶恐的是,我对编辑出版行业不甚了解,有着强烈的"本领恐慌症"。这与我个人成长及工作经历有关。自1996年于郑州大学商学院本科毕业并留校工作至2019年的23年中,我曾先后在商学院、文学院、新闻与传播学院工作,其间获得经济学硕士和博士学位,发表学术文章30多篇,主编并出版12本著作。可以说在经济管理、编辑出版等方面也算有一些基础,但与我心目中大学出版社社长、总编辑的能力和水平还有巨大差距。我认为,大学出版社社长不但要具有政治家的胸怀和视野,还要具备学者的知识和学养,更要具备企业家的能力和气魄;总编辑应该是编辑出版本领过硬、学富五车的理论家和思想家。而我深知自己与此要求相距甚远,因此一直倍感恐慌。

在新闻与传播学院工作期间,我曾作为助手与联络人,与新华社原总编辑、郑州大学新闻与传播学院原院长南振中先生共事6年多,从南先生身上学到了很多做人、做事、做学问的道理。他曾在其所著的《学习点亮人生》一书中谈到,一个人的能力和水平,绝不会因为职务提升和岗位变动而"自动提高","本领恐慌感"是学习的动力之源。因此,我甫一履职出版社,便把学习和实践作为解决"本领恐慌症"的两大法宝,不但自己身体力行,还在全社发起问题导向的学术探究活动。我通过出版实践并深入开展"是什么""为什么""怎么办"的大学出版学术研究,并尝试提出解决问题的办法。比如:新时代如何破解大学社发展的制约瓶颈,大学社如何实现高质量发展,大学社如何实现数字出版转型,大学社学术编辑如何培育工匠精神,大学社如何提升图书出版质量,大学社如何纾解图书营销的困境,大学社如何有效开展人才队伍建设,新时代大学社总编辑肩负的责任和使命是什么,等等。其中,一部分是作为社长应该考虑和解决的问题,一部分是基于总编辑的身份应该着手开展的重点工作和解决的难题。

为了找到解决问题的办法,我系统阅读了由柳斌杰担任顾问、聂震宁担任主编,并由江西高教出版社出版的"新时期出版人改革亲历丛书",丛书系统介绍了张增顺、樊希安、周百义、吴培华、龚莉、涂华、黄国荣、齐学进等我国出版界有影响、有作为的领军人物和改革先锋,他们是我国出版改革和发展的见证者、亲历者和推动者,他们的敬业精神、出版情怀、精品意识,给我启迪,令我深思,提升了我对出版业的热情,强化了我的出版质量管理意识和精品意识。同时,为了对问题进行系统分析并提出针对性和可操作性的解决对策,我分专题进行研究和分析,共撰写了15篇专题文章,这些文章共同构成了我对大学出版社治理和高质量发展的逻辑思路;同时,为了对郑大社承担的国家出版基金项目图书及河南省精神文明建设"五个一工程"项目图书的策划、出版及全书风貌等有深入认识和全面把握,我撰写了5篇书评。我将这些专题文章按照主题不同进行分类,并和书评一起结集出版,便是呈现给读者的《大学出版社治理研究》。

在这里,我要特别感谢南振中先生。自2013年4月以来,他一直给予我精神鼓励和方法指引:他对我谆谆教诲——身处任何时候、对待任何事情都"不埋怨""不抱怨";他经常与我分享读书心得——"夜读留痕",使我快速领悟了很多经典图书的核心要义,并极大调动了我的阅读兴趣;及至我到出版社工作后,他又为我亲笔赠言"勤不言苦",勉励我、鼓励我不怕吃苦、积极向上、奋发有为,通过"奉献、贡献、造诣相统一",实现自己的人生价值。

我要感谢中国编辑学会会长郝振省教授。我多次聆听他的精彩报告,他在编辑出版领域的很多见解和观点高屋建瓴,使我深受启发;我的学术论文荣获中国编辑学会2020年学术论坛一等奖,他亲自为我颁奖;我在提出请他为本书写序时,他欣然应允,这些都令我这个出版"新人"深受感动。感谢《科技与出版》杂志社主编苏磊,《中国出版》杂志社副主编杨晓芳,《新闻爱好者》杂志社副主编施宇,《中国编辑》杂志社编辑魏然,中国编辑学会朱琳君,北京师范大学出版科学研究院刘浩冰,知名作家、河南省委督查室副主任宋中锋等,他们对我的研究提出了很多宝贵意见,提升了我的研究成果质量。

我要感谢中宣部出版局原副局长刘建生,中华医学会杂志社原社长游苏宁,人民出版社数字阅读部负责人刘江波;感谢河南省委宣传部副部长、省新闻出版局局长谭福森,出版处处长梁莉,副处长董春民、熊鹏,版权和印刷发行处处长张万勇,出版质检中心主任郑立、副主任王连琴;感谢河南省教育厅社语处处长韩冰、副处长杨维纳。他们在工作上给予我大力支持、帮助和指导,对我开展出版研究也给予很多鼓励。

我要感谢郑州大学党委书记宋争辉,中国工程院院士、郑州大学校长刘炯天,郑州大学党委副书记、副校长王宗敏,副校长屈凌波,党委副书记李兴成、谷振清、吴宏阳等学校领导;感谢厉励、戴国立、杨国战、方若虹、马金星等郑州大学出版社董事会和监事会成员。他们对出版社的发展和我本人的工作给予了大力支持和帮助。感谢郑州大学社会科学处处长周倩,作为同届留校工作的同学,毕业25年来,他一直对我开展学术研究给予支持和帮助。

郑州大学出版社党总支书记韩晔,副总编辑吴昕,副社长李海涛,党政办主任丁忠华等同志,工作上敬业勤勉,并大力支持我的工作,在此特别致谢。同时,在我开展研究和本书出版过程中,郑州大学出版社的很多同志给予我无私帮助。副总编辑崔青峰向我介绍了多位编辑出版界的名家,让我有机会向他们学习和请教;在我撰写《出版专业高级职称管理反思及对大学社的启示》一文时,他通过业界同行朋友,帮我搜集了大量一手资料。骆玉安、李勇军、李振川、王卫疆等,在我撰写有关专题和书评时,给我提供了大量资料,提出了很好的建议。凌青、朱亚君等对图书进行了精心设计和排版;张华、孙精精、刘晓晓、樊建伟、李珊珊等对书稿进行了认真细致的编校及整理。在此对他们一并表示感谢。

在书稿的写作过程中,参考了我国编辑出版业界和学界100多位领导、专家的学术成果,比如于友先、柳斌杰、邬书林、靳诺、郭义强、郝振省、祁德树、杜贤、宗俊峰、李永强、金鑫荣、许义雄、耿相新等,他们的很多理论和观点使我深受启发,在此谨致谢忱。

河南大学出版社社长于华龙、本书责任编辑郑鑫等,对本书的出版给予了大力支持,在此表达由衷的谢意。

因时间仓促并囿于个人水平有限,书中的理论和观点定有诸多不足之处,恳请读者朋友多提宝贵意见。

2021 年 8 月 8 日